陈艳红 著

小艾上班记 6

Xiaoai shangbanji

纳税申报真账实操

第2版

东北财经大学出版社
Dongbei University of Finance & Economics Press

大连

图书在版编目（CIP）数据

小艾上班记6·纳税申报真账实操/陈艳红著．—2版．—大连：
东北财经大学出版社，2022.4
ISBN 978-7-5654-4410-4

Ⅰ．小… Ⅱ．陈… Ⅲ．纳税-税收管理-中国 Ⅳ．F23

中国版本图书馆 CIP 数据核字（2021）第 261403 号

东北财经大学出版社出版
（大连市黑石礁尖山街 217 号　邮政编码　116025）
网　　址：http：//www.dufep.cn
读者信箱：dufep@dufe.edu.cn

大连图腾彩色印刷有限公司印刷　　东北财经大学出版社发行

幅面尺寸：170mm×240mm　字数：359千字　印张：24.25　插图：3
2022年4月第2版　　　　　　　　　2022年4月第1次印刷

责任编辑：章北蓓　　　　　　　　　责任校对：曲以欢
封面设计：冀贵收　　　　　　　　　版式设计：冀贵收

定价：49.00元

教学支持　售后服务　　联系电话：(0411) 84710309
版权所有　侵权必究　　举报电话：(0411) 84710523
如有印装质量问题，请联系营销部：(0411) 84710711

Preface

前言

写作，是通过文字连接一个个与自己同频率的有缘人，阅读是通过文字与一个个跟自己同频率的有缘人进行交流。

小艾系列图书分成三大类：会计职场、会计实训和会计备考，具体如下：

书名		分类	出版情况
小艾上班记	真账实操教你学会计	会计职场	已出版
小艾上班记2	备考日记——中级会计实务	会计备考	已出版
小艾上班记3	爱是与你同行——"混"在财务圈	会计职场	已出版
小艾上班记4	工厂会计真账实操	会计职场	已出版
小艾上班记5	备考日记——中级财务管理	会计备考	已出版
小艾上班记6	纳税申报真账实操	会计实训	已出版
小艾上班记7	做账高手训练营	会计实训	已出版
小艾上班记8	备考日记——中级经济法	会计备考	已出版
小艾上班记9	备考日记——初级会计实务	会计备考	已出版
小艾上班记10	备考日记——初级经济法	会计备考	已出版
小艾上班记11	税务稽查来了	会计职场	已出版
小艾上班记12	财务分析与风险识别	会计职场	撰写中

《小艾上班记6》是《小艾上班记》的接续，讲的是一般纳税人从记账到报税的全过程，包括一个完整月的业务，并描述了会计与老板在税收观念上的冲突。本次根据最新税法相关知识进行了全面的修订，包括增值税、所得税及其他相关税种的计算以及纳税申报表的填列，并提出了一个优秀会计至少应该具备5个方面的能力：

（1）会计基础知识扎实，税法熟悉，能从账务处理到纳税申报，一气呵成。

（2）能管理你的老板，老板在做决策的时候，经常不考虑税收，经常是"没税找税"，自己制造出很多税，然后又让会计帮他逃税。

（3）了解相关的税负率，知道自己该缴多少税，税其实就是一门生意，国家是拿干股的。

（4）纳税筹划：纳税筹划包括账内筹划和账外筹划。账内筹划主要是多记成本，少记收入，筹划空间非常有限。事情如已发生，再在账上做手脚，就属于偷税漏税了。账外筹划，就是在经济业务还没发生时就开始筹划，考虑怎样签合同，怎么运作，才能使税减少到最低。

（5）完美沟通：会计就是老板和税务局的中间人，如果沟通不好，就经常受夹板气。沟通能力是会计人员的必备能力。

《小艾上班记》和《小艾上班记3》，写的是一个小清新爱情故事。故事以女主恋爱结婚，成家立业为主线，串联着众多的会计实践项目，记录了主人公在会计行业的所见所闻，包括企业从工商注册—建账—全盘账务处理的全过程，同时也记载了一个会计成长的全过程。

《小艾上班记——真账实操教你学会计》，讲的是小艾初入职场，遇到良师益友杜老师，在他的指引下，步入了会计行业的大门。

会计内容包括：

1.通俗会计原理，财报分析入门；

2.一套服装批发企业的全盘账；

3.一套简单的咨询公司的账；

4.一套EXCEL账；

5.职业定位。

《小艾上班记3——"混"在财务圈》写的是小艾遇到楚帆，楚帆是IT工程师，成立了一家软件开发公司，需要代理记账服务，于是小艾成了他的兼职会计，后来公司拿到投资，繁荣发展，他们的爱情也随之高涨。

世间最美好的事情，莫过于，遇一良人，终此一生！

会计内容包括：

1.庆丰电子财务IT内控建设；

2.软件开发行业真账实操；

3.泰盛集团财务舞弊股价操纵案（审计案例）；

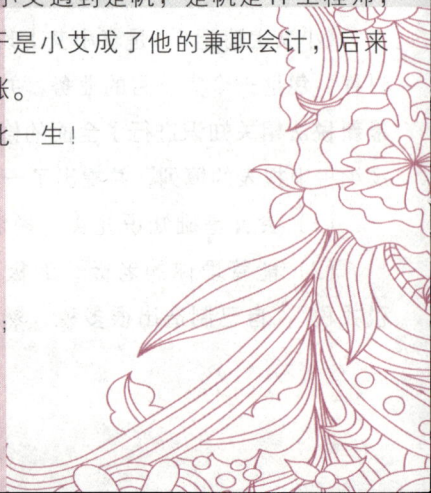

4.乔氏科贸税系统上线;

5.畜牧业会计核算(生产性生物资产核算);

6.睿智科技互联网创业融资及资本运营。

　　《小艾上班记11——税务稽查来了》续接《小艾上班记》第22章"菲尔茶馆话纳税",讲的是南城市发生的一起税务大案,在此情境下,各人物对会计、税务的学习、应对,以及因此对生活、命运的影响。

　　如您在学习考试或在会计实践中有疑问,可以扫描下面的二维码留言提出,我将筛选频率高的疑问,然后以视频的形式给大家讲解。

　　如想订阅最新财税资讯文章,可以扫一扫下面的二维码,关注小艾财税俱乐部微信号(xiaoaicoco)。

小艾财税俱乐部微信号(xiaoaicoco)

　　如需要会计其他方面的服务,也可以扫一扫下面的二维码,关注小艾会计职称服务号(xiaoaikj)。

小艾会计职称服务号(xiaoaikj)

　　由于本人才疏学浅,书中难免会有错误,读书本是相互交流,欢迎大家批评指正!小说为虚构类作品,如有雷同,纯属巧合,请勿对号入座!书中涉及的各种实操案例,均不构成投资或者税筹的直接建议。

陈艳红

2022.2.15

Contents

目录

第 2 版

小艾上班记6
纳税申报真账实操

第 1 章

财务决策——术、道、情

第1章

财务决策——术、道、情

1.术

什么是会计？

初、中级会计职称考试教材是这样定义的：

会计是以货币为主要计量单位，采用专门方法和程序，对企业和行政、事业单位的经济活动进行完整的、连续的、系统的核算和监督，以提供经济信息和反映受托责任履行情况为主要目的的经济管理活动。

而国外的教材，比如怀尔德教授的《会计学原理》，是这样定义的：

Accounting is an information and measurement system that identifies, records, and communicates relevant, reliable, and comparable information about an organization's business activities。

然后配了一个图（如图1-1所示）。

Identifying **Recording** **Communicating**

Select transactions and events   Input, measure and log   Prepare, analyze and interpret

图1-1 会计确认、记录及沟通

（1）第一个动作是会计确认，我们不是把企业里所有的事情都记录下来，我们需要Select（选择、筛选）；

（2）第二个动作是记录，在记录之前我们要Measure（测量、评估、权衡）；

（3）最后一个动作是Communicating（沟通、传递信息、交流信息、通信），国内的教材不强调沟通这个词，甚至觉得会计不善于沟通是天经地义的，殊不知，沟通是我们会计的核心，报表出来后，我们有义务和责任向报表使用者分析、解释，以帮助报表使用者理解报表内容，协助他们决策。

那会计到底是做什么的？

你可以说，会计是做报表的，报表是我们的产品，至于这些报表做完后有没有价值，能不能帮助他人，还需要沟通和交流。

你也可以说，会计是为他人决策提供信息服务的，因为决策需要大量的信息。

你甚至可以开玩笑说，会计高手就是左右他人决策的。

比如公司项目的决策（这个项目到底要不要投？如果老板特别想投资某个项目，那么他希望你提供的财务信息能做他的后盾，能用强而有力的财务证据链让所有反对他的人最后都支持他）、银行的决策（到底要不要贷款给企业？报表如果过不了关，那么肯定不会贷给你）、税务局的决策（报表若"过"不了他们的火眼金睛，则必查）、股民的决策（你的信息到底是利好，还是利空？是真的，还是假的？是假作真时真亦假，还是真作假时假亦真）。

不同的人从不同的角度看待会计，会有不同的定义，所谓"仁者见仁，智者见智"。

在实践中，我们需要做的报表可以分为三大类：

（1）财务报表（比如资产负债表、利润表和现金流量表等）。

（2）税务报表，也就是纳税申报表。

目前，我国全税种纳税申报表如图1-2所示。

（3）管理报表，即根据管理需要制作的各种报表。

会计是一门技术，准确地说，是一门语言技术，即把企业里的经济业务全部"翻译"成报表，形成财务报告，提供给相关使用者。

对于财务报表和税务报表，这两类报表具有标准格式，换句话说，你只要会填表就行，把一个企业的经济业务分门别类地填到相应的地方。

会计其实就是分类的艺术。

是不是很简单？

原理是很简单，但是做起来很复杂。

不然的话，国家也不会花这么大的力气去培养大量的财务和税务人才。

为什么说它很难呢？因为各行各业的业务都通过这几张表来归纳，在实践中有很多业务，你或许听都没听过。

全税种纳税申报表

流转税

增值税及附加税费
- 增值税及附加税费申报表（一般纳税人）
  - 主表
  - 附表1：本期销售情况明细
  - 附表2：本期进项税额明细
  - 附表3：服务、不动产和无形资产扣除项目明细
  - 附表4：税额抵减情况表
  - 附表5：附加税费情况表
  - 增值税减免税申报明细表
- 增值税及附加税费申报表（小规模）
  - 主表
  - 附列资料
  - 增值税减免税申报明细表
- 增值税预缴税款表

消费税及附加税费
- 消费税及附加税费申报表
- 附注1：应税消费品名称、税率和计量单位对照表
- 附注2：计量单位换算标准
- 附注1：本期准予扣除税额计算表
- 本期准予扣除税额计算表（成品油消费税纳税人适用）
- 附注2：本期减（免）税额明细表
- 附注3：本期委托加工收回情况报告表
- 附注4：卷烟批发企业月份销售明细清单（卷烟批发环节消费税纳税人适用）
- 附注5：卷烟生产企业合作生产卷烟消费税情况明细表（卷烟生产环节消费税纳税人适用）
- 附注6：消费税附加税费表

所得税

企业所得税
- 中华人民共和国企业所得税月（季）度预缴纳税申报表
  - （A类）查账征收
  - （B类）核算征收
- 汇算清缴
  - 基础信息表　A000000：企业所得税年度纳税申报基础信息表
  - 主表　A100000：中华人民共和国企业所得税年度纳税申报表（A类）
  - 会计数据 6张编号（101-104）
    - 收入101
      - A101010：一般企业收入明细表
      - A101020：金融企业收入明细表
    - 支出102
      - A102010：一般企业成本支出明细表
      - A102020：金融企业支出明细表
    - 事业单位103　A103000：事业单位、民间非营利组织收入、支出明细表
    - 期间费用104　A104000：期间费用明细表
  - 纳税调整105
    - 主表　A105000：纳税调整项目明细表
    - 附表125张
      - A105010：视同销售和房地产开发企业特定业务纳税调整明细表
      - A105020：未按权责发生制确认收入纳税调整明细表
      - A105030：投资收益纳税调整明细表
      - A105040：专项用途财政性资金纳税调整明细表
      - A105050：职工薪酬支出及纳税调整明细表
      - A105060：广告费和业务宣传费跨年度纳税调整明细表
      - A105070：捐赠支出及纳税调整明细表
      - A105080：资产折旧、摊销及纳税调整明细表
      - A105090：资产损失税前扣除及纳税调整明细表
      - A105100：企业重组及递延纳税事项纳税调整明细表
      - A105110：政策性搬迁纳税调整明细表
      - A105120：特殊行业准备金及纳税调整明细表
  - 弥补亏损106　A106000：企业所得税弥补亏损明细表
  - 税收优惠107
    - 收入费用减免
      - 主表　A107010：免税、减计收入及加计扣除优惠明细表
      - 附表
        - A107011：符合条件的居民企业之间的股息、红利等权益性投资收益优惠明细表
        - A107012：研发费用加计扣除优惠明细表
    - 所得减免　A107020：所得减免优惠明细表
    - 应纳税所得额减免　A107030：抵扣应纳税所得额明细表
    - 所得税减免
      - 主表　A107040：减免所得税优惠明细表
      - 附表
        - A107041：高新技术企业优惠情况及明细表
        - A107042：软件、集成电路企业优惠情况及明细表
    - 税额抵免　A107050：税额抵免优惠明细表
  - 主表　A108000：境外所得税收抵免明细表
  - 附表
    - A108010：境外所得税纳税调整后所得明细表
    - A108020：境外分支机构弥补亏损明细表
    - A108030：跨年度结转抵免境外所得税明细表
  - 主表　A109000：跨地区经营汇总纳税企业年度分摊企业所得税明细表
  - 附表　A109010：企业所得税汇总纳税分支机构所得税分配表

个人所得税
1. 个人所得税基础信息表（A表）（B表）
2. 个人所得税扣缴申报表
3. 个人所得税自行纳税申报表（A表）
4. 个人所得税年度自行纳税申报表
5. 个人所得税经营所得纳税申报表（A表）（B表）（C表）
6. 合伙制创业投资企业单一投资基金核算方式备案表
7. 单一投资基金核算的合伙制创业投资企业个人所得税扣缴申报表

财产行为税
- 财产和行为税纳税申报表
- 财产和行为税减免税明细申报表
- 财产和行为税税源明细表
  - 城镇土地使用税、房产税税源明细表
  - 车船税税源明细表
  - 契税税源明细表
  - 印花税税源明细表
  - 资源税税源明细表
  - 耕地占用税税源明细表
  - 土地增值税税源明细表
  - 环境保护税税源明细表
  - 烟叶税税源明细表

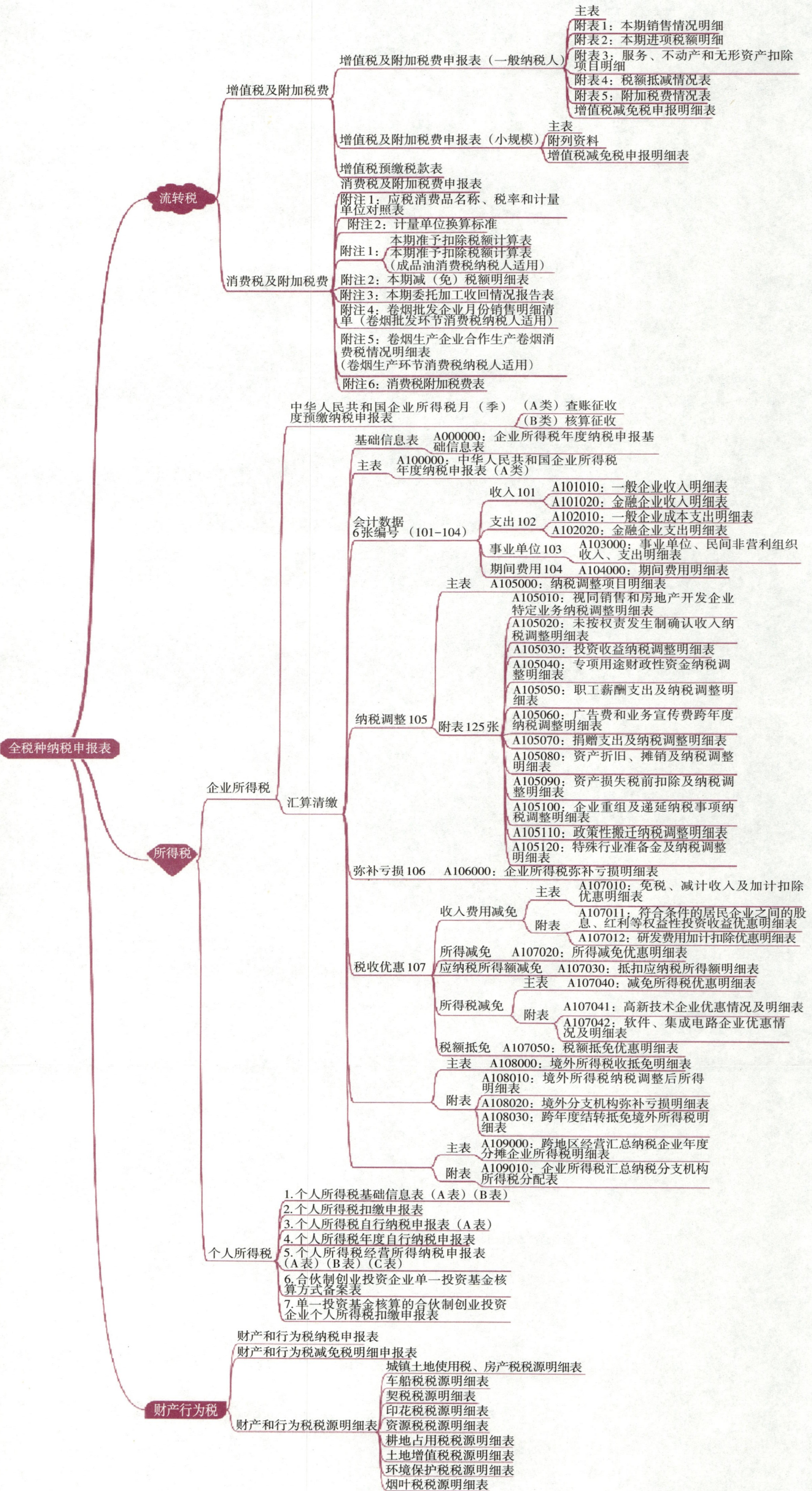

图1-2　全税种纳税申报表

你看，有些汉语你都看不懂，你又怎么能把它"翻译"成会计语言呢？

而且每类业务在执行过程中要遵循各种规范，光"税法"文件就多如牛毛，更何况还有更多其他的相关法律。

更要命的是，你不可能知道所有的挣钱模式。另外，公司有很多挣钱模式，摆在你面前，你都看不懂；你要是一眼就能看透，那你应该挣得比老板还多。

有一句话是这样说的，**财富是一个人认知的体现**。

不管这句话说得对不对，但是有一点不得不承认，有些业务真的看不懂啊！

所以，不同的目的、不同的需求，导致不同的经济业务；而不同的经济业务，有不同的分类，自然就有不同的填表方式。

可是，人的目的、人的需求何其复杂，因此经济业务也自然复杂；经济业务复杂，相应地，会计报表的填列方式也就复杂了。

2.道

不管你的公司是大是小，资产负债表、利润表和现金流量表永远少不了，它们大体的结构如图1-3所示：

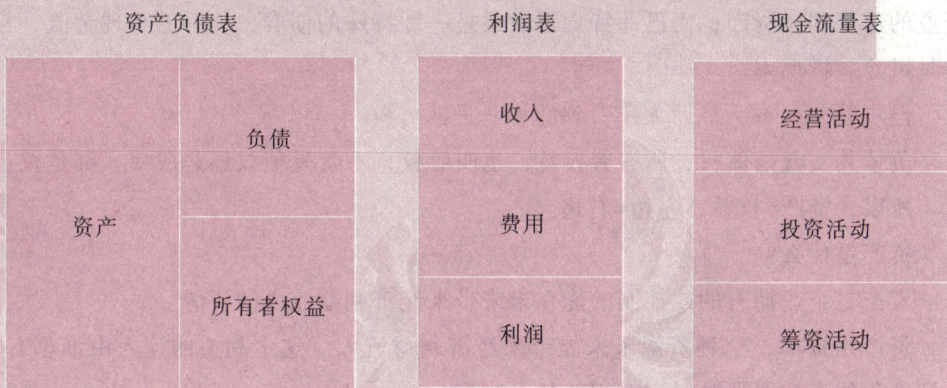

图1-3 资产负债表、利润表和现金流量表的结构

利润表的逻辑比较简单，收入-费用=利润；现金流量表，讲的就是现金流入、流出，相当于现金流水账，只不过根据业务分成了三个部分，即经营活动现金的流入流出，投资活动现金的流入流出，以及筹资活动现金的流入流出。

资产负债表是最基础的，右边是资金的来源，一部分是借别人的，就是负债，一部分是自己投入的，也就是所有者权益。左边是资金的占用，也可以说是资金的去向，一来一去肯定相等，不然钱到哪里去了呢？这就是会计恒等式：资产=负债+所有者权益。

不同的人在不同的行业，以不同的角度去看这三张表，会有不同的看法；对同一张表，每个人看到的东西都可能不一样，因为他们的人生经验、人生阅历不一样。

巴菲特曾说过，股票其实也是债券。

乍一看，我们会觉得矛盾，股票就是股票，债券就是债券，股权怎么会变成债权呢？这应该是两个完全不同的东西啊！

对这句话我们该怎么理解？

我们知道，债券是要还本付息的。而股票呢？其实也一样，只不过利息（股利）不固定，投入的本金永远都不会到期（你最多只能在二级市场跟其他股东买卖，而不能要求企业返还），所以，它相当于一张永续浮息债券。

这体现了投资人不同的投资境界，有的人觉得股票就是个筹码，低买高卖，以小博大；有的人觉得股票就是企业，我拥有了股票，拥有了股份，就相当于拥有了企业的部分实体资产；而巴菲特觉得股票是一种特殊的债券，他看的是现金流，看的是风险、折现率。

但不管怎么看，最后大家看到的无非是钱与权。

负债其实就是债权，所有者权益，也叫股权，不管是债权还是股权，都是权。

所以，资产=权益，左边=右边。

资产是什么？

资产是企业拥有的或控制的能在未来带来经济利益流入的资源。

资产是资源，这种资源未来能带来经济利益流入。这个利益的流入由谁享有？由资产负债表右边那些对它有权益的人享有。

每个人享有多少？这个得慢慢分。

分的依据是什么？会计的账本。

所以，你要想发财致富，你得拥有或者控制资源。地球上的资源就这么多，先国家分，各个国家分完各个地区分，各个地区分完各个企业分，企业分完后再轮到个人分。

透过各种现象看到本质，这或许就是"道"。

3.情

最先我们接触的只是"术"，这个分录该怎么做，这个数据该怎么填，这个税该怎么报。慢慢地，随着经验的娴熟、阅历的增长，你会透过现象，开始窥探会计的本质，向"道"靠拢。在这个过程中，会产生各种感受和体验，这就是"情"。

比如，你看到资产=权益，你会突然发现自己没有一点资源支配权，全世界的土地那么多，可是没有一平方米是自己的，心里淡淡的。

这种情绪有可能会影响你的决策，比如你在工作之余，也会开始看看自己的人生报表，细数一下自己的资源。

推动决策的并不是理性分析，而是情感，理性分析只是为情感决策提供依据。如果一张报表拿到手上，你一点感觉都没有，一点情绪都没有，你是不可能做出什么决策的，因为你看了相当于没看。

同理，如果一份财务分析报告，全是精美的PPT，堆砌了各种数据，在会议上大家两眼盯着这份报告，却没产生任何情绪的波澜，那么这份财务分析报告也是不可能影响决策的。

如果一张报表，在你拿到手上的那一刹那，心突然"咯噔"一下，紧了起来，那么这种情绪必然会影响你的决策。

比如，你突然看到一家企业，它的固定资产金额很大，跟收入规模严重不匹配，你的眉头肯定会蹙起来。那感觉就像是看到一个四口之家，买了100个电饭锅一样，实在是荒谬。

你肯定会先压制自己的情绪，然后问对方："你们家到底几口人？"

"4口！"

"4口人？那你们家一天煮几碗饭？"

"10碗饭。"

"煮10碗饭要用100个电饭锅吗？4口之家，用4个电饭锅不就'撑死'了吗？居然买了100个电饭锅，然后告诉我你一天只做10碗饭。你觉得合理吗？所以，你们家绝对不止4口人，一天也绝对不止做10碗饭，严重虚报，隐瞒收入！"

"大人，冤枉啊！我没有隐瞒收入，我的收入真的只有这么多！"

"那你告诉我，你账面上为什么会有100个电饭锅？"

"我……我……"

什么鬼报表？

你会不会愤怒？

不要以为没有这种情况，多的是！比如，以前固定资产的增值税进项税额不能抵扣，后来国家放开了，固定资产的增值税进项税额可以抵扣了。某运输车队的老板听到这个消息高兴坏了，这真是个好政策啊！然后他把很多个人买的车，以公司的名义购买过来，再进行增值税进项税额抵扣，还可以通过折旧，抵减企业所得税。

合法吗？形式是合法的，增值税专用发票都是齐全的，一点问题都没有。

合理吗？不合理，车增加了，但是运输业务并没有增加，因为车是别人的。这样的报表给你的感觉就像是买100个电饭锅，而一天只做10碗饭。

再比如，2020年已经退市的保千里（600074）这家上市公司（如图1-4所示）。

证券代码：600074　　证券简称：*ST保千　公告编号：2020-014

债券代码：145206　　债券简称：16千里01

江苏保千里视像科技集团股份有限公司

关于股票终止上市的公告
特别提示

> 本公司董事会及全体董事保证本公告内容不存在任何虚假记载，误导性陈述或者重大遗漏，并对其内容的真实性、准确性和完整性承担个别及连带责任。

重要内容提示：

- 终止上市的股票种类：人民币普通股
- 股票简称：*ST保千
- 股票代码：600074
- 公司股票进入退市整理期的起始日：2020年4月10日
- 退市整理期的交易期限：30个交易日
- 退市整理期间公司股票将在风险警示板交易

2020年4月1日，江苏保千里视像科技集团股份有限公司（以下简称"公司"）收到上海证券交易所《关于对江苏保千里视像科技集团股份有限公司股票终止上市的决定》〔2020〕85号。上海证券交易所决定终止公司股票上市。

图1-4　保千里上市公司退市公告

我们来看一下它的利润高峰期2016年的年报，里面有一个小细节——长期待摊费用的处理（如图1-5所示）。

23. 长期待摊费用

√适用 □不适用

长期待摊费用为已经发生但应由本期和以后各期负担的分摊期限在一年以上的各项费用。本公司重要的长期待摊费用包括厂区改造、设备技术改造等。

1. 摊销方法

长期待摊费用能确定受益期限的，按预计受益期限分期摊销，不能确定受益期

109 / 181

保千里视像 科技创造价值

2016年年度报告

限的按不超过10年的期限摊销。

2. 摊销年限

类别	摊销年限	依据
互保金	3年	预计受益期限
模具	3年	预计受益期限
装修费	3年	预计受益期限

图1-5　保千里上市公司2016年年报中长期待摊费用的处理截图

长期待摊费用是指企业已经发生但应由本期和以后各期负担的分摊期限在1年以上的各项费用，比如公司装修或者以经营租赁方式租入的固定资产发生的改良支出等。企业应通过"长期待摊费用"科目，核算长期待摊费用的发生、摊销和结存等情况。

摊销长期待摊费用时，应当记入"管理费用""销售费用"等科目。

长期待摊费用的处理原则是这样的，比如公司花了900万元用于装修，这个装

11

修费用一般计入长期待摊费用，然后每年摊销。假设下次装修预计是5年后，就说明这900万元的装修的受益年限就是5年，那这900万元就按5年摊销。

900÷5=180（万元）

每年摊销的费用就是180万元，会减少利润180万元，抵税45万元（180×25%）。

5年抵税总额=45×5=225（万元）

那如果我跟税务局说，这个项目比较复杂，我不确定下次装修是什么时候，也就是受益年限不确定。我希望900万元一次性全部在当年抵减利润，全部抵税。

900×25%=225（万元）

虽然抵税的总金额一样，但是我缴税的时间不一样，早收晚付，把费用尽量往前移，把缴税时间往后移，是不是相当于政府为企业提供了一笔无息贷款？

但是税务局肯定不会让我这么干，于是它有一个规定，即如果受益期限实在确定不了，那摊销年限最低不能低于3年，这是税企双方博弈权衡的结果。

这时，我肯定会按规定的最低标准3年来摊销。

900÷3=300（万元）

300×25%=75（万元）

75×3=225（万元）

但是，保千里的会计处理方法是什么？

原文（如图1-5所示）：不能确定受益期限的按不超过10年的期限摊销。

保千里居然按10年的期限来摊销，尽最大的努力，把费用往后移，让现在的报表多点儿利润。

长期待摊费用肯定不是企业利润的大头，它就是一个很小的会计处理，也增加不了多少利润。问题是，这么一点利润你也要想尽办法抠出来，让人感觉这家公司很缺利润，抠抠搜搜的。

这感觉就像我曾和几个女孩一起去吃饭。

这几个女孩是我在健身时认识的，健身后，大家相约一起吃饭。

有个女孩长得很漂亮，穿着打扮也好，待人也热情，吃饭的时候，给我们上的第一盘菜是一盘烤酥鸡，这个店里的名菜。

她拿起筷子，很热情地给她左边的女孩夹了一块鸡肉，然后又给右边的我夹了一块，我见她如此热情，有点受宠若惊，连忙说道："不用那么客气，我自己来，我自己来。"

她热情地回应："吃吧，吃吧，多吃点！"

"谢谢！"

但是，最后，她把盘里那个大鸡腿夹到自己碗里的时候，我才反应过来，原来，她热情地帮别人夹菜，是怕别人跟她抢鸡腿啊！

这小算盘打得！

我不禁淡笑了一下。

这只是一个小细节，并不能代表什么，但是她让我感觉不太好。

她穿着打扮看着都很光鲜亮丽，说话动不动就是生意项目，感觉很高大上的样子，可是，对一个鸡腿居然都那么在意。这年头谁还没吃过鸡腿，就算这道菜再名贵，只要想吃，一般的工薪阶层都是吃得起的。

后来，另一位美女抢着付了账，她马上说："你等会儿发群里，以群收款的形式AA制付账。"对此，我们都很赞同。再后来，微信群收款结束后，我特意翻到那个群收款的记录去看了一下，折后人均金额68元，她居然没付，也只有她一个人没有付。

平日里，我基本不看群消息，因为太杂太乱，也没什么重要信息，但我却莫名地留意了她。

当然，没支付也不代表什么，也许她跟付款的女孩有其他交情，所以没付，也正常。

但是，这些细节凑在一起，让我感觉不太好。

保千里这家公司也一样，那些高科技、高智能、高大上的业务描述，我也看不太懂，报表上那些闪亮亮的数字，我也不确定，而且，也没有条件一一去核实，毕竟那是审计师的职责。但是，长期待摊费用这个账务处理细节，让我感觉不好，觉得这家公司在想尽办法挤利润，连这么个小地方都不放过。

所以，我会下意识地排斥它，就像我下意识地疏远那个女孩一样，至少会保持谨慎的态度，绝对不会冒进！更不会像有些股民，在它股票大跌时，还想着去抄底。

2017年保千里被证监会调查，涉嫌财务报表造假，2020年退市！

再对比一下其他公司，比如2016年云南白药（000538）的年报中长期待摊费用的处理（如图1-6所示）。

云南白药集团股份有限公司 2016 年年度报告全文

23. 长期待摊费用

　　长期待摊费用是指公司已经发生但应由本期和以后各期分担的分摊期限在一年以上（不含一年）的各项费用，包括以经营租赁方式租入的固定资产改良支出等。

　　长期待摊费用按实际支出入账，在项目受益期内平均摊销。长期待摊费用按实际发生额核算，在项目受益期内平均摊销，如果不能再使以后各期受益，将余额一次计入当期损益。长期待摊费用有明确受益期限或可使用期限的，按受益期限或可使用期限摊销，没有明确受益期或可使用期限的，按3年平均摊销。

图1-6　云南白药上市公司2016年年报中长期待摊费用的处理

　　没有明确受益期或可使用期限的长期待摊费用，人家就是按3年摊销的，符合我们平日会计账务处理的一般习惯与原则。

　　所以，推动我们最后决策的一定是我们的情绪！

　　很多时候，我们对一个人、一件事，做不到全面的理性分析，只是感觉不太好，可能就会否决了它，就如同我疏远那个女孩、否定了保千里一样。

　　也许那个女孩说不定是个很好的人，只是吃饭的习惯不太好或者有其他的原因，也许保千里的报表当时并没有造假，只是他们历年的账务处理习惯就是这样的，日后说不定股票还会莫名其妙地大涨。

　　但是疑人不用，用人不疑！

　　当时否决了，就是否决了！

　　反之，如果一件事、一个物、一个人，你对它无感，那你肯定不会想着采取什么行动。有感觉，有各种情绪纷涌上来，才会促使你决策。

　　18世纪苏格兰哲学家大卫·休谟（David Hume）写道："人类的理性是激情的奴隶。"他的意思是说，尽管理性在人类动机中起重要作用，但是在某种意义上，做决定的永远都不是理性。我们做某事，是基于感觉做出的。

　　现在科学家也慢慢证实了这点，他们监测到，受试者购买商品时，所有活跃的部分都不是大脑中主控理性的部分，反而是主控感觉的部分。

　　受试者看到某种商品，伏隔核（注：负责控制快感）越活跃，他就越有可能购买这种商品；脑岛（注：作用与伏隔核相反）越活跃，那么他购买这种商品的可能性就越低。

大脑的权衡过程是通过矛盾的感觉互相竞争实现的。

理性只有通过影响感觉这个终极激励因素，才能起到这样的作用。

正如休谟所说："单纯的理性根本不可能成为任何意志行动的动机。"

我们平时也有这种体会，有时候我们做一个决定时，会左右摇摆，内心总是有几个小人儿在打架。

比如，巧克力看起来很好吃，吃掉它的感觉一定很好，于是你肯定会忍不住拿起它往嘴巴里放，而这时，突然一篇有关高血糖的文章落在你的面前，"某某因为吃了太多的巧克力，引发了多种疾病"。而你刚好也有这种疾病，这个时候，你的感觉就不太好了，你开始恐惧，于是放进嘴巴里的巧克力，也可能会被吐出来。

当然，也有人不会吐出来，照吃不误，那是因为他还不够恐惧，恐惧的情感还不够强烈。

动物趋利避害，都是通过感觉来实现的；我们会因为对某个人、某个物，感觉良好而靠近，也会因为对某个人、某个物，感觉不好而远离。

人没有单一的自我，大脑中有很多模块轮流控制我们。而且每个模块都是感情模块，它们相互竞争，所以，我们经常会矛盾。

就像有一部电影，叫《情绪特工队》，里面有乐乐（Joy）、忧忧（Sadness）、怒怒（Anger）、厌厌（Disgust）和怕怕（Fear）。它用拟人化、卡通化的笔触，形象而生动地演绎了大脑的运作机理。

那理性的作用是什么呢？理性的作用是给感情提供信息等辅助工具。

比如"喜欢"要打败"恐惧"，那它需要足够的理由，于是它调用理性模块去收集相对应的信息。"恐惧"也一样，它要打败"喜欢"，也需要理由，于是它也会调用理性模块去收集信息。

所以一个人总是传播正能量，关注正面的念头，那他会变得乐观，因为乐观有足够的信息去打败悲观。

抽象的理性思维系统，位于大脑背外侧前额叶皮层，但这个皮层不是一个独立的系统，任何一个感情模块都可以调用它。

所以，我们的决策都从感情开始，再以感情结束，理性只不过是感情的信息收集工具，感情才是真正的决策者。

情，左边竖心旁，右边是个青字，心里青葱！

心里郁郁葱葱的人做出来的决定才有可能是最优的，心里干瘦枯萎的人做出来

的决定不可能是最优解！

　　不管是在财务工作中，还是在人生中，我们都有太多太多的决策需要去做，知识本身的作用就是为了协助我们决策。

　　当你在利益的漩涡中，犹豫不决，不知道该听谁的时候，那就跟随本心吧！当你反思复盘，不知如何自省的时候，你就扪心自问吧！

　　职业道德背得再多，也不如本心！

　　情即心动！

　　风习袅袅，盈水千华，街角屋檐风铃响；

　　犹记当年，你回眸莞尔，一笑倾城百日香！

第 2 章

上兵伐谋

第2章

上兵伐谋

我是一个很相信缘分的人，因为缘分往往超越常理常规，让我们没有来由地聚在一起。

它莫名地把我搭配成别人的女儿、别人的恋人、别人的朋友、别人的同事、别人的闺蜜，就像玩积木一样，没来由地随意搭。

正因为它的没有来由，才让人倍感珍惜！

你想，如果某人是因为某个来由或者某个明确的目的或逻辑设计，才成为你的朋友、你的同事、你的恋人、你的亲人，你会不会细思极恐？

所以，缘分是一件极美好的东西，它让我们跟不同的人建立各种不同的、有趣的连接。

它让我们或聚或散。

它来去自由，无拘无束，任谁也左右不了它。

如果你相信它，你就会很珍惜那些出现在你生命中的人，欣赏他们的种种有趣，忽略他们的各种不是，从而享受关系的甜蜜畅快。

"杜老师，早啊。"

那天，一个清朗、略带磁性的男中音飘入我的耳朵，我抬头一看，一位帅哥，三十多岁的年纪，两道浓眉，飞扬跋扈地长在炯炯有神的双目之上，鼻子挺直，嘴唇不厚不薄，整个人看上去有种坚定不移、果敢决断的气势。

"王总，您好啊，好久不见了。"杜老师连忙站起来握住早已经伸过来的手。

"杜老师啊，我还得麻烦一下你。"

"没问题，有什么需要我服务的，您尽管说。"

"事情是这样的，我现在新注册了一家公司，本来委托真诚会计师事务所帮忙办理的，谁知道这真诚会计师事务所太不真诚了，办个工商注册还留个尾巴，没有办理税务登记。找他们时，他们却说，他们的工商注册服务不包括税务登记这一块，税务登记办理还需要另外收费。我当时那个火啊……"

"活该，谁叫你工商注册找他们了，你怎么不找我啊？"杜老师半开玩笑、半认真地说。

"我这不是贪图便宜嘛。你知道，现在大环境不好，我们小企业生存也不容易。"

"但是一分钱一分货，省了盐必定坏了酱。"

"那是，我这不是又来找你了吗？这次价格好商量。"王总大方地说道。"而且，我还给你带来一个跑腿的，这是我们公司的出纳兼行政艾雅妮！"

"美女，也姓艾啊，小艾，你本家来了。"杜老师朝我叫道。

我笑着走了过去，友好地伸出手说道："你好，我叫艾娜。"

"你好，我叫艾雅妮。"

雅妮长得很漂亮，脸上画着精致的淡妆。一头如丝缎般的长发挽成云鬟，眉似柳叶，一双大眼流盼妩媚，瑶鼻玲珑，香腮微红，樱唇可爱，白皙的瓜子脸光洁如玉，肌肤柔嫩，身形曼妙，笑起来简直千娇百媚。

"小艾，要不你今天就帮王总到税务局办理税务登记，可以不？"杜老师问道。

"好，王总，您带了相关的资料没有？"

"需要哪些资料？"王总问道。

"在做税务登记时需提前准备下列材料：

"一、营业执照正副本；

"二、法人身份证正反面照片、联系电话、电子邮箱等；

"三、财务负责人身份证正反面照片、联系电话、电子邮箱等；

"四、办税人身份证正反面照片、联系电话、电子邮箱等；

"五、购票人身份证正反面照片；

"六、股东身份证正反面照片、投资金额及比例；

"七、租赁合同及产权人营业执照复印件（或个人身份证复印件）；

"八、银行开户许可证或相关证明文件。"

"好了，小艾，你不用列举了，总之一句话，能带上的都带上，还有别忘了公章和法定代表人的私章。"杜老师说道。

是的，去政府部门的办事是这样的，能够带上的都带上，资料带全，总比缺这少那要好。

雅妮拿出文件夹，把相关的资料拿了出来。

"带公章没？还有法定代表人的私章。"我问道。

"带了带了。"

"好，王总，在去税务局之前，您先实名认证一下？"

"实名认证？"

"是的，下载一个本地税务 App（如广东税务、北京税务等），然后点击登录，输入你的相关信息和证件，然后人脸识别认证。"

接着我登录电子税务局，找到新办纳税人套餐，根据提示核对确认相关信息。

第一个是一照一码登记信息确认（包括纳税人基本信息、负责人信息、注册资本或投资总额、总分机构信息、代扣代缴信息），系统会自动带出相关的信息，只需要逐一确认即可，没有什么技术含量。

第二个是财务会计制度及核算软件备案，对于非财税专业的创业者则需要了解一下有关的专业术语（如图 2-1 所示）。

图 2-1　财务会计制度及核算软件备案

对会计制度名称一栏，小企业可以选小企业会计准则，当然，也可以选最新的企业会计准则；

对折旧方法大类一栏，选直线折旧法，对小类一栏，选平均年限法；

对低值易耗品摊销一栏，选一次摊销；

对成本核算方法一栏，如果你购买了进销存软件系统，就可以选移动加权平均法；如果你没有进销存软件系统或模块，只是一个相对简单的财务软件，那么建议选月末一次加权平均法，核算简单，而用移动加权平均法的话，如果你没有专门的系统，就核算不出来。

第三个是存款账户报告，把你的基本开户行相关信息输入并确认。

第四个是纳税人资格类型认定，一般新办企业默认是小规模纳税人，除非你申请一般纳税人。

第五个是票种核定及最高开票限额申请，选择你想开票的类型（如图 2-2 所示）。

□序号	申请类型*	发票种类*	单位*	委托代开标志	原有每个月最高领票数量	申请每个月最高领票数量*	单份发票最高开票限额*
□1	增加	2016版增值税普通发票（二联折叠票）	本	否	0	5	十万元

添加　　删除

购票员信息

☑序号	操作类型*	领票人*	联系电话*	身份证件类型*	身份证件号码*
☑1	增加	苏██	1356677███	居民身份证	440681199███

添加　　删除

注：各个地区的新办纳税人套餐会有细节和流程上的区别，具体以当地的规定为准。

图 2-2　票种核定及最高开票限额申请

在我核对、确认、输入相关信息时，杜老师和王总一直在闲聊，说什么深山少女遭遇资本老狐狸，栽进去了。

我知道他们在说谁。

他们在说李子柒，一个在海内外有着过亿粉丝的大 V。

李子柒本名李佳佳，涉及两家公司，一是四川子柒文化传播有限公司，二是杭州微念品牌管理有限公司。李佳佳只在四川子柒持股，没在杭州微念持股。

股权结构大体如下（如图 2-3 所示）。

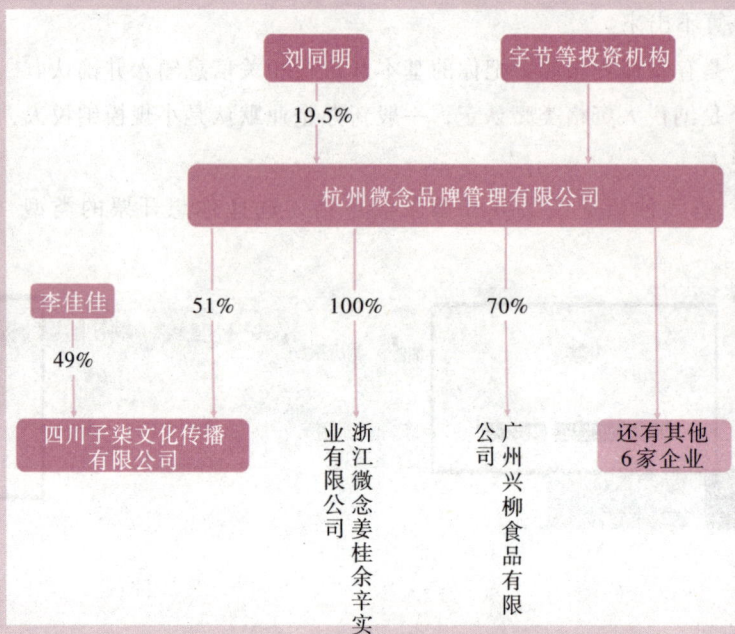

图2-3 四川子柒文化传播有限公司和杭州微念品牌管理有限公司股权结构

在四川子柒文化传播有限公司中,李佳佳持股49%,杭州微念持股51%。李佳佳是执行董事和法定代表人。李子柒品牌官方微博、李子柒公众号的认证主体都是四川子柒文化传播有限公司。

注册公司时,一般需要有公司章程,由股东签字盖章后在市场监督管理局备案。大部分人第一次创业,一般都是直接下载标准模板,根本不会看具体细节,更不要说谋划设计。

所以,如果李佳佳在公司章程中没有做任何设计,那么她的控制权就岌岌可危。

根据《中华人民共和国公司法》的规定及其在实践中的应用,持股比例及控制权见表2-1。

其中特别决议见表2-2。

表2-1 　　　　　　　　　　　持股比例的含义及详解列表

持股比例	含义	详解
34%	股东捣蛋线	对特别决议有一票否决权
67%	完美控股线	股东所有决策，均有一票通过权
51%	绝对控股线	除了特别决议，其他拥有决策权
30%	实际控制认定线	投资者实际支配上市公司股份表决权超过30%
25%	首发公众股线	公开发行的股达到公司股份总数的25%以上，公司股本总额超过人民币4亿元的，公开发行股份的比例为10%以上
20%	重大影响线	投资单位会计核算时需采用权益法核算
	权益报告变动线	详式权益变动报告书
10%	申请解散线	陷入僵局+经营困难+其他途径不能解决
	股东大会召集线	临时股东大会，两个月内召开
5%	重要股东判断线	关联方、内幕知情人、短线交易认定线（结合证券法，可以看到很多"有关5%的规定"）
1%	股东代表诉讼线	有限责任公司或股份有限公司连续180日以上单独或合计持有公司1%股份的股东、独立董事提议线

表2-2 　　　　　　　　　有关持股比例与控制权的特别决议

特别决议【必背法条】	有限公司的股东会	①增减注册资本 ②合并、分立、解散	代表2/3以上表决权的股东通过
	股份公司的股东大会	③修改公司章程 ④变更公司形式	出席会议的股东所持表决权的2/3以上通过
	上市公司的股东大会	①、②、③、④+在1年内购买、出售重大资产或担保金额超过公司资产总额30%	
	国有独资	①、②、③+发行公司债券+董事、监事选任	国有资产监督管理机构

注：摘自《小艾上班记8——中级经济法》。

从表2-2我们可以看出，更换执行董事和法定代表人，不属于特别决议，因此只要有51%的股份就可以了。因此，如果没有其他的限制，杭州微念品牌管理有限公司是可以更换执行董事和法定代表人的。

有人会说，当初她为什么不要51%的股份呢？

每个人都想要51%，那是不可能的，股份总数不可能是102%，总得有一个人让步；另外，就算资本给你51%的股份，如果他章程设计得好，你也不一定就拥有控制权。

法院曾经有这样一个案例，一方持股占90%的股份，另一方只占了10%的股份，持股90%的那一方照样没有获得绝对控制权。

案情是这样的：

原告（被上诉人）：宝恒投资有限公司（以下简称为宝恒公司）；

被告（上诉人）：三亚保力房地产投资开发有限公司（以下简称为保力公司）；

原审第三人：海南天久置业有限公司（以下简称为天久公司）；

案由：公司决议撤销纠纷。

保力公司2007年5月10日登记成立。

在2012年6月13日，天久公司与宝恒公司共同制定保力公司章程，公司注册资本为2 000万元，其中天久公司出资1 800万元，占股90%，宝恒公司出资200万元，占股10%。

保力公司提前通知宝恒公司，将于2014年5月20日召开股东会临时会议，但宝恒公司未出席参加该会议。

在2014年5月20日，保力公司临时股东会会议由天久公司法定代表人朱钧主持，做出股东会决议，其中决议内容有：（1）决定增加保力公司注册资本1亿元，天久公司出资9 000万元，宝恒公司出资1 000万元；（2）修改公司章程，公司注册资本为1.5亿元，天久出资1.35亿元，占注册资本90%，宝恒公司出资1 500万元，占注册资本10%。

此后，保力公司向宝恒公司发出《关于再次增加注册资本的函》，告知宝恒公司上述股东会的决议内容，宝恒公司已经签收该函，但持有异议。

宝恒公司在2014年6月5日起诉至法院，认为上述临时股东会决议违反公司章程的规定，新增注册资本应经过全体股东同意才有效，公司决议应予以撤销。

保力公司辩解：公司章程第8条规定，增加或减少注册资本，由代表2/3以上表决权的股东表决通过，公司做出的临时股东会决议有效。

一审法院认为，公司股东会有2名股东，只有一名股东参加，其做出的股东会决议不成立，而予以判决：保力公司2014年5月20日股东会临时会议决议不成立，驳回原告宝恒公司其他诉讼请求。

保力公司不服一审法院判决，提出上诉请求，二审法院审理后认为，临时股东会决议违反公司章程的规定，应予以撤销，由此支持了宝恒公司的请求，而驳回保力公司的上诉理由。

本案的争议焦点就是，该临时股东会决议是否可以撤销？

该公司章程中第3条有关注册资本方面规定，"增加或减少注册资本，须由全体股东表决通过"。而该公司章程第8条有关股东会的议事规则中规定，"增加或减少注册资本，由代表2/3以上表决权的股东表决通过"。

二审法院判定，从公司章程内容看，第3条规定属于增加注册资本的特别规定，而第8条属于一般规定，而"特别规定优于一般规定"，所以应以第3条为准。

针对本案，只有一名股东天久公司参加临时股东会决议，另一名股东宝恒公司并没有参加该临时股东会决议，因此，本临时股东会决议是无效的，违反了公司章程的规定，对新增注册资本双方该如何出资，应由全体股东表决通过。

因此我们可以看出，股权只是控制公司的一个层面，除此之外，还有其他层面，比如公司章程、协议约定、股东会、董事会、管理层人员选派等。

我们不知道李佳佳的公司章程内容是什么，假设她做了设计，就能够获得四川子柒文化传播有限公司的控制权。否则，杭州微念的业务架构（如图2-4所示）就有可能让她颗粒无收。

李佳佳在四川子柒持股，这家公司负责发布短视频，负责流量营销，而李佳佳的账号并不接广告，所以四川子柒文化传播有限公司是个只花钱不赚钱的公司。

杭州微念的业务架构就是通过李佳佳发短视频打造影响力后，在天猫店等卖李子柒品牌的食品赚钱，而食品厂、天猫店等都在杭州微念名下。杭州微念由刘同明在2013年3月成立。天眼查的资料显示，这家公司在2016年5月获得天使轮融资。

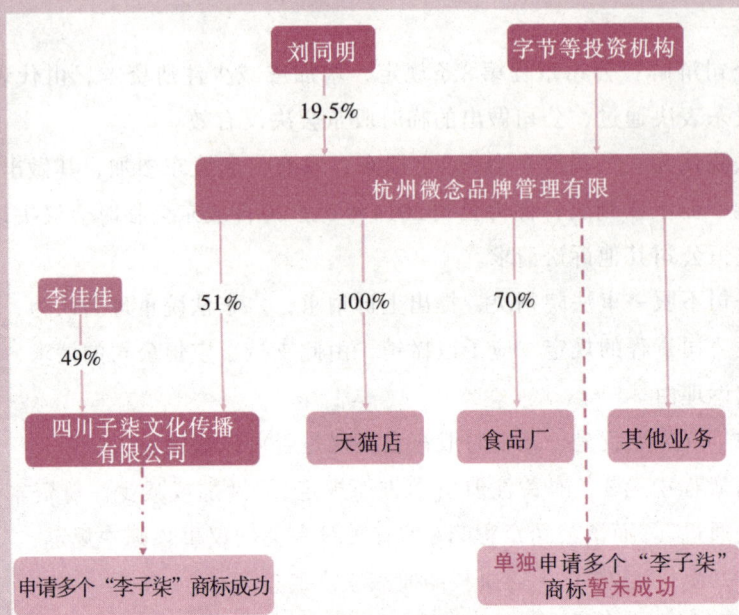

图2-4　杭州微念的业务架构

在和李佳佳合作之后，2017年5月后这家公司获得多轮融资，投资人包括华兴资本、新浪、字节跳动、华映资本多家机构，最近一轮融资是在2021年7月，报道说估值已达50亿元。这家公司的股权结构是：刘同明持股19.45%，另外员工持股平台（指自然人并不是直接持股主体公司，而是通过一个平台来间接持有主体公司的股权，这个用于间接持股的平台即持股平台）持股15%，剩下的是投资人持股，李佳佳在这家公司的持股是零。

字节等资本投资杭州微念，正是看中了杭州微念与李子柒品牌的绑定关系。李子柒全球粉丝过亿，影响力巨大，杭州微念借着李子柒的影响力，进行螺蛳粉、藕粉等食品的网络销售，并成立了"广西兴柳"的螺蛳粉工厂。

很可能，他们的交易模式是这样的，四川子柒文化传播公司授权品牌给杭州微念品牌管理公司，从而收取费用，获得收入，在四川子柒文化传播公司的所得中，李佳佳获得49%。

天猫店在杭州微念名下，李佳佳没在杭州微念持股，她无法获得股东的收益。如果李佳佳能获得天猫店的收入，就有可能通过品牌授权与销售额挂钩的方式实现。

因此，李佳佳获得的收益很可能是通过合同实现的，并不是通过股权实现。

杭州微念估值已高达 50 亿元，但李佳佳可能并没有因此受益，因为她在杭州微念零持股。

但是，从 2019 年年底开始，杭州微念撇开四川子柒用自己的名义申请多个"李子柒"的商标，有可能是杭州微念不想再支付这 49% 的品牌使用费，所幸，杭州微念申请的"李子柒"商标都被驳回或在实质审查中，暂时没有申请成功。

"李子柒都这么厉害了，那干脆散伙，一拍两散。"王总愤愤地说道。

"哪那么容易？资本进入一般都会签对赌协议的，如果他们签了对赌协议，李佳佳走了，业绩没达到要求，就可能需要承担违约责任，有网红主播为了跟东家解约，花了上亿元。"

"单干也不行？"

"得看他们的合同是怎么签的，如果合同约定李子柒的账户归属杭州微念，或者他们签了竞业限制条款，那么李佳佳是没法重新再来的。"

连字节跳动都投资杭州微念，很显然是奔着上市去的，可惜，李佳佳有可能捞不到什么好处。也是，一个一心一意拍视频的女孩，哪能玩得过资本？但如果她身边有一个稍微懂点财务的朋友或者助理，在最初合作的时候，稍微给一个善意的提醒，分析一下形势和利弊，或许又是另一番局面。

她只要稍微有点财务意识，也不至于"沦落"至此，不需要她精通财务，只要有点财务思维，剩下的专业工作丢给财务专业人士做就行。

然而，很多创业老板，就缺这点财务意识。

创业好比打江山，《孙子兵法》云："上兵伐谋，其次伐交，其次伐兵，其下攻城。"

伐谋，就是要有谋略，谋略的核心是什么？就是决策、布局。那财务谋略的核心自然是财务决策、财务布局。会计是做什么的？会计有一个职能，就是协助决策（会计的职能如图 2-5 所示）。如果把老板比作古代的权贵，那么会计的角色有点像古代的幕僚、门客。

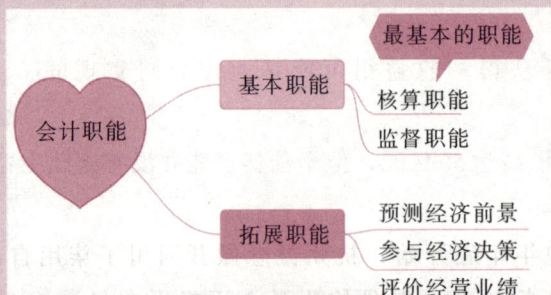

注：摘自《小艾上班记9——初级会计实务》。

图2-5　会计的职能

　　打江山首先要的是"谋"，其次是"交"，与他人交好，有门路、有人脉，这个老板都懂，然后是"兵"，也就是实力。如果你的实力够强，那么别人是不会找你麻烦的，因为完全不是一个档次的，这叫不战而屈人之兵。攻城是下策，对决高下要么"杀敌一千自损八百"，要么两败俱伤，双双阵亡，然后第三者渔翁得利。

　　在财务部门比较完善的大中型企业，财务岗位的设置一般如下（如图2-6所示）：

　　虽然财务岗位很多，但财务部门履行的还是一些基本职能：（1）记账报税；（2）如果缺钱，就去借款融资，以防止资金链断裂；（3）计划财务的部分，也就是管理会计职能，即对成本和风险开始进行管控。

　　我们再看一个比较完善的大型集团企业财务部门的架构（如图2-7所示）：

　　从图2-7中可以看出，财务部门的功能，从成本中心（只有记账报税）变成了利润中心（能创造利润）。

　　此时财务部门的业务相当于买卖公司，公司就是财务部门的产品，投资者关系部门（如图2-8所示）相当于客户关系部门。在买卖公司的过程中，要控制成本与风险，因为公司的成本与风险是公司定价的主要因素。

財務部门

財務总监

| 会计部 | 税务部 | 资金部 | 计划财务部 |

| 会计部经理 | 税务部经理 | 资金部经理 | 计划财务部经理 |

总账会计	税务会计	收银员	经营分析专员
销售应收会计	流转税专员	现金出纳	预算控制专员
材料应付会计	所得税专员	银行出纳	成本分析控制专员
费用会计	小税种专员	资金计划专员	风险管理员
成本会计	发票领购员	融资专员	合同审核员
固定资产会计		信控专员	
稽核会计		营运资金管理员	
开票员			
档案员			
系统维护工程师			

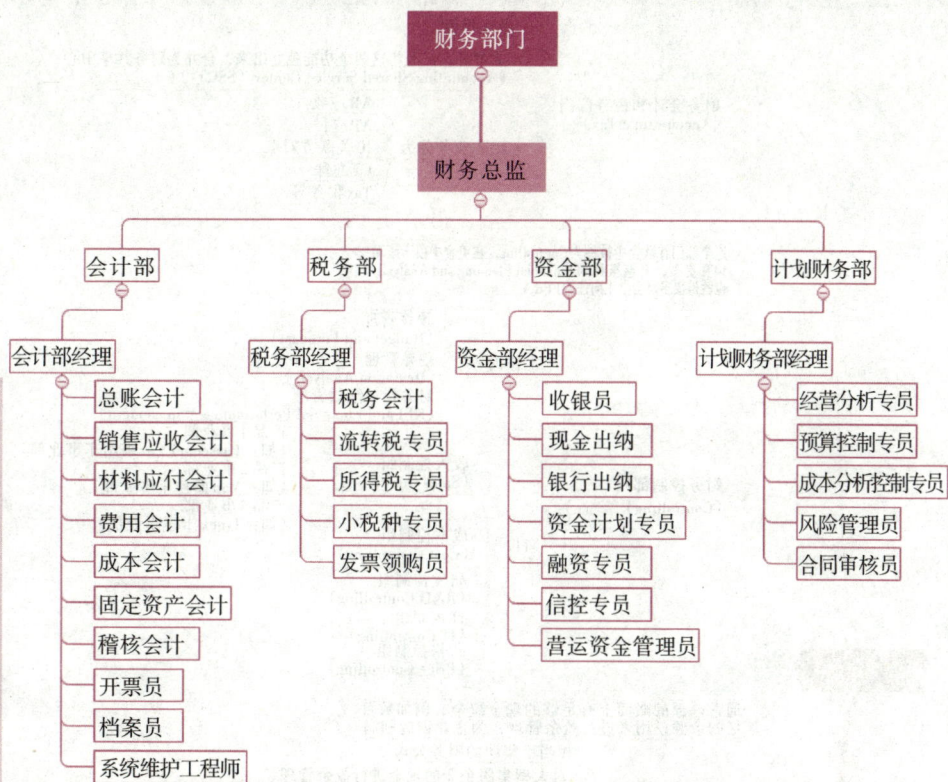

图2-6　大中型企业财务岗位的设置

在产品层面，我们经常说，收入与成本匹配；在项目层面或者公司层面，我们经常说，收益与风险匹配。

对于一个产品来说，价格是由市场来定的，同样品牌质量的产品，定价基本差不多；如果你敢随意提价，消费者立马会抛弃你。因此，在产品同质化的情况下，降低成本是竞争的唯一出路，这叫成本差异战略。

同理，对于一家公司，价格也是由市场定的，同样风险质量的公司，定价应该是一样的，收益一定，降低风险，可以让你更有竞争力。

如果你有机会进好的外企，那就进去，各个部门转转；如果你没有机会进外企，那么也没关系，毕竟每个人的人生际遇不一样。

做账报税

财务会计和税务部门
（Accounting&Tax）

大型外企已经将这两个功能独立出来，合并为财务共享中心
（Accounting Shared Service Center（SSC））

记账业务分为
- AR 应收
- AP 应付
- IC 关联方对账
- GL 总账
- Tax 税务等

这个部门在欧企中被称为Controlling，在美企中由于滚动
预算更多，普遍被称为Financial Planning and Analysis，
也就是很多财会学生向往的FP&A

财务控制部门
（Controlling）

工作内容
- 预算管理（Budget and Forecast）
- 差异管理（Deviation Analysis）
- 财务指标绩效管理（KPI and Financial Performance Management）

岗位
- 收入控制组（Sales Controlling）
  - 产品1事业部（如：Passenger Car乘用车事业部）
  - 产品2事业部（如：Van面包车事业部）
  - 产品3事业部（如：Truck卡车事业部）
- 成本控制组（Cost Controlling）
- 研发控制组（R&D Controlling）
- IT控制组（IT Controlling）
- 价格控制组（Price Controlling）

通常总部的账面上有足够的现金盈余，例如数百
亿的余额，用来进行盈余管理，为企业创造利润

司库部门
（Treasury）

- 相当于集团的财务公司
- 对大型集团企业的现金进行盈余管理
- 工作内容
  - 现金预算
  - 购买银行理财产品
  - 套期保值
  - 外汇交易
  - 监控公司大额付款等

内审风险合规部门
（Internal Controls, Risk and Compliance）

- 对大型集团的内控和风险点进行梳理
- 制定各种业务操作的标准流程Standard Process和规范Guidlines
- 例如，设置财务部门各层级审批的流程和金额、各种财务业务的标准操作手册

内审部门
（Internal Audit）

- 通过企业内部的审计流程，发现企业的（财务）内部控制漏洞和风险点
- 向高层管理层和董事会提出建议，不断完善公司的内部控制系统

并购/战略部门
（Mergers&Acquisitions/Strategy）

- 通过收购和投资来促进企业的业务发展和完善
- 具体工作
  - 市场分析
  - 企业战略的选择
  - 并购项目的可行性分析等

投资者关系部门
（Investor Relations）

- 处理集团对外的财务信息披露和投资者关系
- 具体工作
  - 公司对外财务新闻稿的拟定
  - 年报排版印刷发布
  - 证券路演等

大型集团企业

1 2 3 4 5 6 7

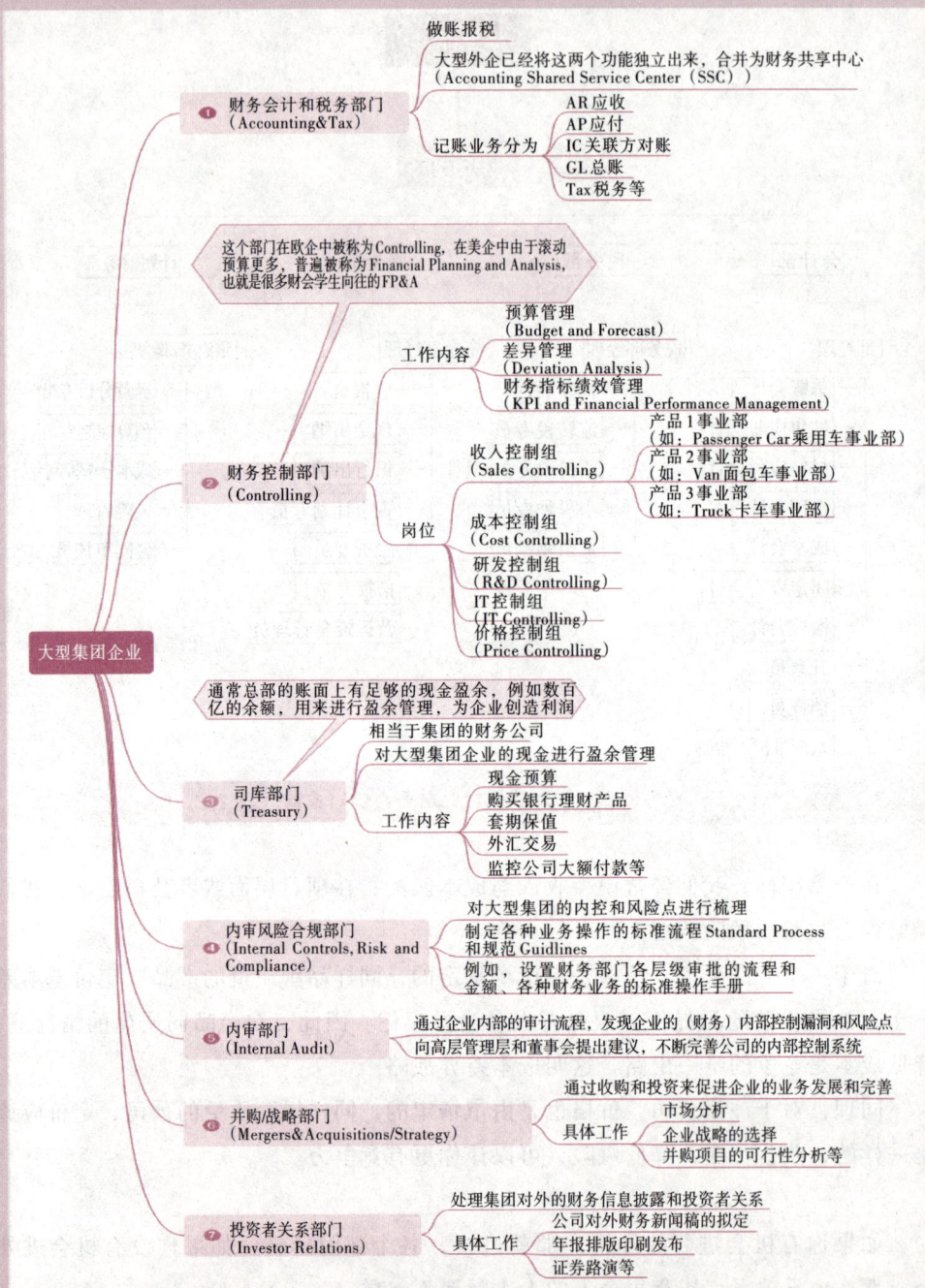

图2-7 一个比较完善的大型集团企业财务部门的架构

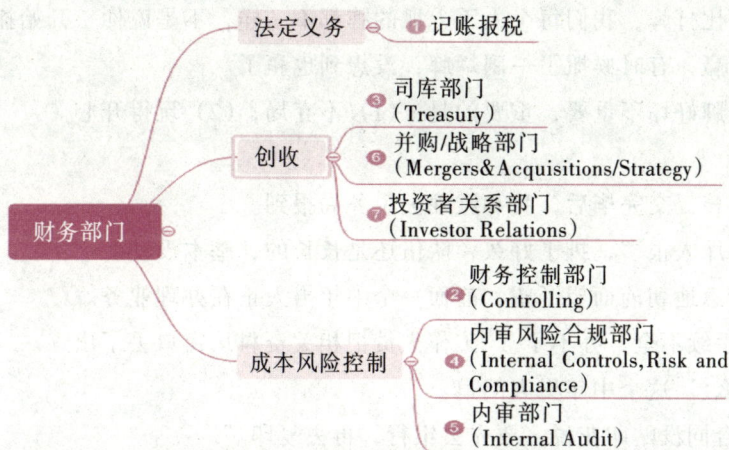

图 2-8 财务部门职能的新定义

不是说，进外企的就一定混得好，不进外企的就毫无作为，凡事都有例外。

朋友 A 学历高，学校好，毕业进了某知名外企的财务共享中心，成了一名普通会计。我们人人羡慕，而她却每天抱怨："共享中心，其实就是挂个会计的名字，什么东西都学不到，借贷分录是由系统自动生成，呈现的界面完全傻瓜式，没有学过会计的也能看懂，数据一列一列排列，余额合计一致即可。"

最后她实在受不了，就离职了。

朋友 B，进了一家民营中小企业，做了一个小会计，结果阴差阳错，日久生情，居然跟这家公司的老板结婚了。婚后，她仍然待在财务部，中级会计职称考了好多年都没考过，更别说 CPA 了，她唯一的爱好就是买房子，她把她老公这些年赚的钱全部拿去买房子了。

后来，疫情期间，公司经营不善，就关闭了，但是没有关系，她的每一套房子都升值可观。

于是，她老公逢人就说："我这辈子最大的幸福就是找了个好老婆，学会计的就是不一样，会理财！"谁要是找老婆，他就建议别人找个学会计的，好看又实用！

这就好比打牌，我们每个人手上抓的牌都不一样，不是说你一开始抓了一副好牌就一定会赢，有时候抓了一副烂牌，没想到也赢了。

所以，牌好坏不重要，重要的是：（1）不弃局；（2）玩得开心。

资料审核提交完毕后，我和雅妮去税务局报到。

税务大厅人很多，排了好久，队伍还是长长的，基本没动。

我们着急地朝前面望了望，前面一个中年男人正在办理业务。

"你的手续不全，办不了。"工作人员把相关资料从窗口丢了出来。

"为什么？"这个中年男人问道。

"你的合同没贴印花税，要先去银行，再去复印。"

"你们税务局不卖印花税吗？"

"不卖。"

"为什么不卖？"

"各地不一样，有的地方在银行可以买到印花税，有的地方在税务局可以买到，有的地方在银行和税务局都可以买到，办事之前，你应该先打听一下。"

"那你们这里有复印机吗？"

"没有。"

"怎么连复印机也没有？"中年男人不满地走了。①

队伍继续向前，一个小姑娘把相关材料递了过去。

"你这个数是怎么得来的？"税务人员声音很大。

小姑娘一下子就慌了，张着嘴巴望着税务人员。

"我问你这行是怎么填的？不知道这行的数应该是这行加这行吗？"税务人员一边指着表格，一边大声地说。

小姑娘慌了神，赶快四处借计算器，按来按去，由于紧张，好几次都按错了。最后，她终于重新填好了，递给了工作人员。我们在场的看着她那紧张的样子，都替她捏了一把汗。

终于轮到我们了。

"干啥的？"

---

① 此处是小说情节，有些情境不代表普遍情况。

"办理开业税务登记。"我一边递过已经整理好的资料，再加上一份我早已经填好的税务登记表，一边回答道。虽然她的声音让我很不爽，但是我还是尽量把自己的声音调整到最佳状态——清脆、爽朗和欢快。

她看了我一眼，然后接过我手中的资料。

接着就是等待，税务人员一边审核我的资料，一边在电脑里输入相关数据。

"20元钱工本费，带了吗？"她的语气感觉缓和了一些。

"带了。"我连忙把早已准备好的20元钱递过去。

她递来单据时，我开心地说了一声："谢谢。"

从税务局出来，雅妮说道："你怎么对税务局的操作流程这么熟悉啊？"

"多跑几次，练出来的。"我噘了噘嘴巴。

"刚开始时也挺折腾吧？"

"当然。"

"那你哭了没有？"雅妮开始奚落我。

"有几次差点儿哭了，眼泪在眼眶里直打转儿。"我坦白道，"其实，我们纳税人自己也有问题。"

"怎么说？"

"一个是学艺不精，对办事流程及相关的会计税法知识不熟悉。如果你在工作当中，总是犯一些低级错误，那么别人肯定很烦啦。另一个就是，以纳税人自居，对纳税本身有抵触情绪。要知道情绪是可以传染的，生活就是一面镜子，你怎样对待别人，别人也会怎样对待你。你抵触别人，别人自然抵触你！就像当你不开心时，不开心就会蔓延进你的生活里，那时你会觉得天上的太阳很刺眼，树上的鸟儿很吵；当你开心时，感觉天上的太阳很温暖，树上的鸟儿在歌唱，歌声悦耳动听，连夹带着腥味的海风闻起来也是香的……"

"所以，你今天是想用你的情绪感染她，故意装得那么欢快，而且声音装得那么甜美？"

"什么啊，我需要装吗？我的声音本来就很甜美啊。"我噘嘴道。

"不过，你做到了，我感觉，她对你的态度比对其他人要好多了，那张脸舒展了很多。看来，我们都要记住，一是不要让他人的不良情绪坏了我们的心情，二是要尽量让我们的美好心情感染他人。"

"你总结得很到位，不过不要管那么多了啦，反正爱笑的女孩，运气总不会太差，我们只要自己天天开心就行了。"

我们一边走一边聊，欢快地穿过马路，踏上返回的路程。夏日的晴空是那么灿烂，天是那样蓝，日光是那样强烈，天下地上处于一片耀眼的光明之中。

第3章
识破面试中的伎俩

识破面试中的伎俩

一般公司成立的流程如图 3-1 所示：

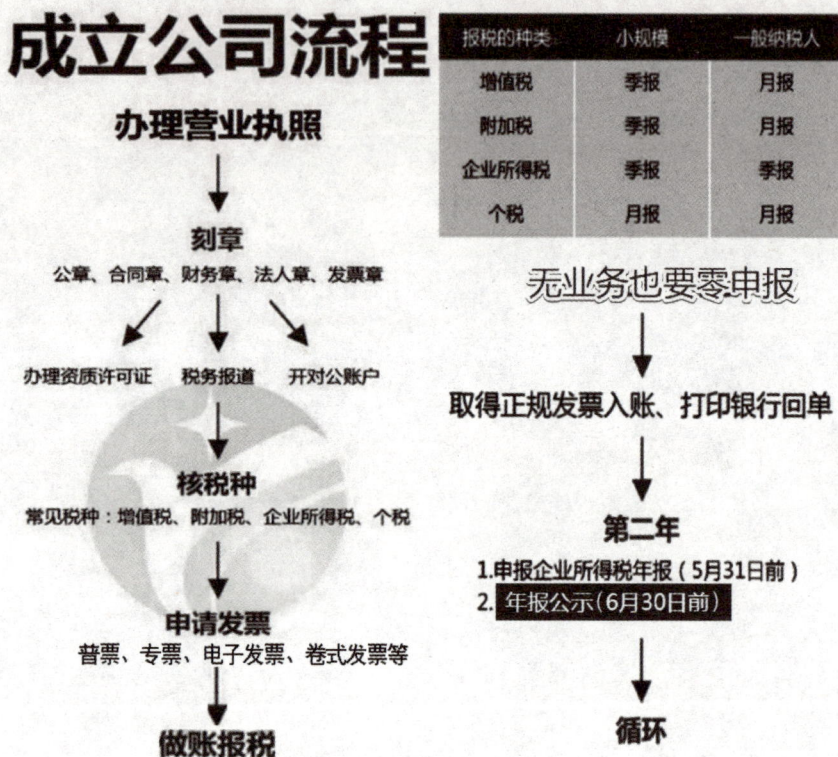

成立公司流程

报税的种类	小规模	一般纳税人
增值税	季报	月报
附加税	季报	月报
企业所得税	季报	季报
个税	月报	月报

办理营业执照

↓

刻章
公章、合同章、财务章、法人章、发票章

↓ ↓ ↓

办理资质许可证　　税务报道　　开对公账户

↓

核税种
常见税种：增值税、附加税、企业所得税、个税

↓

申请发票
普票、专票、电子发票、卷式发票等

↓

做账报税

无业务也要零申报

↓

取得正规发票入账、打印银行回单

↓

第二年
1.申报企业所得税年报（5月31日前）
2. 年报公示（6月30日前）

↓

循环

图 3-1　一般公司成立的流程图

本以为，只要跑完相关流程，这个项目就算完成了，可是王总的会计因家庭原因离职了，新公司还在成立中，账都还没建，旧公司的会计又急着走，一时半会儿又找不着合适的人。于是，王总本人跑到事务所，说是要借个会计给他，杜老师顺手把这差事丢给了我。

本以为，像以前一样，直接过去交接工作就是了，谁知，这王总竟然挑三拣四，说要让他的人资主管面试一下我，看我是否合格。

我心里有点不情愿，不想去了。杜老师却说，不就是多跑一趟嘛，没什么的，只要老板愿意付钱，你去那晃悠一下，顺便喝个茶回来，有什么大不了的呢？

说的也是，于是，我只好顶着烈日到王总公司"喝茶"去！

路上，婉晴来电话，心急火燎地跟我说："小艾，我快疯掉了！我要离职，老板就是不让我走，两个月前我就口头辞职了，还带了一个月的新任会计，所有账目都交到了新任会计手中，但没有写交接手续。现在老板却不让我走，交接的余额我负责也不行，他竟然让我把客户明细全部让客户确认签字后才可以写交接手续。我又不是跑业务的，有些客户我找都找不着，我真想一走了之，可问题是，我如果就这样走了，要负法律责任吗？"

婉晴跳槽的事情，早就跟我说了，她在原先公司做了一段时间的出纳后，由于不想一直做下去，就跳槽到一家私人企业做往来会计，刚满1年，也就是最近，就有一家企业向她抛出了橄榄枝，让她去做总账会计，她当时高兴得抱着我直转。不管是冲着薪水，还是冲着经验的积累，都应该去新的企业尝试一下。于是，她果断地向老板提出了辞职，可是这个老板也很刁，就是不轻易放她走。究其原因，还是因为老板不懂财务，但财务偏偏又是个重要而且敏感的岗位。这老板疑心又重，自己不懂，别人做的又不放心，找了个亲戚来替代婉晴，可是这亲戚也是半路出家，刚考了个会计证，从没做过会计，有点槽。

新的公司催着婉晴去上班，旧的公司又不让她走，她急得快要疯了。

"怎么办，小艾，你说我该怎么办？快帮我想想办法啊！"

"你严格按照我们会计的相关规定，把工作交接清楚了，他就应该答应你的要求。"

"那怎样办理交接工作才算是合法、合理呢？"

"首先，你不要只是口头说辞职，而是给他一份书面辞呈。然后，开始办理交接，交接前把以下事情做好：

"（1）已经受理的经济业务尚未填制会计凭证的应当填制完毕。

"（2）尚未登记的账目应登记完毕，结出余额，并在最后一笔余额后加盖经办人印章。

"（3）整理好应该移交的各项资料，对未了事项和遗留问题要写出书面说明材料。

"（4）编制移交清册，列明应移交的会计凭证、会计账簿、财务会计报告、公章、现金、有价证券、支票簿、发票、文件等会计资料和物品等内容。

　　"你们单位不是实行会计电算化了吗？那你还得在移交清册上列明会计软件及密码、会计软件数据盘等内容。

　　"最后，应将财务会计工作、重大财务收支问题和会计人员情况等向接替人员介绍清楚。

　　"交接时：

　　"（1）现金要根据会计账簿记录余额进行当面点交，不得短缺，接管人员发现不一致或存在"白条抵库"现象时，移交人员应在规定期限内负责查清并处理。

　　"（2）有价证券数量要与会计账簿记录一致，有价证券面额与发行价不一致时，按会计账簿余额交接。

　　"（3）会计凭证、会计账簿、财务会计报告等会计资料必须完整无缺，不得遗漏。如有短缺，则必须查清原因，并在移交清册中说明，由移交人员负责。

　　"（4）银行存款账户余额要与银行对账单相符，如有未达账项，则应编制银行存款余额调节表，调节相符；各财产物资和债权债务的明细账户余额合计要与总账有关账户余额相符；对重要实物要实地盘点，对余额较大的往来账户要与往来单位、个人核对。

　　"（5）公章、收据、空白支票、发票、科目印章及其他物品等必须交接清楚。

　　"（6）实行会计电算化的单位，交接双方应在计算机上对有关数据进行实际操作，确认有关数字正确无误后，方可交接。"

　　"小艾，你说那么多，我怎么记得住啊？"

　　"记不住？你背也要背下来！腹有诗书气自华，你对这些很熟悉的话，那你交接的时候就会底气十足，说话也能字正腔圆。交接时，你让老板负责监交。"

　　"那老板不理我怎么办？"

　　"老板不理你，你就写份授权委托书，要老板签字，授权委托某人监交。

　　"交接后：

　　"（1）交接双方和监交人在移交清册上签名或盖章，并应注明：单位名称，交接日期、交接双方和监交人职务、姓名，移交清册页数及需要说明的问题和意见等。

　　"（2）接管人员应继续使用移交前的账簿，不得擅自另立账簿，以保证会计记录前后衔接，内容完整。

　　"（3）移交清册一般应填制一式三份，交接双方各一份，存档一份。

　　"只要这些手续办好了，你就可以安心地、大大方方地走人。老板应该也不会过于为难你。"

"为什么？"

"'身正不怕影子斜''脚正不怕鞋歪'，你严格按照法规办事，并且公平、公正、合理地维护企业的利益，并不偏袒自己，他为什么要没事找事呢？再说，他见你这么正气十足的一个人，疑心也应该会有所减轻吧？"

"你说的也是，我去试试。但是我就怕老板不愿意签字。万一老板就是不肯做监交签字，那我交接算有效吗？"

"按照《会计法》相关规定，会计人员调动工作或者离职，必须与接管人员办清交接手续。一般会计人员办理交接手续，由会计机构负责人（会计主管人员）监交；会计机构负责人（会计主管人员）办理交接手续，由单位负责人监交，必要时主管单位可以派人会同监交。所以交接最好得有老板签字，只有老板签字的手续才是符合法律规定的手续。但是很多小私企的老板不太懂法，只按自己的意愿做事，老板该签不签，属于老板故意有错误行为。所以，你也不用过于担心，既然新会计接手并开始工作，说明老板默认许可，既成事实，所以你们的交接是有效的。"

"那他如果不签字，万一账有什么问题，他会不会又让我回单位解决？"

"那得看什么问题，难道你做了什么'大逆不道'的事？"

"没有，没有，我是说，账有时候多少会有点小问题，像我的一个远房亲戚，她以前在外地，给人做会计，后来离开了公司回来发展。前不久，她以前的老板打电话跟她说，税务局在查账，她做的账多走了一笔费用，要她回单位解决。她现在在新单位上班，路途遥远，回去很不方便，最后却不得不请假，硬着头皮坐飞机回原单位了。来回路途的费用，还不能报销。成本太高，代价太大了。"

"对我们做会计时发生的业务，我们确实有法定义务负责解释，但是，税务局查出她做的账多走了一笔费用，根本就不是什么大问题，新来的会计按照税务局的处理意见调整纳税金额即可。调整的时间是新会计在岗的时间，所以应由新会计做账务处理，与她无关，她完全可以不回去。"

"可是，那老板就是逼着她回去解决。"

"我估计是那个老板偷税的金额多了，做贼心虚，一看税务局来了，就紧张了。"

"好了，不管她了，你把你刚才说的那些内容发我手机上。我没记住，回去得背一背。"

"亲，那么多，手机打字不是要我的命吗？"

"那你就语音，语音，拜托，就这一次，下次我直接装个通话录音软件。"

婉晴嘻嘻哈哈地挂了电话。

我按照王总给的地址，慢慢地寻找着目的地，可是越走越觉得偏僻，在胡同里七拐八拐的，想问个路都找不到人。我的心开始有点紧张了，这王总到底是做什么生意的，怎么把办公室放在这么偏僻的地方？看他注册的公司好像是电子行业的，不会是"挂着羊头卖狗肉"吧？

好不容易看见一个老伯，我连忙走过去问道："老伯，您好，请问中环偏西××街道康庄大厦怎么走？"

老伯连忙说："这就是康庄大厦啊。"

"哪儿啊，在哪儿啊？"我转了个身，环顾四周却无从找起。

"这里啊，这不就是康庄大厦嘛！"老伯指了指。

我仰头望了望这幢只有5层高的小楼，在树荫处才看见康庄大厦几个字。楼房看起来很旧，道路也很窄，还"康庄"呢，一点都不名副其实。

"请问你找谁？"管理员问道。

"荣辉电子。"

"荣辉电子？我们这儿好像没有什么荣辉电子啊！"

我才想起来荣辉电子是王总新注册的公司，可是他旧公司的名字是什么呢？没人告诉我，地址上写的是新公司的名字啊。

"噢，我找王俊远，荣辉电子是他新注册的公司，可能还没挂牌。"

"王先生啊，他的写字间在3楼。"

我看着这写字楼，怪怪的，阴森森的，行走江湖，还是小心为上；宁枉勿纵，为了自己安全，先以小人之心度君子之腹！于是，我决定好好地查探一下这个叫王俊远的人，了解清楚了，也好应付。

我灵机一动，探问道："您是管理这幢写字楼的先生吗？"

"对，人们都叫我于伯。"

"于伯，你好。你认识王俊远先生吗？"

"当然啦！他租用这儿的写字楼有1年多呢！"

于是我微笑着对于伯说："对了，对了，我也好像听过王先生提起于伯的名字，他说您是这儿的老臣子了。"

对方乐不可支，忙道："王先生真客气，他是个有为青年！我跟他算是很有缘了，从前王先生还没创业时，就在这幢写字楼当职员，跟我早晚也打招呼，他现用的3楼这个单元，就是我介绍他租下来的。年轻人赤手空拳打天下，绝不简单！我还给大业主求了个情，以旧租金价格签的约呢，算是给创业的他一点鼓励了。"

"这么说，王先生是做正经生意了？"

"那当然了，你想到哪儿去了？"

"不，不，女人总是多心多疑，我只是想知道出入王先生写字楼的女人并不多吧？"

我是实话实说，并没有觉得有何不妥。

那于伯听了我的问话，竟瞪着眼睛，重新好好地把我从头到脚打量了一番，然后微微笑道："请放心，王先生从不跟不三不四的女人来往，连午饭时间，他都草草吃个面包或盒饭便又躲在写字楼工作至黄昏日落。这么一个勤奋向上的人，我老早就说，应该寻个理想的女孩子，好好地辅助他、照顾他呢！"

于伯望着我，脸上那感动而欣慰的笑意，刹那间，却化为当头棒喝！哎呀，一时失慎，当了个糊涂侦探，竟惹得对方误以为我是个要侦查男友的醋娘子。真是啼笑皆非……

我无言应对，只好尴尬地回以一笑，赶忙朝办公室走去。

刚爬上3楼，我就碰到了雅妮。

"艾娜，你来了啊？"

"雅妮你好，好久不见！"

"快进来吧，我给你倒水。"

我跟着雅妮走进公司，在一张会客桌旁坐下，顺便打量着周围，墙上悬挂的一幅字立即吸引了我，上面遒劲有力地写着：

"公司是学校，领导是老师，工资是奖学金，同事是同学，工作是作业。"

不禁暗暗叹服，我见过很多企业激励员工的标语，但这样一针见血地描述企业与员工之间关系的还是很少。

试想，人的一生其实就是在书写一份自己的简历，学习不仅仅是在学校中聆听老师的教诲，正所谓"三人行必有我师"，在平时的工作中每一位同事都有值得我们学习的地方，而企业的领导者便是帮助员工学习进步的老师。

在走出校门之后，公司是员工人生中的第二课堂，而企业的领导者作为行业中的精英分子，他们所处的战略高度是懵懂的员工难以企及的。员工平时的工作

其实就是呈报给"老师"的作业，老师对作业的批示正是员工汲取经验的最佳来源，年轻的员工只要把握好这样的时刻便能迅速成长，而那些自视甚高、狂妄自负的人不但丧失了这样的机会，而且将逐步被本行业摒弃于外，自顾嗟叹人生的时运不济。

提出"公司是学校，领导是老师，工资是奖学金，同事是同学，工作是作业"的口号是让人叹服的，这个企业口号没有掉入简单的俗套之中，而是揭示了一段人生的哲理，这样的哲理是一种能够凝聚人心的信仰，是一种职场道德的准绳，更是那些年轻人迈向辉煌之路的警世格言。

我不禁对这位王俊远先生刮目相看了。

接着我去了会议室面试，面试我的是一个老头儿，"人资老头儿"问了我一点基本概况，如姓名、年龄、毕业学校、会计工作年限等等，然后就不断地强调，这个工作是多么复杂、多么烦琐、多么辛苦。我就一遍一遍地回答他，没关系，我行的，我们事务所的人从来都是女人当男人用，男人当牲口用。心里却想，苦累其实都没问题，我年轻，没有我不能干的，关键你能给多少钱。工资翻一番，累点也心甘；工资翻两番，主动去加班；工资翻三番，扫地也承担。要知道，我是一个会计，我思考决策问题是会考虑成本效益原则的，也许有人会鄙视我说，难道你就没有理想吗？你难道眼里只有金钱吗？我当然有理想，但是在职场中，比理想更重要的是利益。理想是一个非常大和长远的东西，它就像是天空中的北极星一样，给你指明大的方向，但并不是你每件事情都会需要它。

职场生涯是一个非常精细的、可谓艺术化的生活，它通常由一系列的小细节组成。大的方向用你的理想指明，但如果处理小细节也要用到理想，那么就变成书生意气了。

再说，企业主管在招聘我的时候，他还不是在考虑雇用我的成本？平时，我们与老板、税务局甚至企业各个部门周旋的时候，还不是要经常考虑各方的利益？如果你动不动就拿理想来说事儿，那就什么事情都做不好。

他继续强调这份工作有多枯燥，有多累人，公司会要求经常加班，我微笑地应和着。强调工作的苦与累，其实也是做人事的一个鬼把戏，他们经常会不正确地描述工作的内涵，夸大工作的苦与累，目的是要确定我们这些求职者，对这样无趣辛苦的工作内涵、工作职位，仍然感到有兴趣，他们才会继续往下沟通。很多能力强的工作者，在经历这样的震撼教育后，以为这工作真的是累到极点，就放弃了，因此他们也就被淘汰出局了。

仔细想来，这些做人事的其实挺精明的，才华横溢的人非常容易辨识，大家都看得清楚，通常在面试的第一眼，大概就能判断出，他是不是一个才气纵横的人。如果不是，后面的面谈早就结束了，也就不会有这样的考验。先确定他聪明，再看他能不能做得了小事，这样才不会丢掉最好的人才。

工作或职位的内涵，本来就是一个复杂的组合，每一项工作都有它创意性、趣味性和多元化的一面，更有它辛苦、无聊、重复发生、令人讨厌的一面。世界上没有完美的事物，没有人能只挑好的，不要坏的，因此克服垃圾工作，是你迈向成功绝对必要的历程，这就是所谓的"从垃圾中提炼黄金"。许多有才气的人，最后一事无成，不是他才气不足，只是耐心不好，无法通过无聊、无趣的考验，以至于才气被怨气蒸发了。多少才气纵横但怨气冲天的人，最后成为组织边缘人、问题人物，成为主管不得不挥泪放弃的"马谡"。

在面试时，就吓走那些观念不正确、不耐烦的人，是因为企业不想浪费时间去调整我们这些求职者的观念，因为，有许多人的观念是一辈子也调整不了的。

不过没关系，在社会上混了几年，经历过无数次面试后，他们这些小伎俩已经蒙不住我了。

第 4 章

全盘账思维

第4章

全盘账思维

　　一连大半个月都烈日炎炎，今天突然下起雨来了。凉风习习，让人有种说不出的舒服感。我将手伸到雨中，触摸那雨的心跳，一阵沁人心脾的清凉顿时把脑子里的一切混乱都净化了。喜欢下雨天，总觉得雨是世界上最轻灵的东西，虽敲不响城市中那厚重的钢筋水泥，却能拍响乡村的瓦屋，叮叮咚咚的，清脆悦耳。雨后，那一颗颗水珠在芭蕉叶上滴溜溜地打转。风一吹，水珠就在叶子上打滚，折射着阳光，晶莹剔透，惹人怜爱，轻轻一触碰就碎了。

　　一路上我打着雨伞，踩着雨水来到了荣辉电子，心里有着说不出的惬意。推门走进办公室时，王俊远的面色真不好看。我讪讪地说了声"早"，对方就答："不早了，已经差不多九点半了。"真倒霉，上班的第一天就迟到。世上最难为情的是自己理亏，让人家抓住把柄。

　　"你要把这迟到的习惯改掉，从前我打人家的工，只有早到、迟退。"

　　王俊远竟然一本正经地训我，我又不是你公司里的全职员工，你凭什么训我？就因为你是这个小破公司的老板？

　　我恨得牙痒痒。

　　也轮不到我分辩了，王俊远已经让雅妮把一大叠账单放到了我的办公桌上。

　　"这是前任会计交给我的有关宝迪电子有限公司的所有会计资料。"雅妮一边说一边把资料放在我办公桌上："那些是以前会计的账本，如果你需要的话，可以翻翻看。"

　　我一边翻着账单，一边跟雅妮了解这家公司的一些基本情况。

　　"雅妮，这家公司是做什么的啊？"

　　"我们这家公司主要是生产迷走神经刺激器的。"

　　"神经？我们不是电子行业的公司吗？怎么牵扯到医疗器械上了？"

　　"是为生产医疗设备准备的，说白了，就是生产治疗羊癫疯的设备，羊癫疯你知道不？又叫癫痫。"

　　"癫痫？没见过。"

　　"据说迷走神经为第10对脑神经，是脑神经中最长、分布最广的一对，含有感觉、运动和副交感神经纤维。人的迷走神经出错的时候，就会患癫痫病，癫痫发作

45

的时候会全身抽搐，口吐白沫，挺吓人的。我们这个迷走神经刺激器经过处理是可以放到人的心脏里的……"

雅妮一本正经地给我传授癫痫的发病原理，我只是似懂非懂地看着她，然后迷惑地摇摇头表示不太懂这东西。在现实生活中，我确实从没见过什么癫痫，不过，在电视剧中倒好像见过。记得《包青天之开封奇案》中有一个剧情，在路边的茶摊，化名"关九"的无咎照顾发病的女伴施施时，被包公一行遇到。包公同意二人一路同行，由公孙策为施施治疗癫痫之疾。

不过，不管它了，现在对于我来说，只想知道这家公司主要生产几种产品，产品的构成是什么，有几个生产车间，相关的税收税率是多少，以及相关的会计政策、会计核算方法、账务处理程序、所涉税种等一系列财务问题。至于生产的产品是什么，有什么作用，能给别人带来什么好处，能为社会做出什么贡献，这些问题不是我现在想要了解的，公司生产的产品我完全可以用A产品、B产品代替，原材料我完全可以用甲材料、乙材料、丙材料来代替，因为在会计的记账原理和处理程序中这些都是一样的，不会有什么大的变化。

经了解，宝迪电子有限公司主要生产迷走神经刺激器，包括可充电迷走神经刺激器和不可充电迷走神经刺激器。它们都是由钛合金、主控单元件和无线通信单元件构成的。公司拥有一个基本生产车间和两个辅助生产车间（供电车间和机修车间），是增值税一般纳税人，通常适用的增值税税率为13%，企业所得税税率为25%。

从以前会计的凭证和账本中可以看出，该公司使用的会计政策是新《企业会计准则》，原材料除了主控单元件、钛合金和无线通信单元件之外，还有其他有机物料，采用的是实际成本法进行核算。存货的发出和领用均采用加权平均法核算，产品生产成本采用品种法核算，生产工人工资分配采用计时工资制，辅助生产成本分配采用直接分配法，制造费用分配采用生产工时比例分配法，所选方法均为企业最常用的方法。

接下来，我开始用金蝶云财务软件创建账套（如图4-1所示），市面上的财务软件大同小异，逻辑基本一致，选择自己喜欢的即可。

图 4-1　创建全新账套

接着根据表4-1到表4-5录入期初数据，并保存（如图4-2所示）。

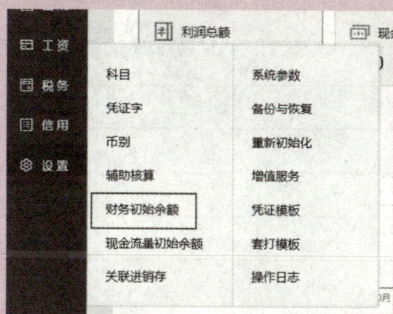

科目编码	科目名称	方向	期初余额	本年累计借方	本年累计贷方	年初余额
1001	库存现金	借	22,669.80			22,669.80
1002	银行存款	借	6,099,876.26			6,099,876.26
1012	其他货币资金	借				
101201	外埠存款	借				
101202	银行本票存款	借				
101203	银行汇票存款	借				
101204	信用卡存款	借				
101205	信用证保证金存款	借				
101206	存出投资款	借				
1101	交易性金融资产	借				

图 4-2　录入期初数据并保存

宝迪公司本月期初科目余额（即上月科目期末余额）见表4-1。

表4-1　　　　　　　　　　　期初科目余额表

编制单位：重庆宝迪电子有限公司　　　　　20××年6月　　　　　　　　　　单位：元

科目名称	方向	期初余额
库存现金	借	22 669.80
银行存款	借	6 099 876.26
其他货币资金——银行承兑汇票保证金	借	1 000 000.00
应收票据	借	2 000 000.00
应收账款	借	149 400.00
预付账款	借	170 000.00
坏账准备	贷	7 470.00
原材料	借	2 900 000.00
库存商品	借	3 900 000.00
固定资产	借	1 260 000.00
累计折旧	贷	217 246.53
无形资产	借	600 000.00
累计摊销	贷	55 000.00
短期借款	贷	800 000.00
应付票据	贷	2 000 000.00
应付账款	贷	500 000.00
预收账款	贷	1 000 000.00
应交税费——应交城市维护建设税	贷	2 076.89
——应交个人所得税	贷	6 000.00
——未交增值税	贷	29 669.87
——应交教育费附加	贷	890.10
——应交地方教育费附加	贷	593.40
实收资本	贷	12 000 000.00
盈余公积——法定盈余公积	贷	185 903.66
利润分配——未分配利润	贷	1 297 095.61

注：为了节省空间，期初无余额的会计科目省略，本期有发生额时再添加。而在实际工作中，此表格要按全部常用会计科目设置，并设置表内公式及与会计报表的表间公式，作为模板，

可以大大减少工作量，提高工作效率。

宝迪公司20××年6月期初主要往来账款明细表，见表4-2。

表4-2　　　　　　　　　　主要往来账款明细表　　　　　　　　单位：元

会计科目	客户/供应商名称	期初账面余额
应收账款	北京迪康医疗设备有限公司	100 000.00
应收账款	北京健心医疗设备有限公司	37 400.00
应收账款	北京康福医疗设备有限公司	12 000.00
预收账款	常州静安医疗设备有限公司	1 000 000.00
应付账款	深圳蓝莓电子设计研发中心	500 000.00
预付账款	深圳中天电子设计研究院	170 000.00

宝迪公司20××年6月期初原材料明细表，见表4-3。

表4-3　　　　　　　　　　原材料明细表　　　　　　　　金额单位：元

原材料名称	数量	单位	单价	金额
主控单元件	15 000	个	100	1 500 000
钛合金	8 000	毫克	100	800 000
无线通信单元件	3 000	个	200	600 000
合计				2 900 000

宝迪公司20××年6月期初库存商品明细表见表4-4。

表4-4　　　　　　　　　　库存商品明细表

库存商品名称	数量（个）	单价（元/个）	金额（元）
可充电迷走神经刺激器	2 000	1 200	2 400 000
不可充电迷走神经刺激器	1 500	1 000	1 500 000
合计			3 900 000

宝迪公司固定资产折旧计算表见表4-5。

表4-5　　　　　　　　　　固定资产折旧计算表　　　　　　　　金额单位：元

名称	原值	使用年限	净残值率	折旧方法	年折旧率	月折旧率	月折旧额	已提折旧（月）	累计折旧	净值
电子设备	10 000	3	5%	平均年限法	31.67%	2.64%	263.89	18	4 750	5 250
小汽车	150 000	4	5%	平均年限法	23.75%	1.98%	2 968.75	16	47 500	102 500
生产设备	800 000	10	5%	平均年限法	9.50%	0.79%	6 333.33	24	152 000	648 000
房屋建筑物	300 000	20	5%	平均年限法	4.75%	0.40%	1 187.5	20	23 750	276 250
小计	1 260 000						10 753.47		228 000	1 032 000

在录入"其他货币资金——银行承兑汇票保证金"时，系统显然没有这个明细科目，于是，新增这个明细科目。点击设置—科目，点击科目"其他货币资金"前面的加号，新增银行承兑汇票保证金这个明细科目（如图4-3所示）。

图4-3　新增明细科目

然后，回到初始余额界面，填入数据 1 000 000.00，保存（如图4-4所示）。

类别	资产	负债	共同	权益	成本	损益	↻	▷ 初始余额录入流程		

科目编码	科目名称	方向	期初余额	本年累计借方	本年累计贷方	年初余额
1001	库存现金	借	22,669.80			22,669.80
1002	银行存款	借	6,099,876.26			6,099,876.26
1012	其他货币资金	借	1,000,000.00			1,000,000.00
101201	外埠存款	借				
101202	银行本票存款	借				
101203	银行汇票存款	借				
101204	信用卡存款	借				
101205	信用证保证金存款	借				
101206	存出投资款	借				
101207	银行承兑汇票保证金	借	1,000,000.00			1,000,000.00

图4-4 填入其他货币资金初始余额

其他数据依次录入，录入应收账款时，结合表4-2，录入明细科目，明细科目的金额自动合计为 149 400.00 元（如图4-5所示[①]）。

资产	负债	共同	权益	成本	损益	▷ 科目设置流程

操作	编码	名称	类别	余额方向	是否现金科目	状态
+ ✎ ✕	11010101	股票	流动			
+ ✎ ✕	11010102	债券	流动			
+ ✎ ✕	11010103	基金	流动			
+ ✎ ✕	11010104	权证	流动			
+ ✎ ✕	11010199	其他	流动			
+ ✎ ✕	110102	公允价值变动	流动			
+ ✎ ✕	11010201	股票	流动			
+ ✎ ✕	11010202	债券	流动			
+ ✎ ✕	11010203	基金	流动			
+ ✎ ✕	11010204	权证	流动			
+ ✎ ✕	11010299	其他	流动			
+ ✎ ✕	1121	应收票据	流动			
+ ✎ ✕	1122	应收账款	流动			
+ ✎ ✕	112201	北京迪康医疗设备有限公司	流动			
+ ✎ ✕	112202	北京健心医疗设备有限公司	流动			
+ ✎ ✕	1123	预付账款	流动			
+ ✎ ✕	1131	应收股利	流动			
+ ✎ ✕	1132	应收利息	流动			
+ ✎ ✕	1221	其他应收款	流动			

新增下级科目 ✕

科目编码 [112203]
科目级次：4-2-2-2 ❓

科目名称 [北京康福医疗设备有限公司]

上级科目 [1122 应收账款]

科目类别 [流动资产 ▾]

余额方向 ⦿借 ○贷

☐ 辅助核算
☐ 数量核算
☐ 外币核算
☐ 现金及现金等价物

[保存] [关闭]

---

① 本图含两个图片，此处做了分页显示。

图4-5　依次录入其他数据

录入原材料和库存商品数据，增加明细科目的同时启用数量核算（如图4-6所示①）。

---

① 本图含多个图片，此处做了分页显示。

			编码	名称	类型	方向	
☐	+	✎ ✕	1403	原材料	流动资产	借	✓
☐	+	✎ ✕	140301	主控单元件	流动资产	借	个
☐	+	✎ ✕	140302	钛合金	流动资产	借	毫克
☐	+	✎ ✕	140303	无线通信单元件	流动资产	借	个
☐	+	✎ ✕	1404	材料成本差异	流动资产	借	
☐	+	✎ ✕	1405	库存商品	流动资产	借	✓
☐	+	✎ ✕	140501	可充电迷走神经刺激器	流动资产	借	个
☐	+	✎ ✕	140502	不可充电迷走神经刺激器	流动资产	借	个

科目编码	科目名称	方向	期初余额		本年累计借方		本年累计贷方		年初余额	
			数量	金额	数量	金额	数量	金额	数量	金额
1401	材料采购	借								
1402	在途物资	借								
1403	原材料	借	26,000	2,900,000.00					26,000	2,900,000.00
140301	主控单元件	借	15,000	1,500,000.00					15,000	1,500,000.00
140302	钛合金	借	8,000	800,000.00					8,000	800,000.00
140303	无线通信单元件	借	3,000	600,000.00					3,000	600,000.00
1404	材料成本差异	借								
1405	库存商品	借	3,500	3,900,000.00					3,500	3,900,000.00
140501	可充电迷走神经刺激器	借	2,000	2,400,000.00					2,000	2,400,000.00
140502	不可充电迷走神经刺激器	借	1,500	1,500,000.00					1,500	1,500,000.00
1601	固定资产	借		1,260,000.00						1,260,000.00
160101	生产设备	借		800,000.00						800,000.00
160102	电子设备	借		10,000.00						10,000.00
160103	小汽车	借		150,000.00						150,000.00
160104	房屋建筑物	借		300,000.00						300,000.00
1602	累计折旧	贷		217,246.53						217,246.53
1603	固定资产减值准备	贷								
1701	无形资产	借		600,000.00						600,000.00
1702	累计摊销	贷		55,000.00						55,000.00

科目编码	科目名称	方向	期初余额	本年累计借方	本年累计贷方	年初余额
2001	短期借款	贷	800,000.00			800,000.00
2101	交易性金融负债	贷				
210101	本金	贷				
210102	公允价值变动	贷				
2201	应付票据	贷	2,000,000.00			2,000,000.00
2202	应付账款	贷	500,000.00			500,000.00
220201	深圳蓝尊电子设计研发中心	贷	500,000.00			500,000.00
2203	预收账款	贷	1,000,000.00			1,000,000.00
220301	常州静安医疗设备有限公司	贷	1,000,000.00			1,000,000.00
2204	合同负债	贷				
2211	应付职工薪酬	贷				
221101	工资	贷				
221102	职工福利	贷				
221103	社会保险费	贷				
221104	住房公积金	贷				
221105	工会经费	贷				
221106	职工教育经费	贷				
221107	解除职工劳动关系补偿	贷				
2221	应交税费	贷	39,230.26			39,230.26

类别 资产 **负债** 共同 权益 成本 损益 ⟳ ▭ 初始余额录入流程

科目编码	科目名称	方向	期初余额	本年累计借方	本年累计贷方	年初余额
222102	未交增值税	贷	29,669.87			29,669.87
222103	预交增值税	借				
222104	待抵扣进项税额	借				
222105	待认证进项税额	借				
222106	待转销项税额	贷				
222107	增值税留抵税额	借				
222108	简易计税	贷				
222109	转让金融商品应交增值税	贷				
222110	代扣代交增值税	贷				
222111	应交所得税	贷				
222112	应交个人所得税	贷	6,000.00			6,000.00
222113	应交教育费附加	贷	890.10			890.10
222114	应交城市维护建设税	贷	2,076.89			2,076.89
222115	应交地方教育费附加	贷	593.40			593.40

首页 财务初始余额 × ▼

类别 资产 负债 共同 **权益** 成本 损益 ⟳ ▭ 初始余额录入流程

科目编码	科目名称	方向	期初余额	本年累计借方	本年累计贷方	年初余额
4001	实收资本	贷	12,000,000.00			12,000,000.00
4002	资本公积	贷				
400201	资本溢价	贷				
400202	股本溢价	贷				
400203	其他资本公积	贷				
4003	其他综合收益	贷				
400301	信用减值准备	贷				
400302	套期储备	贷				
4101	盈余公积	贷	185,903.66			185,903.66
410101	法定盈余公积	贷	185,903.66			185,903.66
410102	任意盈余公积	贷				
410103	法定公益金	贷				
410104	储备基金	贷				
410105	企业发展基金	贷				
410106	利润归还投资	贷				
4103	本年利润	贷				
4104	利润分配	贷	1,297,095.61			1,297,095.61

图 4-6　增加明细科目的同时启用数量核算

当我对这些基本的东西都大致了解后，我就知道我该怎么记账了。

我先把这个月的原始单据进行了大致的整理分类，先整理销售发票和采购发票（主要是增值税专用发票和增值税普通发票），其次是相关的银行单据及银行对账单，再次是企业的各种费用，最后是结转成本需要的内部自制原始凭证，如材料领料单。

第 5 章
劣币驱逐良币

第5章
劣币驱逐良币

一个人做事情之前要理清思路，当你的思路非常清晰时，做事情的效率会非常高，否则就会手忙脚乱，眉毛胡子一把抓，最后搅得一塌糊涂。

按照我前面的思路：先是把单据整理好，将它们大致分为5类，包括销售业务单据、采购业务单据、费用单据、银行单据和其他单据。然后，在财务软件上录制分录。每录入一笔，就在对应的原始单据上用铅笔标上对应的记账凭证号。

首先是销售业务单据，我看了一下，主要是增值税专用发票和增值税普通发票。

目前增值税普通发票已经全部实现电子化，我们个人平时去网上购买东西，找商家要发票，一般商家会直接给你开具增值税电子普通发票。

随着科技的进一步发展，我们后续购买东西，不管是企业还是个人，基本上都可以自动开具增值税电子普通发票。

国家税务总局公告2020年第22号《国家税务总局关于在新办纳税人中实行增值税专用发票电子化有关事项的公告》，表明开始实施增值税电子专用发票的试点与推广。

我国实行的是以票控税，以前对一些小规模企业、不重要的经济业务，开具增值税普通发票，这其实是管理的一个手段，抓大放小。但是随着技术的发展、管理成本的降低，未来都会逐渐向增值税专用发票靠拢，比如增值税小规模纳税人从以前的不允许开具增值税专用发票，到后来的代开，再到现在的自行开具，可以看出国家在逐步进行改进。

因此，增值税电子专用发票（如图5-1所示）才是未来的方向，不难预测，未来的某一天或许会全部变成增值税电子专用发票。

首先，增值税电子专用发票与目前的纸质发票相比，有如下特点：

（1）样式更简洁（如图5-2所示）；

（2）领用更方便。

其次，监制章有所变化。例如，宁波电子专票由国家税务总局宁波市税务局（以下简称"宁波税务局"）监制（如图5-3所示），纸质发票，只有国家税务总局的监制章。

增值税电子专用发票（票样）

××增值税电子专用发票

发票代码：
发票号码：
开票日期：
校验码：

机器编号：

购买方	名　　　称： 纳税人识别号： 地　址、电话： 开户行及账号：					密码区		
	项目名称	规格型号	单位	数量	单　价	金　额	税率	税额
	合　　　计							
价税合计（大写）						（小写）		
销售方	名　　　称： 纳税人识别号： 地　址、电话： 开户行及账号：					备注		

收款人：　　　　　复核：　　　　　　　　开票人：

图5-1　增值税电子专用发票

电子专票进一步简化发票票面样式，使电子专票的开具更加简便

序号	简化前	简化后
1	加盖发票专用章	采用电子签名
2	栏次名称"货物或 应税劳务、服务名称"	栏次名称 "项目名称"
3	栏次"销售方：（章）"	（无）

图5-2　增值税电子专用发票的样式更简洁

　　最后，增值税电子专用发票只有一联，而纸质增值税专用发票则有发票联、抵扣联和存根联。

宁波增值税电子专用发票						发票代码： 发票号码： 开票日期： 校验码：		
机器编号：								
购买方	名　　　称： 纳税人识别号： 地　址、电话： 开户行及账号：					密码区		
项目名称	规格型号	单位	数量	单价	金　额		税率	税额
合　　计								
价税合计（大写）					（小写）			
销售方	名　　　称： 纳税人识别号： 地　址、电话： 开户行及账号：					备注		
收款人：	复核：			开票人：				

图 5-3　宁波电子专票例图

其实增值税专用发票更适合电子化，我销售，我给你开票，我购买，你给我开票，全是电子的，都在一个系统中，那我缴纳的增值税基本上可以自动算出来，即销项税额减去进项税额。

企业所得税也一样，我销售的就是我的收入，我购买的就是我的成本，企业所得税的计算基本上也可以实现自动化。

通过技术手段，国家以票控税的成本大大降低，我们甚至可以预测，也许后续不会再区分小规模纳税人和一般纳税人，后续所有的企业不管是大还是小，都可以实行统一管理，只要技术到位，就可以实现。

目前小规模纳税人和一般纳税人的划分标准见表 5-1。

国家非常希望各个企业成为一般纳税人，首先年应税销售额超过 500 万元的企业，肯定要成为一般纳税人，如果不成为一般纳税人，就会受到惩罚。

如果你的企业年应税销售额没有超过 500 万元，但是具有一定的账务处理能力，也就是"会计核算健全"，也可以申请成为一般纳税人。

从这可以看出国家是鼓励大家成为一般纳税人的，对一般纳税人的管理比较规范，要求比较严格。

表5-1	小规模纳税人和一般纳税人的划分标准比较	
	小规模纳税人	一般纳税人
标准	年应税销售额"500万元以下"	超过小规模纳税人标准
特殊情况	①其他个人（非个体户） ②非企业性单位 ③不经常发生应税行为的企业 【注意】 ①"必须"按小规模纳税人纳税 ②、③"可选择"按小规模纳税人纳税	小规模纳税人"会计核算健全"，可以申请登记为一般纳税人
计税规定	简易征税；使用增值税普通发票 【注意】 小规模纳税人（其他个人除外）发生应税行为，可自行开具增值税专用发票	执行税款抵扣制；可以使用增值税专用发票

如果把小规模纳税人比喻成小学生，那一般纳税人就相当于一个成年人，显然，国家对小学生是比较宽容的。

在实践中，可以根据自己的实际需要，选择成为小规模纳税人或一般纳税人。

业务1

原始单据：增值税专用发票一张（如图5-4所示），后附产品销售出库单一张（如图5-5所示）。

图5-4　增值税专用发票

出　库　单　　　　　No：000005

提货部门：销售科20××-06-05　　　　　　　　　仓库名称：成品1库

货号	商品名称	规格	数量	单位	单价	金额	
	可充电迷走神经刺激器		2 000	个			第三联　记账联
合计							
备注							

主管：赵一　　　经手人：王云　　　保管：王云　　　制单：刘燕

图5-5　产品销售出库单

　　一般企业的销售流程是：首先对客户的信用情况有所了解和鉴定，其次签订销售合同，之后客户下订单，销售部门根据订单编制销售通知单，发货部门根据销售通知单编制销售发货单，接着发货时会有运货单，产品出库时有产品销售出库单，然后发货部门编制销售发票通知单通知开发票，开票人员根据前面的单据一一审查无误后，向客户开具销售发票，最后根据销售发票编制记账凭证。

　　一家企业的运转基本上是靠单据流转的，单据是企业内控的载体。通常情况下小企业内控不太健全，也没有那么多的人员和部门。但是一般情况下，至少得有以下单据：销售合同、销售订单、销售出库单和销售发票。到达会计手里的一般至少得有：销售订单、销售出库单和销售发票，俗称"三单匹配"。销售订单证明了客户确实下了订单，销售部门领导签字了，说明此销售业务是真实的；仓库部门根据销售订单发货，说明仓库部门把货从公司发出去是有依据的，没有随便把货发出去；销售出库单证明了公司的货确实已经运出去了；销售业务实现了，得开具销售发票，一般为增值税专用发票。会计审核这些单据无误后，则可以记账。

　　但是有的小企业可能在很多时候只有销售发票和销售出库单，甚至有的会计记账凭证后面就只有一张发票，这样则可以看出企业内控有很大的漏洞，很有可能企业根本没有销售业务，而开票人员却开具了销售发票。或者，企业的销售部门没有销售业务，而仓库人员却私自把货发了。

现用的增值税专用发票一般有3联：

第1联：记账联，是公司销售货物的记账凭证，即为开票方作为销货的原始凭证，在票面上的"税额"指的是"销项税额"，"金额"指的是销售货物的"不含税金额收入"。

第2联：抵扣联，是给购货方的扣税凭证，即为购货方可以进行抵扣的进项发票，在票面上的"税额"指的是"进项税额"，"金额"指的是购入货物的"不含税金额价格"。

第3联：发票联，是购货方的记账凭证，即为购货方作为购进货物的原始凭证，在票面上的"税额"指的是"进项税额"，"金额"指的是购入货物的"不含税金额价格"。

发票3联是具有复写功能的，一次开具，3联的内容一致。

发票开具后，要加盖发票专用章，盖在发票右下角备注处或盖章处。

目前我国的发票系统及发票种类如图5-6所示[①]：

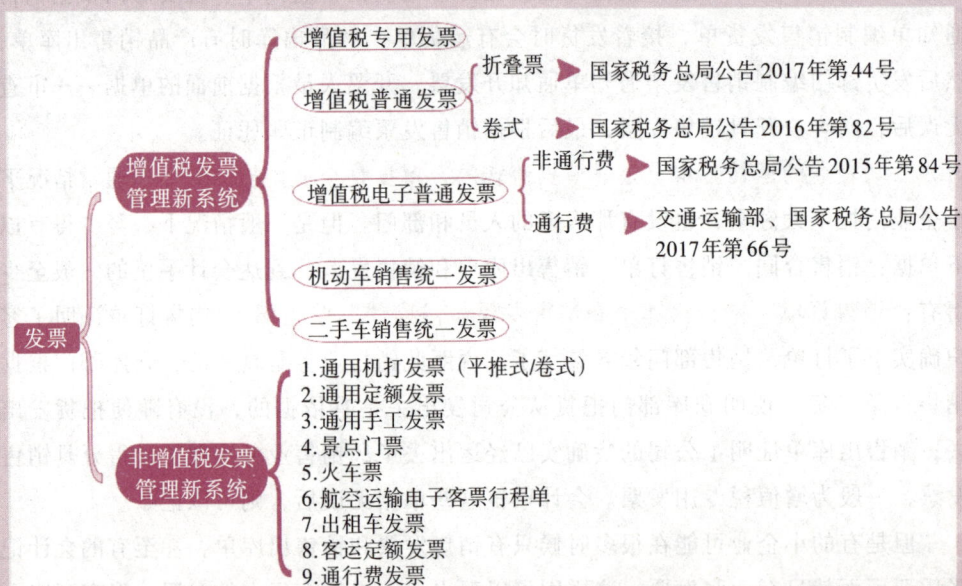

---

① 注：本图包含多个图片，此处做了分页显示。

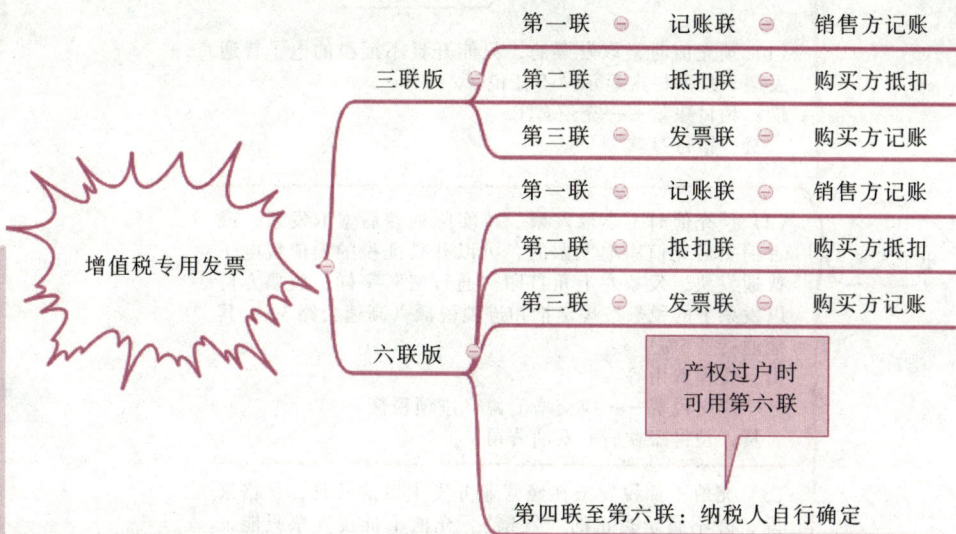

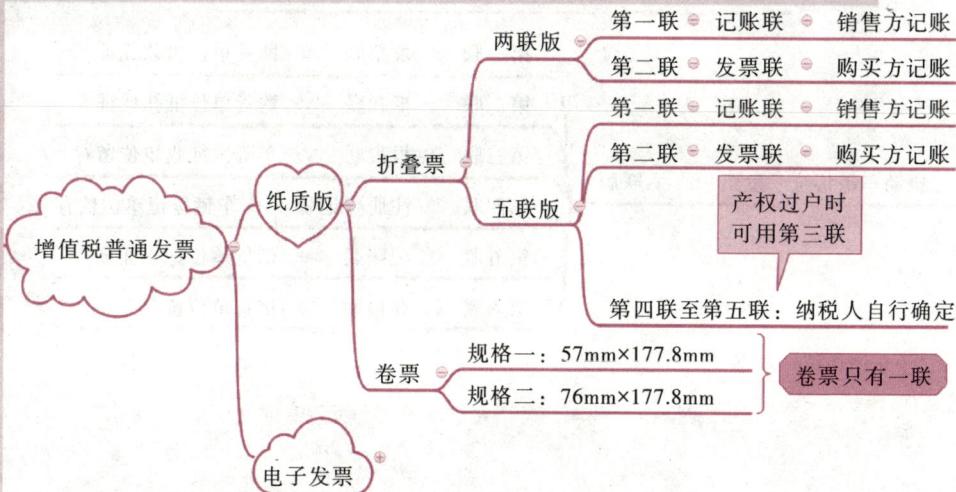

增值税电子普通发票

收费公路通行费电子发票
- 征税发票
- 不征税发票

开具对象为ETC卡的客户

电子发票

（1）预充值时索取发票的，只能开具不征税的电子普通发票，税率栏次显示"不征税"
借：预付账款——充值ETC
　　贷：银行存款

（2）预充值时不索取发票、待实际消费后索取发票，或者消费后充值索取发票的，可以开具征税的增值税电子普通发票，发票左上角打印"通行费"字样，收票方可以发票上的税额按规定抵扣进项税额（高速公路3%，其他通行费5%）
借：管理费用等
　　应交税费——应交增值税（进项税额）
　　贷：预付账款——石油公司

（3）充值不征税发票在经营业务发生以前开具，严格来说，并不属于真正的"发票"。充值不征税发票只能证明资金流动情况，类似于银行转账记录，并不具备证明支出发生的税收属性

机动车销售统一发票 ● 六联版
- 第一联 ● 发票联 ● 购货单位付款凭证
- 第二联 ● 抵扣联 ● 购货单位抵扣凭证
- 第三联 ● 报税联 ● 车购税征收单位留存
- 第四联 ● 注册登记联 ● 车辆登记单位留存
- 第五联 ● 记账联 ● 销货单位记账凭证
- 第六联 ● 存根联 ● 销货单位留存

二手车销售统一发票

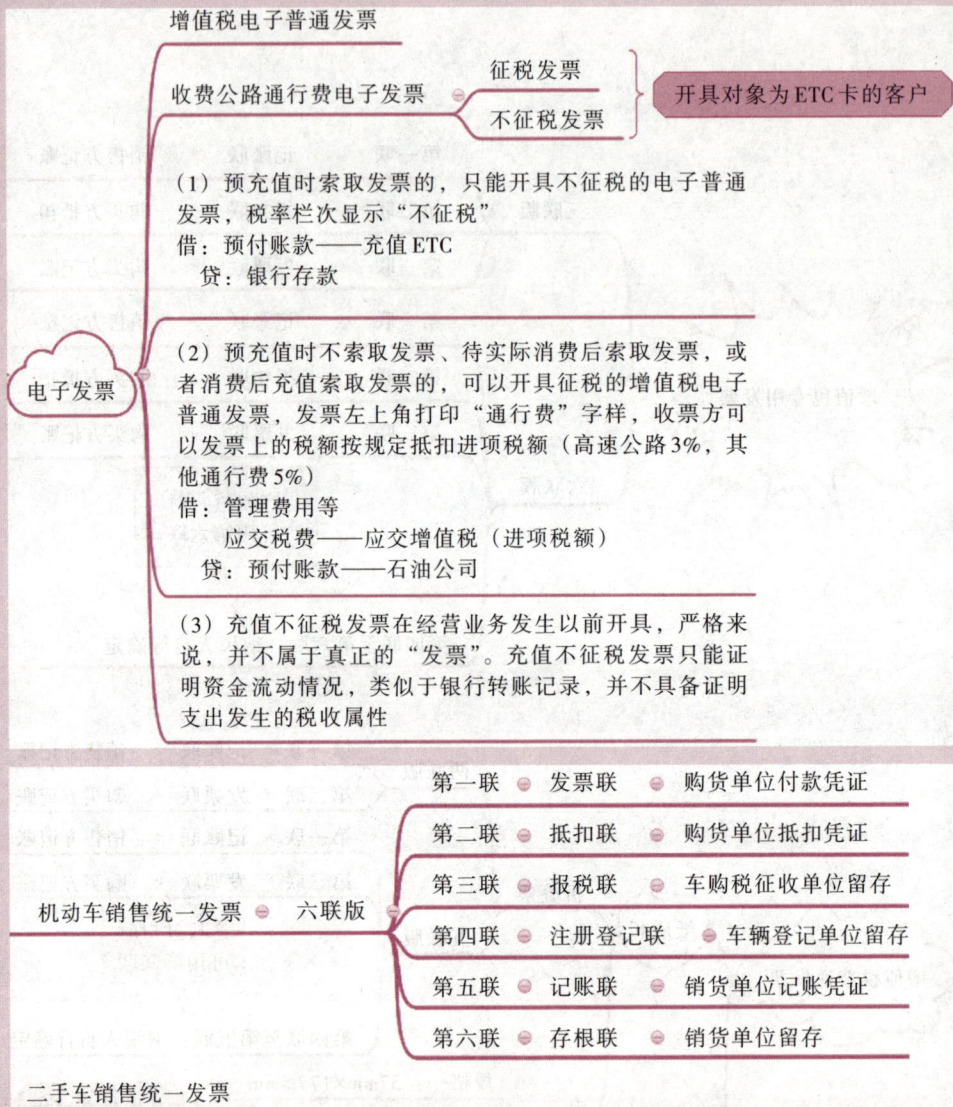

图5-6　我国的发票系统及发票种类示意图

　　销售出库单一般也应该有单独的出库章，不过在实际工作中盖什么章的都有。有的企业甚至都不盖章，签个字就完事了，有的企业则要求加盖仓管人员的私章。有的公司内部控制制度严格，出库必须加盖出库专用章，因为出、入库单均属于内

部原始单据。通常，如果公司没有严格规定要求必须加盖出库专用章，也是可以出库的，但是必须由授权人员办理相关手续。

从相关单据上记载的经济业务信息，可以得知此经济业务为：

6月6日，公司以直接销售方式销售A产品给北京迪康医疗设备有限公司，开具增值税专用发票一份，不含税金额为300万元，税额39万元，尚未收款。相关记账凭证（记账凭证1）如图5-7所示。

为了节省版面，后面经济业务的记账凭证，本书中全部用分录代替。记账凭证与会计分录的关系是：把会计分录写在凭证模板上就叫记账凭证。

我把那些期初资料整理完毕，把单据清点好，分门别类，刚做了一笔凭证！此时，雅妮跑过来说："小艾，下班了。"

我不由自主地抬起了头。

"你也太认真了，我都叫了你好几遍了。"

我不好意思地笑了笑，说："嗯，是下班了，吃午饭去。"

				记账凭证 20××年第6期				附单据 2 张
凭证字 记 ▼ 1 号 日期 20XX-06-06								

摘要	会计科目 ②	借方金额											贷方金额										
		亿	千	百	十	万	千	百	十	元	角	分	亿	千	百	十	万	千	百	十	元	角	分
销售产品	112201 应收账款_北京迪康医疗设备有限公司		3	3	9	0	0	0	0	0	0												
销售产品	600101 主营业务收入_可充电迷走神经刺激器													3	0	0	0	0	0	0	0	0	0
销售产品	22210107 应交税费_应交增值税_销项税额														3	9	0	0	0	0	0	0	0
合计：叁佰叁拾玖万元整			3	3	9	0	0	0	0	0	0			3	3	9	0	0	0	0	0	0	0

制单人：xiaoaicoco520

图5-7 记账凭证1

"你知道这哪儿有饭吃吗？"雅妮卖起了关子。

"不知道。"我摇了摇头。

"从这个写字楼出去，往右拐，直走，你就可以看到一条街道，那边有几家不错的餐厅，味道很好，当然，价格也有点贵。"

"好，那我们一起去吧。"我热情相邀。

"不了,有人在等我。"雅妮看着我,不好意思地笑了笑。

我立即明白了,她有约会,从她那含笑的眼神、幸福的表情中,可以看出,这是一个正沉浸在热恋中的女人。

"那你先走吧,不要让人等急了。"我打趣地说。

雅妮走后,我把桌子收拾完毕,也准备出门,刚好王俊远从里面的办公室出来。

我略微有点尴尬,毕竟,他上午才训过我。

但是,我又不得不跟他打招呼。

"王总,您要出去吃午饭吗?"

"不了。"他看看手表,说道:"回来时,给我买个盒饭,随便什么都可以。"

说完,他便把20元钱塞到我手里,并且补充说:"不用买饮品,我们这儿有茶水。"

这回轮到我目瞪口呆了。

给老板买午饭,这对我来说,还是第一次。

我有点疑惑地拿着钱出去了,顺便在外面溜达了一会儿,橱窗里各种各样的货品都有。吸引我的,我买不起;那些在我经济能力可以应付范围内的物品,我又自觉看不上眼。

真是!怎么说钱不好呢?

就这么一顿午膳,再加一杯奶茶,每个月结算下来,就差不多用掉了月薪的1/10。难怪王俊远宁可躲在写字楼内吃盒饭,饮自泡清茶。

连他这负责支薪给我的人也如此省吃俭用,我是不是也应该精打细算,学着量入为出呢?不期然地觉得在街上无聊地逛着,也是浪费。可别待到"无事出街小破财"的情况出现了,才来个悔之已晚。

于是,我快手快脚地把盒饭买好了就往回走。

在大厦门口,我又碰上了于伯,他看到我手上的盒饭,问:"还没有吃午饭吗?"

"啊,不!这是给王先生买的。"

于伯闻言,笑得合不拢嘴,忙道:"当然,当然!"

真气人!无端惹上这种尴尬事,不知何时才甩得掉。我总不能拉住对方说:"老人家,你别敏感,我只是王俊远的小职员而已,不是你心中以为的王先生的女友!"

算了吧!实情日后自有分晓。

这姓王的男人，竟然没有女朋友？我突然兴起了这个念头。

我相信王俊远一定是个孤家寡人。

为什么？

哪个怀春少女会喜欢这样的工作狂？从雅妮口里得知，这世界上唯一吸引他的就是工作，每天早晨八点上班，直至黄昏，差不多饿得弯了腰，才舍得离开写字楼。

谈恋爱是需要时间的。

当然，也需要心情。

什么人把时间与心情放在什么人和事上，是看得出来的。

下午上班的时候，我跟雅妮说起给老板买盒饭，雅妮表现得一点都不惊讶，说："很正常啊，他经常在公司吃盒饭，有些时候，是打电话，让快餐店里的人送上来，有的时候，忙得晕头转向的，快餐单都找不到了，就会让人给他带盒饭。"

这年头，看来老板也不好当，尤其是创业之初的老板。

我继续忙着整理我的单据。

业务2

增值税专用发票一张（图略），销售出库单一张（图略），委托收款凭证（回单）（如图5-8所示）。

委电　　　　　**委托收款凭证（回单）**　　　　　第1号

委托日期：20××年6月12日

委托收款日期：20××年6月24日　　　　　委托号码：0016

付款人	全称	常州静安医疗设备有限公司	收款人	全称	重庆宝迪电子有限公司									
	账号或地址	××-×××××××		账号	262205×××××××									
	开户银行	××银行开发区支行		开户银行	工行沙高新支行	行号								
委托金额	人民币（大写）壹佰贰拾陆万元整				千	百	十	万	千	百	十	元	角	分
				¥	1	2	6	0	0	0	0	0	0
款项内容	货款	委托收款凭证名称	发票00000617，合同03202	附寄单证张数	2									
备注：电划		款项收妥日期　　年　月　日		收款人开户行盖章										

单位主管　　　　会计　　　　复核　　　　记账

图5-8　委托收款凭证（回单）

从相关单据上记载的经济业务信息，可以得知此经济业务为：

6月24日，宝迪公司销售不可充电迷走神经刺激器给客户常州静安医疗设备有限公司，开具增值税专用发票1份，不含税金额为200万元，税额26万元，126万元余款由出纳雅妮到银行办理委托收款手续（宝迪公司上月已经预收常州静安货款100万元，具体见表4-2"主要往来账款明细表"）。

我们在进行往来账务处理时，要随时了解这个客户在我们这儿还有没有钱。如果是ERP系统，可以随时控制；如果是手工账，我们就得随时查询。当然，一般的大企业会用ERP系统，小企业业务不多，做多了，熟练了，这个客户有钱没钱，多多少少都是有印象的。账务处理如下：

记账凭证（2）：

借：预收账款——常州静安医疗设备有限公司　　　　　　　1 000 000

　　应收账款——常州静安医疗设备有限公司　　　　　　　1 260 000

　　贷：主营业务收入——不可充电迷走神经刺激器　　　　　　　2 000 000

　　　　应交税费——应交增值税（销项税额）　　　　　　　260 000

录入凭证时，如果没有对应的明细科目，可以点击最下面的新增科目，随时新增（如图5-9所示）。

图5-9　点击新增科目，随时新增

输入应收账款最前面的编码1122，系统会自动推荐子编码（如图5-10所示）。

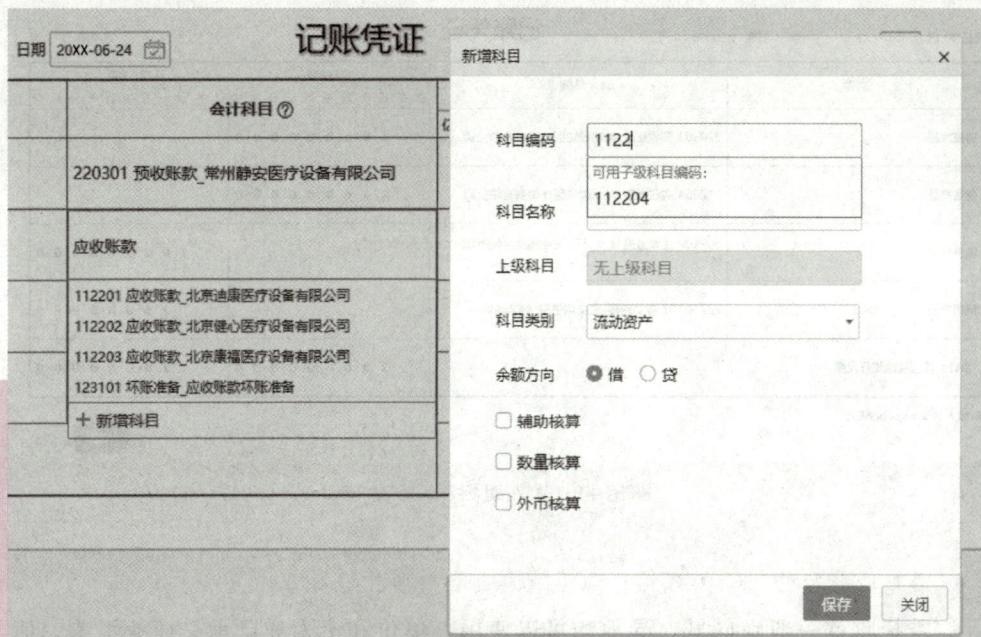

图 5-10　系统自动推荐子编码

点击确认，输入明细科目，保存（如图 5-11 所示[1]）。

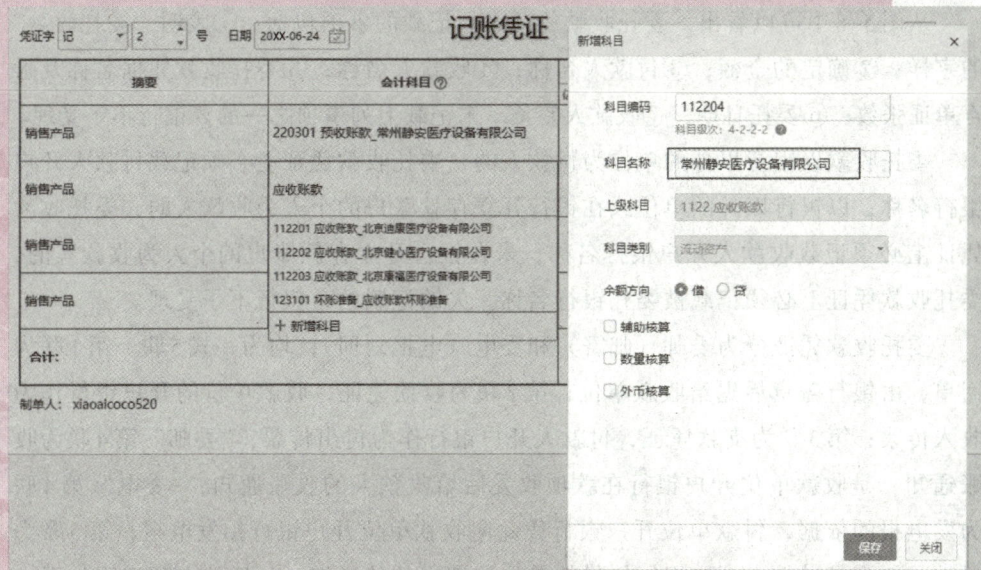

---

[1]　注：本图包含两个图片，此处做了分页显示。

图5-11 输入明细科目，保存

委托收款是收款人委托银行向付款人收取款项的结算方式。

委托收款一般在同城、异地均可以使用。单位和个人凭已承兑商业汇票、债券、存单等付款人债务证明，办理款项的结算，均可以使用委托收款结算方式。按委托收款结算款项的划回方式不同，分邮寄和电报两种，由收款人选用。

从图5-8中可以看出，委托收款凭证必须记载的事项包括：①表明"委托收款"的字样；②确定的金额；③付款人名称；④收款人名称；⑤委托收款凭据名称及附寄单证张数；⑥委托日期；⑦收款人签章。未记载上列事项之一的，银行不予受理。

委托收款以银行以外的单位为付款人的，委托收款凭证上必须记载付款人开户银行名称；以银行以外的单位或在银行开立存款账户的个人为收款人的，委托收款凭证上必须记载收款人开户银行名称；未在银行开立存款账户的个人为收款人的，委托收款凭证上必须记载被委托银行名称。欠缺记载的，银行不予受理。

委托收款凭证分为委邮（邮寄）和委电（电报划回），均为一式5联。第1联为回单，由银行盖章后退给收款单位；第2联为收款凭证，收款单位的开户银行作为收入传票；第3联为支款凭证，付款人开户银行作为付出传票；"委邮"第4联为收账通知，是收款单位开户银行在款项收妥后给收款人的收账通知，"委电"第4联为发电报的依据，付款单位开户银行凭此向收款单位开户银行拍发电报；第5联为付款通知，是付款人开户银行给付款单位按期付款的通知。一般的办理流程如下：

1）委托收款

（1）收款人办理委托收款应填写邮划委托收款凭证或电划委托收款凭证并签章。将委托收款凭证和有关的债务证明一起提交收款人开户行。

（2）审查委托收款凭证和有关的债务证明是否符合有关规定。

（3）将委托收款凭证和有关的债务证明寄交付款人开户行办理委托收款。

2）付款

（1）付款人应于接到通知的3日内书面通知银行付款。付款人未在规定期限内通知银行付款的，视同同意付款，银行应于付款人接到通知的次日起到第4日上午开始营业时为止，将款项划给收款人。

（2）银行在办理划款时，付款人存款账户不足支付的，应通过被委托银行向收款人发出未付款项通知书。按照有关办法规定，债务证明留存付款人开户银行的，应将其债务证明连同未付款项通知书邮寄被委托银行，转交收款人。

3）拒绝付款

（1）付款人审查有关债务证明后，对收款人委托收取的款项需要拒绝付款的，可以办理拒绝付款。

（2）以银行为付款人的，应自收到委托收款及债务证明的次日起3日内出具拒绝证明，连同有关债务证明、凭证寄给被委托银行，转交收款人。

（3）以单位为付款人的，应在付款人接到通知的次日起3日内出具拒绝证明，持有债务证明的，应将其送交付款人开户银行。银行将拒绝证明、债务证明和有关凭证一并寄给被委托银行（收款人开户银行），转交收款人。

虽然这些银行单据都是出纳在办理，但是对会计来说，也要积极了解，因为看单是会计的基本功。如果一张单据拿在手上你都看不懂，不知道到底发生了什么经济业务，那么你怎么进行账务处理？对于这些银行单据，可能出纳比我们更在行，毕竟他们跑银行的次数比我们多。

我正忙着，雅妮拍了一下我说：“王总叫你。”

又叫我做什么？上午让我给他买盒饭，现在又会让我跑什么腿呢？其实会计如果只做自己分内的事情，那么效率其实还是挺高的，怕就怕一天到晚，除了做分内的事情，还要给老板打杂——像什么买饭啊，打扫卫生啊，有时甚至要帮老板处理一些私事。

不过还好，给他买饭，他主动给我钱了，要是他不给钱，那就更烦了。

我来到王俊远的办公室。他开口便对我说："你可以做两套账吗？"我惊愕地看着他。

"从现在开始，你可以做两套账吗？"他又重复了一遍。

"你知道什么是两套账吗？"

"我当然知道，真账和假账。"

"那你知道你为什么要做假账吗？"

"避税。"

"那你知道做假账有什么样的风险吗？"

"风险肯定是有的，不过大家现在都这么做。"

当他说完这句话时，我不禁悲哀起来。老板不是不知道风险，而是明明知道也还是要去冒这个险，并且还要把财务人员拉下水。一般私人企业要求做假账无非两大原因：一个原因是有太多的白条，购买产品时没有发票，或者为了价格便宜点，不开发票；另外一个原因就是大家都在做假账，自己不做假账，那岂不是亏了吗？从而潜意识里就觉得应该做假账。做假账很正常，不做假账，那才不正常呢，这种意识使得在会计市场"劣币驱逐良币"。

所谓"劣币驱逐良币"，原本说的是在铸币时代，有一种低于法定重量或者成色不好的铸币被人们称为"劣币"，一旦它们广泛进入流通领域，人们就会倾向于将那些具有法定重量或者成色好的足值货币（即良币）收藏起来。这在货币市场中就可以形象地认为，"良币"将逐渐被"劣币"驱逐出去，久而久之，最终广泛流通的就只剩下"劣币"了。这就是经济学中的一个著名定律——"劣币驱逐良币"，是对一种历史现象的高度归纳。

"劣币驱逐良币"的现象不仅存在于货币流通中。其实，在我们社会生活的方方面面也都存在着很多这一类似的现象。

日常生活中，比如人们在体育场观赏表演或演出时，就经常会出现这样一种情形：当有一位观众为了达到个人看得更清楚的目的，从自己的座位上站起来时，如果没有人去制止，那么其他人也会竞相仿效，一个个相继站起来。这样，导致的结果是，站着看的人将会越来越多，坐着看的人则会越来越少。可想而知，最终整个场面便会因此而混乱得不可收拾！如果把规规矩矩坐着的行为视为"良币行为"，那么，为了达到个人目的而随便站起来的行为就是"劣币行为"。

而现在在我们会计市场，这种现象更加严重。会做且愿意做假账的会计，特别吃香，不会做或不愿意做假账的会计，就要面临失业。

诚信危机，是当今社会的一个沉重话题。

"那你知道真账和假账是怎么做的吗？它们的区别是什么吗？"我反问道。

"那是你的事，我无须知道这么多。"他突然显得有点不耐烦。

"如果你知道真账（内账）和假账（外账）的区别，你或许就不会要求我做假账了。"

"做账是你会计的事情，我聘你来，你就应该按我的要求做。"

看着他那张冷峻的脸，我突然不知道该怎么回答他，于是沉默。

"如果没有什么其他的事情，你先去忙吧。"

他下了逐客令，我转身离开。

第6章

两套账的秘密

第6章

两套账的秘密

　　回到座位上，我感觉特别郁闷。第一天来这儿，就被老板训。不过，不管怎么样，我都要控制自己的情绪，不要让自己的心情变得太糟，更不要拿别人的错误惩罚自己。如果你总是郁郁寡欢，你就会越变越丑。"女人貌随心走"，这是一个很懂美容的女士跟我说的。记得那次我在外地出差，路上碰到一位女士，30岁出头的样子，双眸有神，面色红润，说话慢声细语，待人热情大方，颇有大家风范。可是当我知道她的实际年龄时，我惊呆了。我怎么也看不出这是一位即将50岁的女士。她的穿着打扮、面部肤色，都让人觉得她是一个少妇。她看起来很爱美，服饰搭配很有品位，化着淡妆，举手投足间自有一种风韵，我暗自赞叹，原来女人50岁也可以这样美。

　　临别时，她告诉我保养的秘诀只是四个字：貌随心走。这四个字让我体会了大半天，后来我终于悟出，"貌随心走"大概就是说女人的容貌是内心世界的反映，有个好的心态、一种积极的精神，外貌自然就会渗透出内在的美丽。我想起《诗经》描写的"手如柔荑，肤如凝脂，领如蝤蛴，齿如瓠犀。螓首蛾眉，巧笑倩兮，美目盼兮"，多美啊！

　　后来，我从相关的医学资料中了解到，某些表情肌过多地收缩，会使局部皮肤弹性减弱而产生皱纹，故而长时期的焦虑、紧张、忧郁等不良情绪往往会导致额部、眼角等部位的皮肤皱纹增加，经常紧锁双眉的人，两眉之间会长出一条自上而下的皱褶。另外，忧虑、急躁、暴怒等情绪还可使面部产生色素沉积，并使痤疮加重。此外，极度的恐惧、紧张会导致头发脱落。

　　从此以后，我再也不敢随便生气了。日常工作中，难免会碰到这样或那样的不快，但是只要我想到生气、郁闷会让我变老变丑，我就不想生气了，为了别人的几句话，影响自己的容貌，怎么算都不是一件划得来的事情。情绪调整好后，我继续按部就班地工作。管他什么真账假账，专注当下，其他的先放一放，事情总会找到解决办法的，平静的时候，智商是最高的，生气的时候，智商为零。

业务3

增值税普通发票一张（如图6-1所示）。

图6-1　增值税普通发票

产品销售出库单一张（图略）。

增值税普通发票对于销售方的开具雷同于增值税专用发票，但是对于购买方，进项税额不能抵扣。

从相关单据上记载的经济业务信息可以得知，此经济业务为：

6月25日，重庆宝迪电子有限公司直接向小规模纳税人北京安福医疗设备有限公司销售不可充电迷走神经刺激器，取得不含税销售收入36万元，开具增值税普通发票1份，款项未收。账务处理如下：

记账凭证（3）（如图6-2所示）：

借：应收账款——北京安福医疗设备有限公司　　　　　　　406 800

　　贷：主营业务收入——不可充电迷走神经刺激器　　　　　　360 000

　　　　应交税费——应交增值税（销项税额）　　　　　　　　46 800

記账凭证

凭证字 记 ▼ 3 号 日期 20XX-06-30						

新增科目　　　　　　　　　　　　　　　×

摘要	会计科目 ⑦	
销售产品	应收账款	科目编码　112205 科目级次：4-2-2-2 ⑦
销售产品	112201 应收账款_北京迪康医疗设备有限公司 112202 应收账款_北京健心医疗设备有限公司 112203 应收账款_北京康福医疗设备有限公司 112204 应收账款_常州鼎安医疗设备有限公司 123101 坏账准备_应收账款坏账准备	科目名称　北京安福医疗设备有限公司 上级科目　1122 应收账款
销售产品	＋ 新增科目	科目类别　流动资产 余额方向　◉借 ○贷

□ 辅助核算
□ 数量核算
□ 外币核算

| 合计： | | |

制单人：xiaoaicoco520

保存　关闭

記账凭证　20XX年第6期

凭证字 记 ▼ 3 号 日期 20XX-06-25			附单据 2 张

摘要	会计科目 ⑦	借方金额 亿 千 百 十 万 千 百 十 元 角 分	贷方金额 亿 千 百 十 万 千 百 十 元 角 分
销售产品	112205 应收账款_北京安福医疗设备有限公司 余额:406800	4 0 6 8 0 0 0 0	
销售产品	600102 主营业务收入_不可充电迷走神经刺激器		3 6 0 0 0 0 0 0
销售产品	22210107 应交税费_应交增值税_销项税额		4 6 8 0 0 0 0
合计：肆拾万陆仟捌佰元整		4 0 6 8 0 0 0 0	4 0 6 8 0 0 0 0

制单人：xiaoaicoco520

图6-2　记账凭证（3）

业务4

货物运输业增值税专用发票一张（如图6-3所示）。

转账支票存根一张（如图6-4所示）。

从相关单据上记载的经济业务信息可以得知，此经济业务为：

6月25日，出纳雅妮以转账支票方式支付S市快速运输有限公司销售产品运输费用6 540元。账务处理如下：

S市增值税专用发票

No 00000026

1400080002

机器编码:
3222143160

开票日期:20××年6月25日

购买方		密码区	
名　　称: 重庆宝迪电子有限公司		>9+90>63676/+819*1386*+344<>>*76<941>/64	
纳税人识别号: 510314689245128×× ×		>xiaoai.org>1>/0<>+1*8*1/85>0>>23<>*8>85>0	
地　址、电话: 高新区××路88号 021-686000××		>>8<>*112/888>xiaoai.org>1>/0<>+1*8*1/85>0>	
开户行及账号: 工行沙高新支行 262205××××××		>23<>*8>85>0>>8<>*112/888>23<>*8>85>0>>	

货物或应税劳务、服务名称	规格型号	单位	数量	单价	金额	税率	税额
运输费		次	1.00	6 000.00	6 000.00	9%	540.00
合　　计					￥6 000.00		￥540.00

价税合计（大写）	⊗陆仟伍佰肆拾元整		￥6 540.00

销售方		备注	
名　　称: S市快速运输有限公司			
纳税人识别号: 440313508269400		440313508269400	
地　址、电话: S市××区××路6号 0755-65500×××		发票专用章	
开户行及账号: 工行××分理处 802076×××××××			

收款人: 艾雅妮　　复核: 丹丹　　开票人: 王风　　销售方:（章）

图6-3　货物运输业增值税专用发票

中国工商银行转账支票存根

附加信息

出票日期: 20××年06月25日

收款人: S市快速运输有限公司

金　额: ￥6 540.00

用　途: 运费

单位主管:　　会计:

图6-4　转账支票存根

记账凭证（4）（如图6-5所示）:

借: 销售费用——运费　　　　　　　　　　　　　　　　　　　　　6 000

　　应交税费——应交增值税（进项税额）　　　　　　　　　　　　540

　　贷: 银行存款　　　　　　　　　　　　　　　　　　　　　　　　　6 540

| 新增 | 打印 ▾ 复制 更多 ▾ ⊙ 凭证录入 ⊙ 凭证管理 ⊙ 凭证打印 | 【会计问题，专家解答】 ⏻ 常见问题 | 帮助 | 跳转 ◀ ▶ |

记账凭证 20XX年第6期   已结账   附单据 2 张

凭证字 记 ▾ 4 ▾ 号 日期 20XX-06-25

摘要	会计科目 ⑦	借方金额 亿千百十万千百十元角分	贷方金额 亿千百十万千百十元角分
销售产品支付运费	660118 销售费用_运输费	6 0 0 0 0 0	
销售产品支付运费	22210101 应交税费_应交增值税_进项税额	5 4 0 0 0	
销售产品支付运费	1002 银行存款		6 5 4 0 0 0
合计：陆仟伍佰肆拾元整		6 5 4 0 0 0	6 5 4 0 0 0

图6-5 记账凭证（4）

"假如老板知道真账、假账的区别和联系，那他是不是就不会让我去做这个为难的事情了呢?"

我一边做着凭证，心里一边想。

"可是他拒绝学习，不是吗?"

"那我真的就这样盲目地服从他吗?"

"我要不要尝试和他主动再沟通一次?"

"如果我要沟通，那么我要怎样与他沟通才好呢?"

"我该怎样开口呢?"

想来想去，我最后决定给他写一封邮件，把这个真账、假账的区别跟他说说。管他听不听得进去，纯粹"死马当活马医"好了。

王总：

你好!

我觉得我还是应该跟你简单地说说内账（真账）和外账（假账）的区别。

内账，就是你发生了什么经济业务，就按规定开什么票据，然后会计就根据开具的票据进行账务处理，并出具财务报表，填列纳税申报表，依法纳税。

外账流程刚好相反，就是我们先大概算出要缴多少税，然后填列相关报表，再去找相应的票据。至于票据与经济业务是否相符，就很难说了。

所以，内账一般是顺着做的，外账一般是倒着做的，外账通常会与企业的实际

经济业务不相符。

比如某企业某月销售额是306万元（价：270.80万元，税：35.20万元）。

我们每月月底可以通过电脑的增值税开票系统软件查到。

假如税务局认可的增值税的税负率不低于3.25%，设销售额为y，进项额为x，则：

增值税税负率 $=\dfrac{(y-x)\times 13\%}{y}=3.25\%$

$(y-x)\times 13\%=3.25\%\times y$

$(y-x)\times 13=3.25y$

$13y-13x=3.25y$

$13y-3.25y=13x$

$9.75y=13x$

$\dfrac{x}{y}=75\%$

据此我们要控制这个月的进项，一般是按照销项的75%，也就是进项票要拿到203.10万元（270.80×75%）。

如果不够这个数，那么想办法也要找些票；多余的话，就留到下个月抵扣。

接下来，我们先计算进项的价：203.10万元，税：26.40万元（203.10×13%）。

到这里就可以知道这个月要缴的增值税税额是8.8万元（35.20-26.40）。

税负率 $=\dfrac{实际缴纳税额}{不含税收入}\times 100\%=8.8\div 270.80\times 100\%=3.25\%$

然后，计算成本这一块，假如根据经验，此类型、此规模的企业的成本比率是按照不含税收入的90.5%计算的，即

企业成本=270.80×90.5%=245.07（万元）

这245.07万元也是要有凭证票据做依据的，包括原材料进项发票、工资、固定资产折旧、运费……

最后，计算利润这一块：利润率不高于1%（净利润/不含税销售额×100%）。

已经知道的销售额为：270.80万元

-成本：245.07万元

-税金及附加：0.792万元（应交增值税的9%）

-［管理费用（差旅费、招待费、电话费、摊销费等；能报销的先拿到手再

说，多余的可以放到下个月）+财务费用（利息支出，银行手续费）] >22.24万元

=净利润<2.70（270.80×1%）万元

这就纯粹变成了数字游戏，但是仔细想一下，如果我们的经济业务能控制在这个框架内有计划地发生，这就又成了真账，即先预算我们要缴的税费，然后合理地安排经济业务。这就是预算会计的一部分了。这个时候，会计就成了管理的一个工具了，它能指导企业经济业务有序地进行。

小 艾
20××年×月×日

写完后，看了几遍，检查一下是否有逻辑错误，然后我就轻点鼠标键，发过去了。

发完后，我看着电脑屏幕发了一下呆，等了半天，邮箱里没反应，只得作罢。

突觉有点无聊，于是，我拿着一张白纸乱画起来。

雅妮递过来一叠装订好的废纸给我。我立马明白了，在白纸上乱画是一种浪费行为。

这个王俊远还真是个精打细算的人！

且不说他手上支出的分毫，都必然物有所值，甚至超值，就连我们的记事簿，都要将收到的无谓信件或过时文件装订起来，用背后空白的一面来书写。初时，我看在眼里，心里挺不舒服，觉得他寒酸。其后，习惯了，非但没有不以为然，我还不自觉地有样学样，公司里头的纸、笔、墨，全都用到尽头，才舍得扔掉。单是这种节俭的美德，就不知省掉多少开支，会计嘛，精打细算，节约成本也算是本职工作。

一看手表，快要下班了，我赶紧把手上最后两张单据处理完毕。

业务5

增值税专用发票一张（图略）。

材料领用单一张（图略）。

从相关单据上记载的经济业务信息，可以得知此经济业务为：

6月26日，宝迪公司销售材料主控单元件给客户北京康福医疗设备有限公司，开具增值税专用发票一份，不含税金额为36 000元，税额为4 680元，款项未收。

领料单上的材料金额为30 048元。

一般的财务流程是：生产部部长或分管领导签字，审核销售材料批件，材料领

用，然后开具发票，最后凭发票记账联编制记账凭证。账务处理如下：

记账凭证（5）（如图6-6所示）：

借：应收账款——北京康福医疗设备有限公司　　40 680

　贷：其他业务收入　　36 000

　　　应交税费——应交增值税（销项税额）　　4 680

记账凭证（6）（如图6-7所示）：

借：其他业务成本　　30 048

　贷：原材料——主控单元件　　30 048

凭证字 记　5 号　日期 20XX-06-26　**记账凭证**　20XX年第6期　附单据 2 张

摘要	会计科目	借方金额（亿千百十万千百十元角分）	贷方金额（亿千百十万千百十元角分）
销售材料	112203 应收账款_北京康福医疗设备有限公司 余额:52680	4068000	
销售材料	6051 其他业务收入		3600000
销售材料	22210107 应交税费_应交增值税_销项税额		468000
合计：肆万零陆佰捌拾元整		4068000	4068000

制单人：xiaoaicoco520

图6-6　记账凭证（5）

凭证字 记　6 号　日期 20XX-06-26　**记账凭证**　20XX年第6期　附单据 2 张

摘要	会计科目	数量	借方金额（亿千百十万千百十元角分）	贷方金额（亿千百十万千百十元角分）
结转材料成本	6402 其他业务成本 余额:30048		3004800	
结转材料成本	140301 原材料_主控单元件	数量:300 个 单价:100.16		3004800
合计：叁万零肆拾捌元整			3004800	3004800

制单人：xiaoaicoco520

图6-7　记账凭证（6）

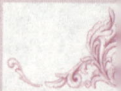

业务6

增值税普通发票一张（图略）。

固定资产清理申请单（图略）。

从相关单据上记载的经济业务信息，可以得知此经济业务为：

6月27日，宝迪公司销售一台2009年以前购入的旧的机器设备（甲机床）给深圳市佳慧有限公司，含税销售额10.3万元，已知购买该设备时取得的增值税专用发票上注明的金额为15万元（含税，未抵扣），现在已经计提累计折旧6万元。公司按规定开具了增值税普通发票1份。

一般的固定资产清理财务流程是：使用部门填制注明清理报废原因，固定资产管理部门及财务部门签署处理意见，总经理核准，会计根据审核过的固定资产清理申请单，核实清理的固定资产原值、已使用年限、折旧提取、减值准备计提等情况，开具发票，编制记账凭证。

《国家税务总局关于营业税改征增值税试点期间有关增值税问题的公告》（国家税务总局公告2015年第90号）规定："纳税人销售自己使用过的固定资产，适用简易办法依照3%征收率减按2%征收增值税政策的，可以放弃减税，按照简易办法依照3%征收率缴纳增值税，并可以开具增值税专用发票。"

不放弃减税的，那只能开具增值税普通发票。

销售自己使用过的物品与销售旧货的税收政策如下（如图6-8所示）：

销售		一般纳税人	小规模纳税人
自己使用过的物品	自己使用过的固定资产	按规定不得抵扣且未抵扣过进项税额的固定资产；按照简易办法依照3%征收率减按2%征收增值税	减按2%征收率征收增值税
		按规定允许抵扣进项税额的固定资产：按照适用税率征收增值税	
	自己使用过的除固定资产以外的物品	按照适用税率征收增值税	按3%征收率征收增值税
旧货	除二手车以外的旧货	按照简易办法依3%征收率减按2%征收增值税	
	二手车	由原按照简易办法依3%征收率减按2%征收增值税，改为减按0.5%征收增值税 销售额=含税销售额÷（1+0.5%） 应纳税额=销售额×0.5%	

图6-8　销售自己使用过的物品与销售旧货的税收政策

注：个人销售旧货、自己使用过的物品，免增值税；以上所述固定资产不含不动产。

政策历史：

（1）固定资产中机械设备自 2009 年 1 月 1 日起，其进项税额准予抵扣。

（2）固定资产中的小汽车、摩托车、游艇自 2013 年 8 月 1 日起，其进项税额准予抵扣。

销售自己使用过的物品和销售旧货是不同的两个概念。

旧货，是指进入二次流通的具有部分使用价值的货物（含旧汽车、旧摩托车和旧游艇），但不包括自己使用过的物品。

自己使用过的物品，是指自己使用过的，仍有部分使用价值的货物。

旧货和自己使用过的物品的区别和联系如图 6-9 所示：

旧货	（1）购入时即是他人使用过的货物 （2）为该纳税人的存货（主营业务），按相关规定销售给其他人 （3）销售人和使用人非同一个人
自己使用过的物品	（1）购入时是新货物 （2）自己使用一段时间后再出售，销售人和使用人为同一人 （3）其他个人销售自己使用过的物品免征增值税
区别和联系	旧货和自己使用过的物品联系：都是属于二次流通的货物 旧货和自己使用过的物品区别：使用人和销售人不同

图 6-9　旧货和自己使用过的物品的区别和联系

因此，宝迪公司此笔销售使用过的机器设备的账务处理如下：

记账凭证（7）（如图 6-10 所示）：

借：固定资产清理　　　　　　　　　　　　　　　　　　　90 000

　　累计折旧　　　　　　　　　　　　　　　　　　　　　60 000

　　贷：固定资产　　　　　　　　　　　　　　　　　　　　　150 000

摘要	会计科目	借方金额	贷方金额
		亿 千 百 十 万 千 百 十 元 角 分	亿 千 百 十 万 千 百 十 元 角 分
把固定资产转入固定资产清理	1606 固定资产清理	9 0 0 0 0 0 0	
把固定资产转入固定资产清理	1602 累计折旧	6 0 0 0 0 0 0	
把固定资产转入固定资产清理	1601 固定资产 余额:1110000		1 5 0 0 0 0 0 0
合计：壹拾伍万元整		1 5 0 0 0 0 0 0	1 5 0 0 0 0 0 0

凭证字 记 7 号　日期 20XX-06-27　　附单据 2 张
记账凭证　20XX年第6期
制单人：xiaoaicoco520

图 6-10　记账凭证（7）

记账凭证（8）（如图6-11所示）：

借：应收账款——深圳佳慧有限公司　　103 000

　贷：固定资产清理　　100 000

　　　应交税费——简易计税　　3 000

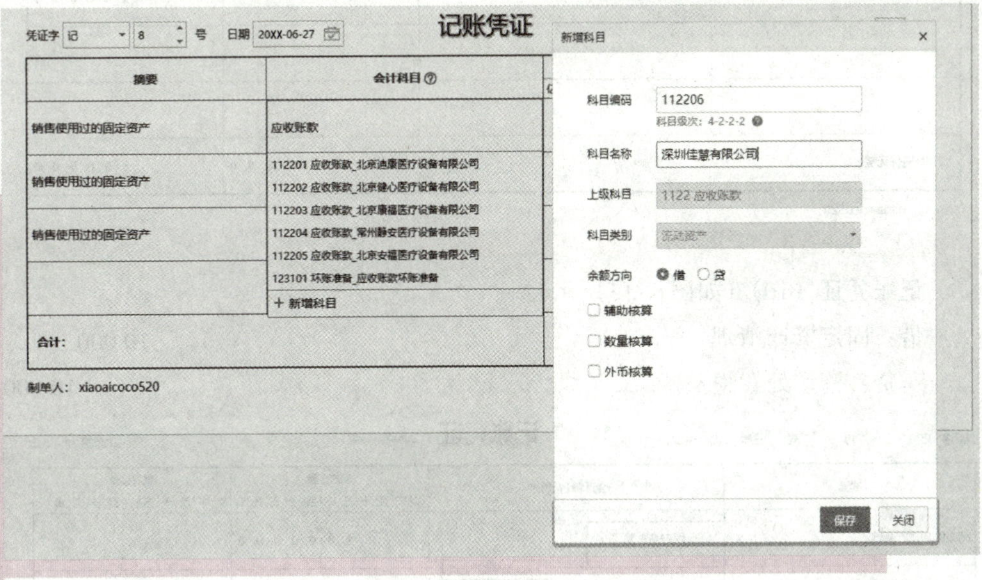

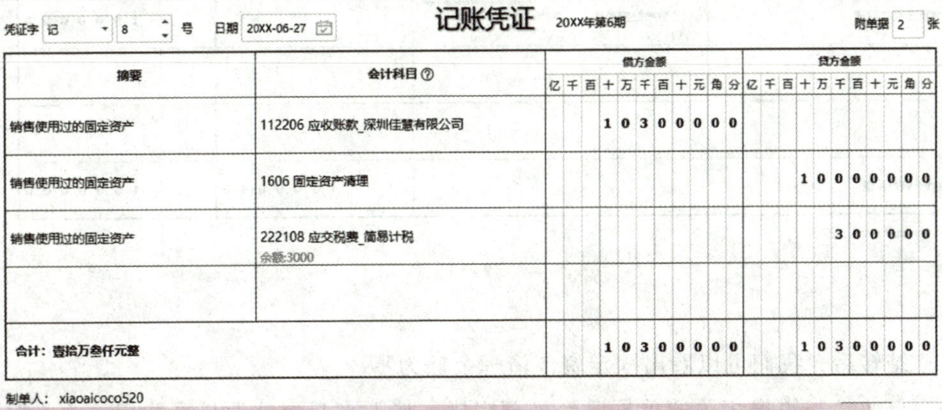

凭证字 记　8 号　日期 20XX-06-27　**记账凭证**　20XX年第6期　附单据 2 张

摘要	会计科目	借方金额	贷方金额
销售使用过的固定资产	112206 应收账款_深圳佳慧有限公司	10300000	
销售使用过的固定资产	1606 固定资产清理		10000000
销售使用过的固定资产	222108 应交税费_简易计税 余额:3000		300000
合计：壹拾万叁仟元整		10300000	10300000

制单人：xiaoaicoco520

图6-11　记账凭证（8）

记账凭证（9）（如图6-12所示）：

借：应交税费——应交增值税（减免税款）　　1 000

　贷：资产处置损益　　1 000

图 6-12 记账凭证（9）

记账凭证（10）（如图6-13所示）：

借：固定资产清理   10 000

   贷：资产处置损益   10 000

图 6-13 记账凭证（10）

结转后，我们可以看出固定资产清理余额为零。

至此，与销售相关的单据已经处理完毕，接下来开始处理与采购相关的单据，时间紧迫，离月底只有3天了，看来今晚得加会儿班了。

第 7 章

猎头经营

第7章

猎头经营

　　加班是会计常有的事情，尤其是月底的时候，所以在会计行业总有一些调侃的顺口溜：

　　早起的是做会计的和收破烂的；

　　晚睡的是做会计的和按摩院的；

　　担惊受怕的是做会计的和犯案的；

　　没饭点儿的是做会计的和要饭的；

　　男人不着家的是做会计的和花天酒地的；

　　女人不顾娃的是做会计的和搞婚外恋的；

　　随叫随到的是做会计的和发快件儿的；

　　加班不补休的是做会计的和摆地摊儿的；

　　节日不休的是做会计的和网上开店的；

　　不能随便说话的是做会计的和当播音员的；

　　不能出丝毫差错的是做会计的和发射宇宙飞船的；

　　以考试为生的是做会计的和上了高三的；

　　活到老学到老的是做会计的和搞科学实验的；

　　接受五花八门检查的是做会计的和当上准妈妈的；

　　别人睡着你站着的是做会计的和看守八宝山的。

　　为什么要加班呢？总感觉白天时间不够用，杂七杂八的事情特别多，一会儿开会，一会儿协调，跑来跑去的，真正坐下来，安安静静处理账务的时间其实并不多。也许下班后加班的时间，没人会打扰吧。

业务7

增值税专用发票发票联一张（如图7-1所示）。

增值税专用发票抵扣联一张（如图7-2所示）。

深圳市增值税专用发票 № 00000026

1400080002

机器编码：
3222143666

发票联

开票日期：20××年6月10日

购买方	名　　称：重庆宝迪电子有限公司 纳税人识别号：510314689245128××× 地址、电话：高新区××路88号 021-686000×× 开户行及账号：工行沙高新支行 262205×××××××	密码区	>9+90>63676/+819*1386*+344<>*76<941>/64 >xiaoai.org>1>/0<>+1*8*1/85>0>>23<>*8>85>0 >>8<>*112/888>xiaoai.org>1>/0<>+1*8*1/85>0> >23<>*8>85>0>xiaoai.org>1>/0<>+1*8*1/85>0>

货物或应税劳务、服务名称	规格型号	单位	数量	单价	金额	税率	税额
主控单元件		个	20 000	100.00	2 000 000.00	13%	260 000.00
合　　计					￥2 000 000.00		￥260 000.00
价税合计（大写）	⊗贰佰贰拾陆万元整						￥2 260 000.00

销售方	名　　称：深圳蓝莓电子设计研发中心 纳税人识别号：440313508269400××× 地址、电话：深圳市××区×路6号 0755-65500××× 开户行及账号：工行××分理处 802076×××××××	备注	深圳蓝莓电子设计研发中心 440313508269400××× 发票专用章

收款人：　　　　复核：　　　　　开票人：　　　　　销售方：（章）

第三联：发票联 购买方记账凭证

图7-1 增值税专用发票发票联

深圳市增值税专用发票 № 00000026

1400080002

机器编码：
3222143666

报家税扣局联

开票日期：20××年6月10日

购买方	名　　称：重庆宝迪电子有限公司 纳税人识别号：510314689245128××× 地址、电话：高新区××路88号 021-686000×× 开户行及账号：工行沙高新支行 262205×××××××	密码区	>9+90>63676/+819*1386*+344<>*76<941>/64 >xiaoai.org>1>/0<>+1*8*1/85>0>>23<>*8>85>0 >>8<>*112/888>xiaoai.org>1>/0<>+1*8*1/85>0> >23<>*8>85>0>xiaoai.org>1>/0<>+1*8*1/85>0>

货物或应税劳务、服务名称	规格型号	单位	数量	单价	金额	税率	税额
主控单元件		个	20 000	100.00	2 000 000.00	13%	260 000.00
合　　计					￥2 000 000.00		￥260 000.00
价税合计（大写）	⊗贰佰贰拾陆万元整						￥2 260 000.00

销售方	名　　称：深圳蓝莓电子设计研发中心 纳税人识别号：440313508269400××× 地址、电话：深圳市××区×路6号 0755-65500××× 开户行及账号：工行××分理处 802076×××××××	备注	深圳蓝莓电子设计研发中心 440313508269400××× 发票专用章

收款人：　　　　复核：　　　　　开票人：　　　　　销售方：（章）

第二联：抵扣联 购买方扣税凭证

图7-2 增值税专用发票抵扣联

深圳市增值税专用发票发票联一张（如图7-3所示）：

机器编码: 3222143696	1400080036			深圳市增值税专用发票 发票联		No 00000069 开票日期：20××年6月10日		
购买方	名　　　称：重庆宝迪电子有限公司 纳税人识别号：510314689245128××× 地址、电话：高新区××路88号 021-686000×× 开户行及账号：工行沙高新支行 262205×××××××				密码区	>9+90>63676/+819*1386*+344<>>*76<941>/64 >xiaoai.org>1>/0<>+1*8*1/85>0>>23<>*8>85>0 >>8<>*112/888>xiaoai.org>1>/0<>+1*8*1/85>0> >23<>*8>85>0>xiaoai.org>1>/0<>+1*8*1/85>0>	
货物或应税劳务、服务名称	规格型号	单位	数量	单价	金　额	税率	税额	
运输费		次	1.00	6 000.00	6 000.00	9%	540.00	
合　　　计					￥6 000.00		￥540.00	
价税合计（大写）		⊗陆仟伍佰肆拾元整					￥6 540.00	
销售方	名　　　称：深圳市飞快运输有限公司 纳税人识别号：440313508269400××× 地址、电话：深圳市××区××路6号0755-65500××× 开户行及账号：工行××分理处 802076×××××××				备注			

收款人：出纳　　　　复核：会计1　　　　开票人：会计2　　　　销售方：（章）

图7-3　M市增值税专用发票发票联

深圳市增值税专用发票抵扣联一张（如图7-4所示）：

机器编码: 3222143696	1400080036			深圳市增值税专用发票 抵扣联		No 00000069 开票日期：20××年6月10日		
购买方	名　　　称：重庆宝迪电子有限公司 纳税人识别号：510314689245128××× 地址、电话：高新区××路88号 021-686000××× 开户行及账号：工行沙高新支行 262205×××××××				密码区	>9+90>63676/+819*1386*+344<>>*76<941>/64 >xiaoai.org>1>/0<>+1*8*1/85>0>>23<>*8>85>0 >>8<>*112/888>xiaoai.org>1>/0<>+1*8*1/85>0> >23<>*8>85>0>xiaoai.org>1>/0<>+1*8*1/85>0>	
货物或应税劳务、服务名称	规格型号	单位	数量	单价	金　额	税率	税额	
运输费		次	1.00	6 000.00	6 000.00	9%	540.00	
合　　　计					￥6 000.00		￥540.00	
价税合计（大写）		⊗陆仟伍佰肆拾元整					￥6 540.00	
销售方	名　　　称：深圳市飞快运输有限公司 纳税人识别号：440313508269400××× 地址、电话：深圳市××区××路6号0755-65500××× 开户行及账号：工行××分理处 802076×××××××				备注			

收款人：出纳　　　　复核：会计1　　　　开票人：会计2　　　　销售方：（章）

图7-4　M市增值税专用发票抵扣联

材料入库单一张（如图7-5所示）

入 库 单

20××年6月10日

供应单位：深圳蓝莓电子设计研发中心　　　　　　　　收料仓库：1号库

发票号数：00000026、00000069　　　　　　　　　编号：00008

材料编号	商品名称	规格	数量	单位	单价	采购费用	金额
01	主控单元件		20 000	个	100.00	6 000.00	2 006 000.00
合计	贰佰万陆仟元整						2 006 000.00
验收意见和入库时间	质量合格，如实验收入库。20××年6月10日						

第二联 报销凭证

主管：赵一　　　　经手人：王天　　　　保管：王丽　　　　制单：刘燕

注：此为一式三联，一联采购部门存查，二联采购报销凭证，三联交保管部门备查。

图7-5　材料入库单

从相关单据上记载的经济业务信息，可以得知此经济业务为：

6月10日，宝迪公司从深圳蓝莓电子设计研发中心购入主控单元件，取得增值税专用发票1份，增值税专用发票上注明原材料价款为200万元，增值税26万元，另发生运费6 000元，取得深圳市飞快运输有限公司开具的增值税专用发票1份，价款6 000元，税额540元。材料已到达并验收入库，款项未付。

一般企业的采购流程是：首先采购部门签订合同后，下达采购订单，供应商发货后，仓库部门验收入库，供应商寄送与采购有关的原始凭证，将发票抵扣联抽出来认证，单独装订，最后编制记账凭证。

所以，采购业务的控制，一般也需要三单，即采购订单、采购入库单、发票来匹配。采购订单证明，这笔业务确实是我们公司订购的，采购入库单说明货物已经验收入库，然后我们才会审核发票，编制记账凭证，准备付款。

早收晚付是我们的理财原则，我们平时还经常利用采购的内控流程，严格控制付款。以下情形是我们经常碰到的。

"喂，哪位？"

"我是××公司的，我们财务给你开了张发票，请问你收到了吗？"

"噢，我们已经收到了。"

"那我想问一下，你们什么时候给我们安排付款？"

"你们的发票我们是收到了，但是仓库的入库单，还没有送来，我不知道你们的货是否已经到达我们公司，我们见货付款。"

没过多久，仓库的入库单送来了，电话再次响起："艾小姐，我已问过了，我们的货昨天就到达你们公司了，今天上午已经入库了，我已经跟你们的仓库主管打好招呼了，他说马上派人把入库单送往财务部，不知你是否已经收到。"

"我刚刚已经收到了。"

"那请问你什么时候安排付款？"

"如果没什么问题，我会尽快安排付款的，冒昧问一下，这批货是我们公司向你们订的吗？"

"当然是你们公司订的，你们公司不订货，我们会把货送到你们公司吗？"

"可是，我手上没有采购部的采购订单，你那里有吗？"

"我没有，因为你们采购人员说这批货要得有点急，走正常流程，一级一级审批会很慢，所以要我们先发货。"

"那你得让采购部马上给你补张采购订单，没有采购订单，我是不能给你付款的。"

"为什么非得有采购订单，你才可以付款给我？我们又不是第一次合作了。"

"我刚说了，没有采购订单，我就没法确认我公司是否向你公司订了货，如果我公司没向你公司订货，你公司就是发了货，我们也不会付款给你们的。"

"你们不付款给我，那岂不是我白送一批货给你们公司？"

"是的，如果我公司没向你公司下订单而你公司发了货，我公司很有可能会视同赠与的。"

"你们公司怎么能这样？"

"这是内控流程。"

"你们的内控流程怎么能这样？"

"流程本来就应该是这样，你想如果没有采购订单，光凭入库单和发票就可以付款，那么所有的供应商都可以往我们公司送，而不管我们需不需要，反正只要仓库收了货，就可以找财务部付款。"

电话里出现短暂的沉默，然后再"友好"地挂上。

这种电话我几乎每天都能接到，最后，就算采购订单补齐了也并不一定就意味着立即可以付款了。

比如："采购订单怎么没有部门经理的签字？"

"因为你们采购部签字权已经下放了。"

"是吗，我们财务部怎么没有收到权限变更的发文？我得核实后才能给你安排付款。"

又比如："你们开的发票抬头不对。"

"你们不是叫 bb 公司嘛？"

"不是，我们是 BB 公司。"

"那 bb 公司跟你们是什么关系？"

"bb 公司是我们的分公司。"

"那就是了嘛，我们给他们发了货，然后他们让我们把发票给你们，由你们来付款。"

"我没有说不给你们付款，我是说你开的发票抬头不对。"

"我们是把货卖给 bb 公司，发票为什么不是开给 bb 公司？"

"我们分公司要货，但是由总部集中结算，统一付款，你找谁付款，你就应开给谁。"

再比如："你们发票的单价大于我们采购订单的单价，我不能给你付款。"

"那是 ERP 系统尾差导致，只不过差了 0.00001 元而已。"

"不行，差 0.0000001 元也不行，你的 ERP 系统过了，我的 ERP 系统过不了。"

类似的问题，很多很多。很多销售催款人员觉得会计喜欢斤斤计较，分厘必争。但这就是工作，一家规范的企业，必然有着严谨的内部控制，尽量控制付款。这才符合我们企业的理财原则。

有时候，我们甚至会配合老板唱双簧，当老板的朋友找老板付款时，老板就会假装训斥会计："怎么还没付款？"会计就会以流程告知原因，然后老板会很无奈同时又很自豪地说，钱已经在支付当中了，我们公司是非常规范的，从不拖欠供应商的货款，一切都按合同流程办事，就算我是老板，也无权擅自更改制度。

关于运输费用结算单据，应按照"运输费用金额×9%"计算的进项税额抵扣，"运输费用金额+其他杂费"计入采购成本。运输费用金额，是指运输费用结算单据上注明的运输费用（包括铁路临管线及铁路专线运输费用）、建设基金，不包括装卸费、保险费等其他杂费。运输费用和其他杂费合并开具运杂费的，不得抵扣。运杂费需填写材料入库单（只写金额不写数量），并计入相应材料的采购成本。

（1）运输费用结算单据，包含铁路、航空、管道、海洋运输费用结算单据和公路、内河货物运输业统一发票，不包括货物运输业增值税专用发票。

（2）需要注意自营改增试点实施之日起，试点地区增值税一般纳税人货物运输服务统一使用货物运输业增值税专用发票和普通发票。

小规模纳税人提供货物运输服务、接受方索取货物运输业增值税专用发票的，可向主管税务机关申请代开货物运输业增值税专用发票。

自本地区试点实施之日起，试点地区纳税人不得开具公路、内河货物运输业统一发票。

因此，在我国运输业全面实施营改增后，公路、内河货物运输业统一发票将不再作为增值税扣税凭证，而是被货物运输业增值税专用发票（具体格式见业务4）取代。

因此宝迪公司此采购业务的账务处理如下：

记账凭证（11）（如图7-6所示）：

摘要	会计科目 ⑦	数量	借方金额 亿千百十万千百十元角分	贷方金额 亿千百十万千百十元角分
凭证字 记 ▾ 11 号 日期 20XX-06-10			记账凭证 20XX年第6期	附单据 5 张
购买原材料	140301 原材料_主控单元件	数量:20000 个 单价:100.3	2 0 0 6 0 0 0 0 0	
购买原材料	22210101 应交税费_应交增值税_进项税额		2 6 0 5 4 0 0 0	
购买原材料	220201 应付账款_深圳蓝莓电子设计研发中心			2 2 6 0 0 0 0 0 0
购买原材料	220202 应付账款_M市飞快运输有限公司			6 5 4 0 0 0
合计: 贰佰贰拾陆万陆仟伍佰肆拾元整			2 2 6 6 5 4 0 0 0	2 2 6 6 5 4 0 0 0

制单人: xiaoaicoco520

图7-6 记账凭证（11）

借：原材料——主控单元件　　　　　　　　　　　　2 006 000

　　应交税费——应交增值税（进项税额）　　　　　　260 540

贷：应付账款——深圳蓝莓电子设计研发中心　　　　2 260 000

　　　　　　　——深圳市飞快运输有限公司　　　　　　6 540

刚做了一笔凭证，楚帆来电，让我到学校旁边的香樟树下等他，他要请我吃大餐。我看着这些单据，无奈地摇摇头，窗外的夕阳还没落下，夏日里白天的时间真的很长。

我站在香樟树下，夕阳透过缝隙，斑斑点点，洒落在我的身上。好久没来学校了，有一种久别重逢的感觉。曾经，有人在这里讲过香樟和香樟树的故事，曾经，有人在树下说了很多知心话，于是一切都变得很微妙，眼神有了温度，手心有了湿度，在那些花儿匆忙盛开的夏天，阳光有了最繁盛的拔节。

香樟树枝叶繁茂，四季常青，有着旺盛的生命力，也许是为了激励学子们奋斗拼搏，也许是因为香樟能驱蚊避虫，这些树遍及学校的每一个角落。一抬头，忽回眸，眼前尽是，闭上眼，任你在校园中乱走，没准拥你入怀的就是香樟树。

我正在遐想沉思中，楚帆突然蹿了出来。

"走吧，去那凯撒大酒店。"

"啊？太奢侈了吧！"

"不奢侈，怎么叫吃大餐呢？"

"怎么，发薪水了？"

"是的……"楚帆拉长了音调。

"看把你美的。"

楚帆跳槽了，薪水翻了一番多。

"新东家感觉怎么样？"我继续问道。

"还不错，等我赚大钱了，天天请你吃大餐。然后再存一笔钱，去买一部好点的车。"

"买什么车？宝马？"

"宝马？我看还是算了吧，你看我像暴发户吗？"

"确实不像。"

"奔驰也别想了，买不起。"

"那科鲁兹？"

"敏感、矫情的80后。"

"途观，途观可以不？"

"性情中人，据说胖子居多。"

"凯越，凯越。"

"目光呆滞的中年大叔。"

"那你说买什么车？"

"不要买车了，有钱还是去旅行吧。"

"有车可以更好地去旅行啊。"

"可是开车也去不了很远很远的地方啊？"

"很远很远的地方？你要去哪里啊？"

"我要去可可西里看海，去梅里雪山采一米阳光，去拍墨西哥海湾那一抹蓝，去香榭丽舍大街买一缕浪漫，去普罗旺斯摘薰衣草，去悉尼听一场交响乐……"我一口气说了一大串。

"我说你怎么会是一个会计，你应该去当一个艺术家。"

"你错了，**会计其实就是一门艺术**。"

我们像孩子一样，一路上叽叽喳喳的，我们没钱，可是对未来充满了希望，生活的美好，也许就在于我们有梦想。

我们就这样瞎扯着来到了凯撒大酒店。

服务员问："几位？"

楚帆答："三位。"

"三位？还有谁啊？"我问道。

"一个猎头。"

"猎头？你还被猎头盯上了？"

"要想找到好工作，就得多跟猎头接触。优秀人才选择跳槽，一般是通过猎头公司来推荐，很少有人才主动去接洽公司的HR的，否则就跟普通应聘没什么区别了，因为这样不仅不能抬高自己，反而会让自己处于被动位置。这也是猎头行业能够存在的一大原因。许多行业都会有自己的猎头。"

"猎头还分行业？"

"当然，每个人都要做自己最擅长的事情。如果你认识你这个行业里的猎头，那你就会对这个行业的职位需求非常清楚。"

"那怎样才能接触到这些猎头呢？"

"要么，你找猎头公司，要么，猎头公司打电话给你。"

"猎头一天到晚到处猎人，阅人无数，是不是看人很厉害？"

"那是肯定的，所以接到猎头的电话，你可以谦虚如实地告诉对方你现在的工作情况，然后询问哪一家公司哪一个部门正在招人，自己是否符合这个职位的要求。不要不停地证明自己，也不要强调自己能力多么地强，资源多么地丰富。猎头打电话给你，最关心的是合不合适的问题。谦虚一点并不会损害自己的形象，反而会让猎头对你生出更多好感，也显得自己比较稳重。"

"看来等会儿交流的时候，我得低调点。"

"但也不要过分低调，要自信，不要夸大其词就行，因为一旦言过其实，你就有可能被认定为人品有问题，日后也很难再被猎头推荐了。"

"不过，人还需要适当地包装一下自己吧。"

"你大可不必担心'包装'的事情，猎头是干什么的？只要你提供如实的情况，他们自会为你量身打造出一张职场名片。"

"如果猎头问你，就什么都告诉他，会不会泄露自己的隐私啊？"

"看来你的保护意识还挺强。现在确实有很多人，由于近期还没有换工作的打算，对猎头打来的电话比较抵触。还有些人觉得自己的手机号、工作单位及具体职位等信息是隐私，被猎头掌握了，很是气愤。其实大可不必，因为猎头的工作本来就是搜寻人才，为人才和企业搭建双向选择的平台。不了解你，怎么可能帮你的忙呢？至于个人信息，对于猎头来说，也是十分宝贵的，又岂会轻易外泄？就算委托方打算要，在没有征得个人的同意之前，猎头也不会轻易地把你的联系方式告诉他们。与猎头保持联系，对你来说没有害处，反而可以从中了解一些行业资讯。更何况，将来说不定哪天，你需要他们的帮助呢？"

"楚帆，我发现你怎么突然对猎头这么了解啊？"

"主要是最近跟猎头打交道较多，所以，对他们的工作开始有所了解，感悟也就多了。等会他来了，跟他聊聊天，你或许收获更多。"

正说着，那个所谓的猎头进来了，楚帆站起来介绍，彼此寒暄后入座。我突然觉得，毕业这两三年时间，楚帆变得成熟了。

人习惯在酒桌上交流，正所谓"酒杯一端政策放宽"，酒至酣时，很多难办的事也就都解决了。几杯酒下肚，大家的拘谨就都没了，这就是所谓的酒桌

文化。

我一边吃着饭，一边没心没肺、笑嘻嘻地对猎头说："韩总，也帮我找个好工作吧。"

"好工作？那在你心目中，什么样的工作才算是好工作呢？"

我突然有点答不上来。

"你要知道你跳槽的动机是什么？现实生活中，很多人并没有弄清楚自己的跳槽动机就跳了，属于盲目行为。跳槽包含了'为什么要走''往哪里走''什么时候走''怎么走''走后怎么办'等一系列问题，成功的跳槽通常是骑驴找马式的行为。跳槽之前，你最好确定下一家单位一定能比目前这家更有发展前途，或者会提供更高的薪资待遇，否则就有些冒失了。一般人跳槽的动机有如下几种，你属于哪一种呢？

（1）创业式跳槽。员工有目的地到有关企业走一圈，了解行业情况，熟悉行规、制度、技术、成本等各项指标，为自己创业打基础。

（2）发展式跳槽。公司的发展目标与个人的发展目标不一致，或个人的发展空间受到影响，为个人的发展前程而跳槽。

（3）挑战式跳槽。喜欢向新的领域、新的岗位、新的高度挑战、冲刺，永不服输式的主动跳槽。

（4）选择式跳槽。在一些特定领域选择不定，比如，是选择去政府机关、事业单位还是企业？企业中是选择去国企、外企、民企还是合资企业？故而频频跳槽。

（5）'钱'途式跳槽。以金钱为目标，追着高工资走，谁钱给得多，上谁那儿去。

（6）感觉式跳槽。跟着感觉走，感觉好就干，感觉不好就走，美其名曰'顺其自然'。

（7）习惯式跳槽。有的员工跳槽上瘾了，人熟了，环境熟了，没有新鲜感，烦而无味，就想换个工作环境。

（8）被动式跳槽。与公司的领导或员工闹矛盾了，或出了差错，自认为混不下去了，所以换了工作。"

"我想找一份薪水待遇更好一点的工作。"

"'钱'途式跳槽，只要钱多就行？"

"也不完全是这样，也希望能有更好的发展。"

"发展式跳槽？可见，你自己心里还没想清楚，当然，无论你是哪一种动机，如果你选择了跳槽，都最好先问自己几个问题：①真的非跳不可吗？②跳出去会比现在好吗？③能胜任跳了之后的工作吗？如果你的回答是肯定的，那么就放手去跳吧。但是要记住，跳槽有风险，行事需谨慎。有句话尽管可能影响我们这一行的发展，但我还是要说：在工作中，跳槽的次数越少越好。"

"那你们一般喜欢什么样的人呢？"

"你说的是跳槽的资本，很多人在谋划跳槽，但是又有多少人去考量过自己跳槽的资本呢？换句话说就是你拿什么去跳槽？丰富的工作经历？丰富的客户资源？骄人的战绩？超牛的人脉？上述罗列的这几点，你具备几点？如果你一点也不具备，那么我可以很负责任地告诉你：放弃跳槽的念头吧！以我的工作来说，雇主愿意花费不菲的佣金通过猎头公司猎取优秀人才，对人才的要求自然是很高的。如果你自以为是个人才，可是连上述的几点都不具备，那么你又拿什么去打动对方呢？对方为什么要给你机会？所以在你考虑要跳槽的时候，一定要先掂量一下自己的分量，看看自己的实际情况。我这样说话可能比较直白，不够委婉，却是发自肺腑地希望你不要走了弯路，做一些错误的选择，贸然跳槽很容易让你进退两难。"

"我明白你的苦心，那你能告诉我怎样去计量自己的跳槽资本呢？"

"第一，拥有良好的教育背景。企业需要猎头公司去猎取的这些人才，一般来讲，都希望对方师出名门，希望他们的学历高一些，这样他们的知识结构会更加丰富、更加多元化。随着社会的发展，企业对于人才的争夺会越来越激烈，谁掌握着更多、更优秀的人才，谁才能笑到最后。所以接受良好的教育始终是必要的，不要被'读书无用论'一类的鬼话给骗了。学历虽然在贬值，但没有学历或学历一般则贬值得更加厉害。工作之余多读点书，多接受些培训，始终是有益无害的，有空了也不妨考些派得上用场的证书。

第二，具有丰富的工作经验和资源。企业总是希望被聘过来的人才，能够马上投入到工作当中，起到立竿见影的效果。这就要求应聘者工作经验丰富、见多识广、拥有丰富的人脉及市场资源。你哪怕不能全部做到，也要至少拥有一条。毕竟，企业肯花大价钱把你请过来，是希望你能够快速地为企业创造更加可观的价值、财富，而不是让你来学习的。所以跳槽前最好先问问自己：我是否积累了丰富的经验？我有没有利用现有的平台认识尽量多的人？

　　我要是跳槽了，现有的人脉资源我还能派上用场吗？如果你不确定这些问题的答案，那我劝你还是在现有单位再坚持一段时间。

　　有些人会说：'我在现有的单位学不到什么东西，所以想换一家好一点的单位，工资低一点也无所谓，能学到东西就好。'抱着学习的心态去工作，这没有错，但是抱着学习的心态去跳槽，就绝对是大错特错！注意，公司不是学校，不负责培养新人，越大的公司越是如此。

　　第三，这些人还要爱岗敬业，忠诚度高。任何一家企业，都不喜欢那些频频跳槽的人才，总觉得他们对企业的忠诚度不高，不爱岗敬业。一个有5年工作经验的人才，你看他的简历，假设情况一：这5年他换了3家公司；假设情况二：这5年他就换了1家公司。如果你是企业的HR，将会怎么看待这两种情况呢？前者会让人觉得这个人过于浮躁，没有把工作做得深入，或是其自身能力不高。而后者会让你觉得，这个人能把一份工作做这么久，应该是爱岗敬业的，应该是把工作做得很透彻了，对企业的忠诚度也还不错。当然，对于那些频频更换工作的人，我们不能武断地认为就是人家的问题，这其中或许有很多不为人知的无奈。但是一个企业的HR是不会去考虑这些的，他只会按照企业的标准来筛选人才，以跳槽频率来判断一个人是否爱岗敬业、对企业是否忠诚。

　　整体说来，企业方会通过猎头来寻找的人才通常有'三高'：高学历、高职位、高薪资。若是按业务能力来分，通常有两种：一种是精通某些高端技能的技术性人才，比如高级编程人员、产品研发人员、投资经理等；还有一种是阅历和资历较高、有着丰富的人脉和市场资源的高层管理人员，比如银行行长、市场总监、总经理等。可以说，这些优秀人才能有今天，都绝非一朝一夕努力的结果。"

　　整个晚上，韩总侃侃而谈，让我收获颇多。总结下来，有三点：①我要多接触一些猎头朋友，经营自己的猎头人脉，尽量让他们了解我，他们只有了解了我，有合适的职位才会推荐给我；②我得不断地积累自己的跳槽资本；③我要等待跳槽的时机，待到合适的时候，自然就水到渠成了。

第 8 章

买车的风波

第8章

买车的风波

第二天我很早就到公司了，我可不想再看到王俊远那张臭脸。一来公司，我就埋头工作。王俊远从我身旁经过的时候，我说了声"早"，他也回应了我一句"早"。从他的眼神里我感觉到了一丝惊讶。也许天底下所有的老板都喜欢这样的员工：比老板早到，比老板晚走，中午在办公桌上吃快餐。

业务8

增值税专用发票发票联一份（图略）。

增值税专用发票抵扣联一份（图略）。

材料入库单一份（图略）。

从相关单据上记载的经济业务信息，可得知此经济业务为：

6月11日，公司从深圳中天电子设计研究院购入钛合金材料，取得增值税专用发票一份，增值税专用发票上注明原材料价款为110万元，增值税税额为14.3万元，材料已到达并验收入库。前期，已向深圳中天电子设计研究院预付货款17万元，余款107.3万元未付。

因此，宝迪公司此笔采购业务的账务处理如下：

记账凭证（12）（如图8-1所示）：

借：原材料——钛合金 1 100 000

　　应交税费——应交增值税（进项税额） 143 000

　　贷：预付账款——深圳中天电子设计研究院 170 000

　　　　应付账款——深圳中天电子设计研究院 1 073 000

凭证字 记 12 号 日期 20XX-06-10			记账凭证 20XX年第6期										附单据 3 张							
摘要	会计科目 ⑦		数量	借方金额									贷方金额								
				亿	千	百	十	万	千	百	十	元	角	分	亿 千 百 十 万 千 百 十 元 角 分						
购买材料	140302 原材料_钛合金		数量:10000 克 单价:110		1	1	0	0	0	0	0	0	0	0							
购买材料	22210101 应交税费_应交增值税_进项税 额					1	4	3	0	0	0	0	0	0							
购买材料	112301 预付账款_深圳中天电子设计研究院														1 7 0 0 0 0 0 0						
购买材料	摘要 220203 应付账款_深圳中天电子设计研究院 余额:1073000	科目													1 0 7 3 0 0 0 0 0						
合计：壹佰贰拾肆万叁仟元整					1	2	4	3	0	0	0	0	0	0	1 2 4 3 0 0 0 0 0						

制单人：xiaoaicoco520

图8-1　记账凭证（12）

业务 9

增值税专用发票发票联一份（图略）。

增值税专用发票抵扣联一份（图略）。

材料入库单一份（图略）。

从相关单据上记载的经济业务信息，可得知此经济业务为：

6 月 12 日，宝迪公司从常州双明电子研发设计中心购入无线通信单元件，取得增值税专用发票一份，增值税专用发票上注明原材料价款为 200 万元，增值税税额为 26 万元，材料已到达并验收入库，款项未付。

因此，宝迪公司此笔采购业务的账务处理如下：

记账凭证（13）（如图 8-2 所示）：

借：原材料——无线通信单元件　　　　　　　　　　　　 2 000 000

　　应交税费——应交增值税（进项税额）　　　　　　　　 260 000

　　贷：应付账款——常州双明电子研发设计中心　　　　　　　　 2 260 000

摘要	会计科目 ②	数量	借方金额 亿 千 百 十 万 千 百 十 元 角 分	贷方金额 亿 千 百 十 万 千 百 十 元 角 分
购买材料	140303 原材料_无线通信单元件	数量:10000 个 单价:200	2 0 0 0 0 0 0 0 0	
购买材料	22210101 应交税费_应交增值税_进项税额		2 6 0 0 0 0 0 0	
购买材料	220204 应付账款_常州双明电子研发设计中心 余额:2260000			2 2 6 0 0 0 0 0 0
合计：贰佰贰拾陆万元整			2 2 6 0 0 0 0 0 0	2 2 6 0 0 0 0 0 0

凭证字 记 ▾ 13 号　日期 20XX-06-12　　　**记账凭证**　20XX年第6期　　　附单据 3 张

制单人：xiaoaicoco520

图 8-2　记账凭证（13）

忽然，一叠单据被丢在了我的桌子上。我拿起来一看，全是什么加油费、过路费、养路费、修理费之类的。我正准备把它们跟那些费用单据放到一块，突然发现有点不对劲，这车是这家公司的吗？我好像并没有在期初明细表中看到固定资产中有这么一辆车啊。

我连忙问雅妮："雅妮，你帮我看看，这辆车是我们公司的吗？"

"当然是。"

"那车主是谁？"

"王总。"

"王俊远?"我叫了起来。

"嘘……"雅妮做了个手势,"喊老板名字还喊得那么大声?"

"你说这车车主的名字是王俊远?"

"他买的车,车主不是他那是谁啊?"

"车主为什么不写公司的名字?"

"不都一样吗?反正公司也是他的。"

"当然不一样。"

"哪不一样?"

"这些费用报不了。"

"报不了?不会吧?"

雅妮一脸疑惑,我懒得理她,直接去了王俊远办公室。

"王总,这些费用不能报。"

"为什么?"

"这好像不是公司的车。"

"不是公司的车?你真会开玩笑,我的车给别人用了吗?这不是天天给公司用吗?怎么能不是公司的车呢?"

"真的不能报,税务局不会认的。"

"你干的什么财务?让你干财务,连个油费都不能报,你还干什么财务?"王俊远竟然对我吼。

"你当初买车的时候,为什么不事先跟财务人员通一下气?为什么不让财务工作渗透到前期去?"我也有点火了。

"我买辆车还要经财务人员批准?到底是我大,还是财务人员大?要知道整个公司都是我的。"

"你都知道公司是你的,你干嘛买个车还拿身份证?你就不能拿营业执照吗?本来这车就是公司的车,你如果拿营业执照,车主写成公司的名字,你说回来之后,我能不把这车计进固定资产吗?我能不给你提折旧吗?发生的费用我能不给你报销吗?可是今天你拿回来的是什么?发票是个人的名字,我怎么给你入账?我一旦给你入账,税务局能认可吗?税务局见了这张发票之后会说:这是个人的发票,怎么到了公司的账上?不仅折旧不能提,费用不能报,而且要调整所得额,补缴所得税，还得处罚。税务局又问：给谁报的？给老板报的，还得再缴一道个人所得税。你说这是哪儿来的税？这是哪儿来的风险？这是财务人员造成的吗？这不都是你们老板当初决策失误造成的吗？"我像连发炮弹一样一口气说了一大串。

王俊远冷冷地看着我，竟然没说话，也许他在惊讶，在这个公司里，竟然还有人敢跟他叫板。

我见他不说话，就把那些单据放到他桌子上，转身离开了。

出来后，雅妮瞪着一双大眼睛望着我。

我没理她，径直走到自己的办公桌旁。

今天算是完了，我竟然没能控制住自己的情绪，看来我在这做不了多久了。

我努力让自己平静下来，继续处理手上的单据。管它呢，能做多少就做多少，脚踏西瓜皮，滑到哪里算哪里。

业务10

增值税专用发票发票联一份（图略）。

增值税专用发票抵扣联一份（图略）。

材料入库单一份（图略）。

银行汇票一份（如图8-3所示）。

付款期限	中国建设银行		江	XX0000000
壹 个 月	银 行 汇 票	2	苏	

第0062号

出票日期（大写）贰零××年陆月壹拾叁日	代理付款行：杭州市××银行		行号：000××××

收款人：杭州市3A有限公司	账号：110000000××××

出票金额人民币（大写） 壹拾贰万元整											

实际结算金额 人民币（大写）壹拾壹万叁仟元整	千	百	十	万	千	百	十	元	角	分
		￥	1	1	3	0	0	0	0	0

申请人：重庆宝迪电子有限公司 账号：370008006600×××	账号或地址：

出票行：××银行 ××支行 行号：00×××	科目（借）
备注：购材料配件	对方科目（贷）

多余金额

凭票付款	千	百	十	万	千	百	十	元	角	分	兑付日期：年 月 日
出票行签章						￥	7	0	0	0	0	0	复核 记账

图8-3 银行汇票

从相关单据上记载的经济业务信息，可得知此经济业务为：

6月13日，公司从杭州市 3A 有限公司购入材料配件一批，取得增值税专用发票1份，增值税专用发票上注明材料配件价款为10万元，增值税税额为1.3万元，材料配件已到达并验收入库。银行汇票多余款项退回，出纳从银行取回银行汇票多余款项收账通知。

因此，宝迪公司此笔采购业务的账务处理如下：

记账凭证（14）（如图 8-4 所示）：

借：原材料——其他材料及配件	100 000
应交税费——应交增值税（进项税额）	13 000
银行存款（多余款退回）	7 000
贷：其他货币资金——银行汇票存款	120 000

系统显示此时其他货币资金余额为负数，很显然，出纳有单据没有入账，细查后发现，6月12日，签发汇票一张，金额 120 000 元，此时还未入账（见业务 29）。

图 8-4　记账凭证（14）

虽然，银行汇票业务主要是出纳在办理，但作为会计，必须了解银行汇票的相关知识，才能正确地进行账务处理，了解经济业务的来龙去脉。

银行汇票是指由出票银行签发的，由其在见票时按照实际结算金额无条件付给收款人或者持票人的票据。银行汇票的出票银行为银行汇票的付款人。

银行汇票一式4联，第1联为卡片，在承兑行支付票款时作为付出传票；第2

联为银行汇票，与第3联解讫通知一并由汇款人自带，在兑付行兑付汇票后此联作为银行往来账付出传票；第3联是解讫通知，在兑付行兑付后随报单寄往签发行，由签发行做余款收入传票；第4联是多余款通知，在签发行结清后交汇款人。

单位和个人各种款项的结算，均可使用银行汇票。银行汇票可以用于转账，填明"现金"字样的银行汇票也可以用于支取现金。申请人或者收款人为单位的，不得在"银行汇票申请书"上填明"现金"字样。

银行汇票办理流程如图8-5所示。

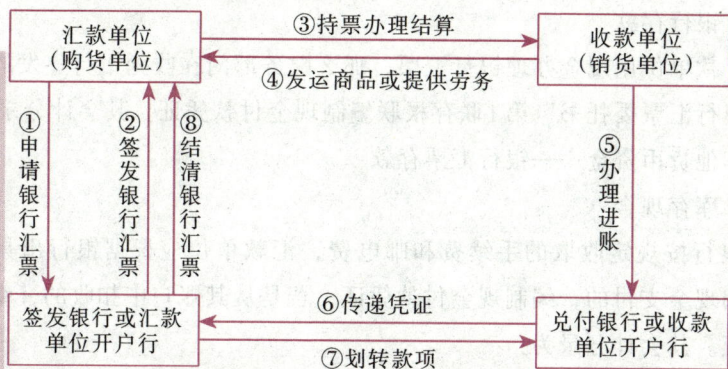

图8-5 银行汇票办理流程图

银行汇票业务处理流程如图8-6所示。

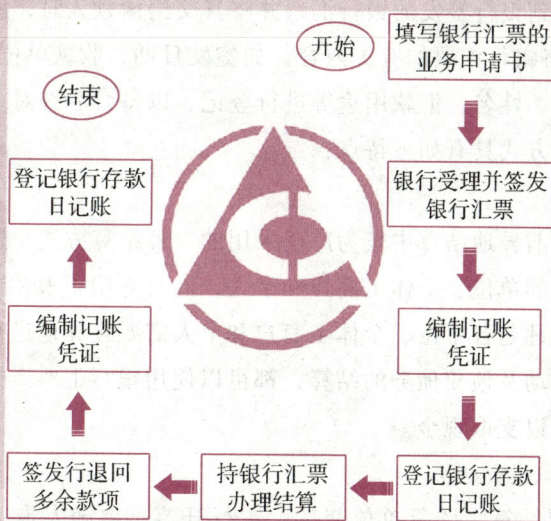

图8-6 银行汇票业务处理流程图

相关业务处理一般是这样的：

汇款单位的财务部门收到银行签发的"银行汇票联"和"解讫通知联"后根据银行盖章退回的"银行汇票申请书"第1联存根联编制银行存款付款凭证。

【例8-1】某公司需要到A市采购商品，4月2日向开户银行申请用银行存款办理转往A市的转账汇票100 000元。根据银行退回的"银行汇票委托书"第1联存根联作银行存款付款凭证。其会计分录为：

借：其他货币资金——银行汇票存款　　　　　　　　　　　　100 000

　　贷：银行存款　　　　　　　　　　　　　　　　　　　　　　　　100 000

如果汇款单位用现金办理银行汇票，那么财务部门在收到银行签发的银行汇票后根据"银行汇票委托书"第1联存根联编制现金付款凭证。其会计分录为：

借：其他货币资金——银行汇票存款

　　贷：库存现金

对于银行按规定收取的手续费和邮电费，汇款单位应根据银行出具的收费收据，若是用现金支付的，编制现金付款凭证；若是从其账户中扣收的，编制银行存款付款凭证。其会计分录为：

借：财务费用

　　贷：库存现金（或银行存款）

出纳人员在收到银行签发的银行汇票并将其交给请领人时，应按规定登记"银行汇票登记簿"，将银行汇票的有关内容，如签发日期，收款单位名称、开户银行、账号，持票人部门、姓名，汇款用途等进行登记，以备日后查对。

银行汇票结算方式具有如下特点：

1）适用范围广

银行汇票是目前异地结算中较为广泛采用的一种结算方式。这种结算方式不仅适用于在银行开户的单位、个体工商户和个人，而且适用于未在银行开立账户的个体工商户和个人。凡是各单位、个体工商户和个人需要在异地进行商品交易、劳务供应和其他经济活动及债权债务的结算，都可以使用银行汇票。银行汇票既可以用于转账结算，也可以支取现金。

2）票随人走，钱货两清

实行银行汇票结算，购货单位交款，银行开票，票随人走；购货单位购货给票，销售单位验票发货，一手交票，一手交货；银行见票付款，这样可以减少结算环节，缩短结算资金的在途时间，方便购销活动。

3）信用度高，安全可靠

银行汇票是银行在收到汇款人款项后签发的支付凭证，因而具有较高的信誉，银行保证支付，收款人持有票据，可以安全及时地到银行支取款项。而且，银行内部有一套严密的处理程序和防范措施，只要汇款人和银行认真按照汇票结算的规定办理，汇款就能保证安全。一旦汇票丢失，如果确属现金汇票，汇款人就可以向银行办理挂失，填明收款单位和个人名称，银行便可以协助防止款项被他人冒领。

4）使用灵活，适应性强

实行银行汇票结算，持票人可以将汇票背书转让给销货单位，也可以通过银行办理分次支取或转让，另外还可以使用信汇、电汇或重新办理汇票转汇款项，因而有利于购货单位在市场上灵活地采购物资。

5）结算准确，余款自动退回

一般来讲，购货单位很难准确确定具体的购货金额，因而出现汇多用少的情况是不可避免的。在有些情况下，多余款项往往长时间得不到清算从而给购货单位带来不便和损失。而使用银行汇票结算则不会出现这种情况，单位持银行汇票购货，凡在汇票的汇款金额之内的，可根据实际采购金额办理支付，多余款项将由银行自动退回。这样可以有效地防止"交易尾欠"的发生。

作为会计，应该非常熟悉这些单据，对银行的相关业务也要了解，这样对经济业务的把握才能到位。

第9章
管理你的老板

第9章

管理你的老板

由于跟老板吵了一架，整个上午我都情绪低落，效率也有点低下。中午的时候，我接到了杜老师的电话，他说他在我单位附近，叫我中午出来，可以一起吃个午饭。我正烦闷着，一听有人请吃饭，就赶紧离开这让人窒息的办公室。

吃饭的时候，我向杜老师抱怨我的遭遇。杜老师听后，笑了起来，说："这种情况很常见。在我们这些会计眼里，老板是一种很奇怪的、矛盾的动物，一方面，千方百计避税；另一方面，就总是不断地自己制造纳税行为。没税也给你找点税出来。我上午碰到一个老板，更搞笑，就办个营业执照，还让自己产生了一大堆的税。"

"办个营业执照，还能产生税？"

"是的，比如说在广州，一家企业要办理营业执照，去了之后市场监督管理局的同志就会问：'公司叫什么名字？'这就需要我们首先起个名字，这叫预名。可能很多老板要起名字，他们不想起什么'广州市××公司'。起名字这件事需要展示公司的形象、体现公司的实力，他们就想起个'广东省××公司'。"

"企业以省来命名，是要有一定条件的，我记得上次我有个同学，他在辽宁省，他们那儿注册公司，要冠以'辽宁'一词，必须满足以下条件之一：

"（1）以驰名商标、省著名商标作为企业字号的。

"（2）从事第一、第二产业生产经营、高新技术研究和技术服务，注册资本100万元以上的。

"（3）注册资本在100万美元以上的外商投资企业。

"（4）总资本5 000万元以上的企业集团。"

"对啊，所以市场监督管理局的人就会说：我们很多企业是以省来命名的。但是，你注册资本才10万元，不能起个带'广东省'的名字。我们市场监督管理局是有要求的，你如果以省命名，就必须达到我们所要求的规模。规模从哪里体现？要从注册资本上来体现。比如注册资本必须达到1 000万元，公司才能以省命名。老板说：'我没钱啊，我兜里只有500万元，还缺500万元怎么办？'

"这时候很多财务人员就给老板出主意了：'不怕，没钱不要紧，我明天领你找一家会计师事务所，给你验资成1 000万元。'"

"那事务所会给验吗？我们事务所现在也干这种事？"我吃惊地问道。

"肯定不干，他们不怕出事，事务所还怕出事呢！他们一出事，把事务所的资质也给吊销了，这不是开玩笑吗？"

"我记得以前是可以的。"

"以前是以前，现在是现在。"

"那怎么办了，后来他们怎么弄的？"

"有人就会给他们出馊主意了，你不是兜里没钱吗？还缺 500 万元。你有没有朋友做生意呀？老板说：'有啊，我的朋友都做生意啊！让我去借钱吗？现在哪有借钱的？'

"'不是让你借钱，你只要有做生意的朋友，他手里都有发票啊，你能让他开张发票来吗？'

"老板问：'开张什么发票呢？'

"'开张货物销售发票 500 万元'。"

"开张销售发票就可以了？怎么验啊？"我还是一脸的迷惑。

"500 万元的现金，再拿上 500 万元的发票，不就是现金投入 500 万元，存货投入 500 万元吗？这样一来，就能验资成 1 000 万元了呗。"

"可是这张发票是真实的吗？"

"肯定不是真实的，绝对是虚开的，要不就是假发票。"

"这种假发票还有人帮他验？"

"问题就在于还真有事务所给他验资成 1 000 万元了。验资完成之后，他就到市场监督管理局去办理营业执照。"

"营业执照拿回来了，那账怎么做？"

"你说财务的账该怎么做？肯定是银行存款增加 500 万元，存货增加 500 万元，实收资本增加 1 000 万元。这样就把账做平了。"

"天哪，典型的假账！"

"你说财务可不可怜？"

"当然可怜，跟着老板干的什么事？买卖还没开张，头一笔账就造假，以后的账可怎么做啊？"

"好戏还在后头呐，财务把账做了，后来根据业务的需要，又到税务局去申请一般纳税人资格和增值税专用发票。取得发票后产品要销售了，可是突然有一天老板想起这件事来，他就对财务说：有个事别忘了，当初咱们验资的时候不是有 500 万元的存货是虚开的吗？你赶紧想个办法，在账上给我'做掉'。"

"他也知道这里面有风险？"

"当然，当初验资的时候为了凑足注册资本，虚开了 500 万元的货物销售发票，也就虚增了 500 万元的存货。"

"可是问题是这 500 万元根本不存在的货物怎么把它处理掉呢？"

"你说怎么处理掉？"

"能不能退了？"

"往哪儿退啊？能把钱退回来吗？"

"不能。退不了，能不能卖了？"

"你根本没有东西，卖什么呀？假如说你真的能卖了，你可别忘了，只有销项税，没有进项税。"

"退不能退，卖也不能卖，那怎么办呢？那报废算了！"

"别忘了，税法规定，报废产品要经过税务局的严格审核，税务局得来人看现场。"

"看现场，这不更麻烦了？退不能退，卖不能卖，报废也不行，那怎么办呢？干脆挂在账上，暂时不动。"

"你是可以不动，你能让税务局也不动吗？哪天税务局一高兴就来了，来查你的账！他们如果在查账过程中突然提个要求……"

"什么要求？"

"什么要求？核对库存！"

"那完了，税务局肯定会发现怎么账上写着有 500 万元的存货，可库房里没了呢？"

"如果你是税务局工作人员的话，那么你会认为这是什么原因造成的？"

"管理不善，失窃了？"

"失窃得有公安局的证明啊！"

"那是不是还得去公安局搞个证明啊？"

"税务局才不会那么傻呢，认为你失窃了，他会说：'哼，卖了现金还不上账，留着小金库吗？你这不是严重偷税吗？东西都卖了怎么不做账呢？给我补税，交罚款。'这不是生意还没做，先把税给做出来了吗？"

"500 万元的存货，按市价核定税收，13% 的销项税额，进项税额还不能抵扣，因为虚假的增值税税票不能认证，还要罚款，一分钱都还没赚，就莫名其妙地要交一大笔税，不亏死才怪。看来这种方法真是行不通，那还是找人家垫资好一点。"

"垫资？垫资后你知道我们财务的账上又会出现什么问题呢？"

"老板前脚把钱投进去，我们财务后脚又给他借出来。"

"这种行为叫什么？"

"抽逃资金。"

"这合法吗？"

"当然不合法。"

"那你知不知道税法上有什么规定？为什么税务局到公司一查准能查出问题？你知道税务局查什么吗？"

"查什么？"

"投资人从公司借款，千万不要跨年度，凡是跨年度不归还的，一律视同为分配，必须缴纳 20% 的个人所得税。"

"投资者借款视同分配，那如果我们不是投资人借款，是不是就可以不视同分配了，就不用缴纳个人所得税了？"

"非投资人从公司借款跨年度的，视同工资薪金所得，也要缴纳个人所得税。"

"看来怎么弄都是死路一条，而且这些都是非正常税收，老板自己莫名其妙地制造了很多税，还让会计跟着他累得半死。可是老板们都喜欢这样，那我们会计怎么办呢？"

"管理你的老板。"

"开什么玩笑，只有老板管理我，哪有我管理老板的？"

"老板管理你，是向下管理，而你管理老板，是向上管理。在职场中，我们不得不经营和同辈、前辈、后辈、供应商、顾客等之间的关系。所有的这些关系中，老板和下属之间的关系是最重要、最敏感的关系之一，然而一般员工都很少积极去经营。"

"那你告诉我，怎么经营？"

"从员工的角度出发，仔细研究老板的心理，对问题做出合理的判断，你就可以管理好你的老板。"

"不太明白。"

"挖个坑，让老板跳。"

"挖个坑，让老板跳？"

"是的，先把坑挖好，让他跳。当然，你把老板硬推下去是没有太大意思的，而是要远远地设好包围，慢慢地从四面围起来，让老板自愿按照你的意思走进去，这才是一种智慧。例如：在汇报一件工作的时候，你可以从客观的事实中，挑选出对自己有利的事实，然后把这些事实汇总后报告给老板，让他得出你想要他下的结论。这一切可以做得干净利落，不留痕迹。"

"请君入瓮啊？哈哈，不过我感觉，在这件事上我还是很糊涂。"

"慢慢来，EQ 都是在斗争中增长的。给老板挖坑，实施包围的过程其实是很精彩的，即使最后这个包围圈被冲破了，目标逃脱了，你也能得到经验教训。"

"真的吗？"

"当然是真的。"

杜老师的话，让我燃起了新的希望，我本来都想放弃这个油盐不进、自以为是的老板了。可是自己不甘心就这么认输了，才来两天就想打退堂鼓？才不呢！我也要学着挖坑，让他跳，就当积累社会经验了。

第 10 章

费用报销

第10章

费用报销

吃完饭回来，我把最后一笔采购单据处理完毕，下午准备处理宝迪公司的费用单据。

业务11

甲设备增值税专用发票发票联一份（图略）。

甲设备增值税专用发票抵扣联一份（图略）。

运输费增值税专用发票抵扣联一份（图略）。

运输费增值税专用发票发票联一份（图略）。

中国工商银行网上银行电子回单一份（如图10-1所示）：

中国工商银行 网上银行电子回单

电子回单号码：000416560000000

付款人	全称	重庆宝迪电子有限公司	收款人	全称	北京福兴设备有限公司
	账号	3700000080006600×××		账号	20000000004512×××
	开户银行	中国工商银行××支行		开户银行	中国建设银行××支行
金额		人民币（大写）：伍万陆仟伍佰元整　￥56 500.00			
摘要		设备款	业务种类		汇兑
用途		设备款			
交易流水号		7000171	时间戳		20××-06-14-15：55：16.595194
记账网点		备注：			
		验证码	K9FGYui57PI+5Psd75/lidehuj7=		
		102	记账柜员	102	记账日期　20××年6月14日

图10-1　中国工商银行网上银行电子回单

现金支票存根（图略）。

购置固定资产申请单（格式由各公司自行设计，但签字齐全）。

从相关单据上记载的经济业务信息，可以得知此经济业务为：

6月14日，公司购入不需要安装的生产用设备一台，取得增值税专用发票1份，增值税专用发票上注明金额5万元，税额6 500元，款项通过网上银行支付。另外，以现金支票方式支付运输费654元，取得增值税专用发票1份，金额为600元，税额54元。

记账凭证（15）（如图10-2所示）：

借：固定资产   50 600

    应交税费——应交增值税（进项税额）   6 554

  贷：银行存款   57 154

记账凭证 20XX年第6期

凭证字 记 15 号 日期 20XX-06-14　　附单据 7 张

摘要	会计科目	借方金额	贷方金额
		亿千百十万千百十元角分	亿千百十万千百十元角分
购入生产用设备一台	1601 固定资产	5 0 6 0 0 0 0	
购入生产用设备一台	22210101 应交税费_应交增值税_进项税额	6 5 5 4 0 0	
购入生产用设备一台	1002 银行存款 余额:6049182.26		5 7 1 5 4 0 0
合计：伍万柒仟壹佰伍拾肆元整		5 7 1 5 4 0 0	5 7 1 5 4 0 0

制单人：xiaoaicoco520

图10-2　记账凭证（15）

企业外购固定资产的成本包括：购买价款、相关税费、使固定资产达到预定可使用状态前所发生的可归属于该项资产的运输费、装卸费、安装费和专业人员服务费等。外购固定资产的发票，包括增值税专用发票、运输发票、安装公司发票等。

至此，宝迪公司的采购单据处理完毕。

公司除了日常的销售采购业务外，还有很多费用单据。

处理费用单据的原则是：谁受益谁承担。以工资为例，如图10-3所示。

另外，在处理费用单据之前，会计人员对相关的费用税前扣除比例要做到心里有底。这样在处理经济业务时，你才会站在企业管控的角度上思考问题，灵活处理事情，甚至有所创新，而不是机械地去做凭证。

对于有关费用的扣除，可以随时根据最新税法的相关规定，进行归纳梳理。不时地浏览一下，做到心中有数。企业所得税费用扣除一览表见表10-1。

生产线工人——生产成本
借：生产成本
    贷：应付职工薪酬

生产车间管理人员——制造费用
借：制造费用
    贷：应付职工薪酬

销售人员——销售费用
借：销售费用
    贷：应付职工薪酬

财务、管理等人员——管理费用
借：管理费用
    贷：应付职工薪酬

工资与
费用科目

图 10-3　工资与费用科目图

表 10-1　　　　　　　　　　企业所得税费用扣除一览表

类别	扣除标准/限额比例	说明事项（限额比例的计算基数，其他说明事项）
职工工资	据实扣除	任职或受雇，合理
	加计 100% 扣除	支付残疾人员的工资
职工福利费	14%	工资薪金总额
职工教育经费	2.50%	工资薪金总额
	8%	经认定的技术先进型服务企业
	全额扣除	软件生产企业的职工培训费用
职工工会经费	2%	工资薪金总额
业务招待费	MIN（60%，5‰）	发生额的 60%，销售或营业收入的 5‰；股权投资业务企业分回的股息、红利及股权转让收入等可作为收入计算基数
广告费和业务宣传费	15%	当年销售（营业）收入的 15%，超过部分向以后结转
	30%	当年销售（营业）收入的 30%，包括化妆品制造、医药制造、饮料制造（不含酒类制造）企业
	不得扣除	烟草企业的烟草广告费

续表

类别	扣除标准/限额比例	说明事项（限额比例的计算基数，其他说明事项）
捐赠支出	12%	年度利润（会计利润）总额；公益性捐赠；有捐赠票据，名单内所属年度内可扣，会计利润≤0不能算限额
利息支出（向企业借款）	据实扣除（非关联企业向金融企业借款）	非金融企业向金融企业借款
	同期同类范围内可扣（非关联企业间借款）	非金融企业向非金融企业借款，不超过同期同类计算数额，并提供"金融企业的同期同类贷款利率情况说明"
	权益性投资5倍或2倍内可扣（关联企业借款）	金融企业债权性投资不超过权益性投资的5倍内，其他企业2倍内
	据实扣（关联企业付给境内关联方的利息）	提供资料证明交易符合独立交易原则或企业实际税负不高于境内关联方
利息支出（向自然人借款）	同期同类范围内可扣（无关联关系）	同期同类可扣并签订借款合同
	权益性投资5倍或2倍内可扣（有关联关系的自然人）	
	据实扣除（有关联关系的自然人）	能证明关联交易符合独立交易原则
利息支出（规定期限内未缴足应缴资本额的）	部分不得扣除	不得扣除的借款利息=该期间借款利息额×该期间未缴足注册资本额÷该期间借款额
非银行企业内营业机构间支付利息	不得扣除	
住房公积金	据实	规定范围内
罚款、罚金和被没收财物损失	不得扣除	
税收滞纳金	不得扣除	
赞助支出	不得扣除	
各类基本社会保障性缴款	据实扣除	规定范围内

续表

类别	扣除标准/限额比例	说明事项（限额比例的计算基数，其他说明事项）
补充养老保险	5%	工资总额
补充医疗保险	5%	工资总额
与取得收入无关的支出	不得扣除	
不征税收入用于支出所形成的费用	不得扣除	
环境保护专项资金	据实扣除	按规提取，改变用途的不得扣除
财产保险	据实扣除	
特殊工种职工的人身安全险	可以扣除	
其他商业保险	不得扣除	国务院财政、税务主管部门规定可以扣除的除外
租入固定资产的租赁费	按租赁期均匀扣除	经营租赁租入
	分期扣除	融资租入构成融资租入固定资产价值的部分可提折旧
劳动保护支出	据实扣除	合理
企业间支付的管理费（如上缴总机构的管理费）	不得扣除	
企业内营业机构间支付的租金	不得扣除	
企业内营业机构间支付的特许权使用费	不得扣除	
向投资者支付的股息、红利等权益性投资收益	不得扣除	
所得税税款	不得扣除	
未经核定的准备金	不得扣除	
固定资产折旧	规定范围内可扣	不超过最低折旧年限
生产性生物资产折旧	规定范围内可扣	林木类10年，畜类3年

续表

类别	扣除标准/限额比例	说明事项（限额比例的计算基数，其他说明事项）
无形资产摊销	在不低于10年的时间内分摊	一般无形资产
	按照法律或合同约定的年限分摊	投资或受让的无形资产
	不可扣除	自创商誉
	不可扣除	与经营活动无关的无形资产
长期待摊费用	在限额内可扣	（1）已足额提取折旧的房屋建筑物改建支出，按预计尚可使用年限分摊
		（2）租入房屋建筑物的改建支出，按合同约定的剩余租赁期进行分摊
		（3）固定资产大修理支出，按固定资产尚可使用年限分摊
		（4）其他长期待摊费用，摊销年限不低于3年
开办费	可以扣除	开始经营当年一次性扣除或作为长期待摊费用摊销
低值易耗品摊销	据实扣除	
审计及公证费	据实扣除	
研究开发费用	加计扣除	从事国家规定项目的研发活动过程中发生的研发费，年度汇算时向税务局申请加扣
税金	可以扣除	所得税和增值税不得扣除
咨询、诉讼费	据实扣除	
差旅费	据实扣除	证明材料
会议费	据实扣除	证明材料包括会议时间、地点、出席人员、内容、目的、费用标准、支付凭证等
工作服饰费用	据实扣除	
运输、装卸、包装费等费用	据实扣除	
印刷费	据实扣除	
咨询费	据实扣除	
诉讼费	据实扣除	

续表

类别	扣除标准/限额比例	说明事项（限额比例的计算基数，其他说明事项）
邮电费	据实扣除	
租赁费	据实扣除	
水电费	据实扣除	
取暖费/防暑降温费	并入福利费的计算限额	属于职工福利费范畴，福利费超标需调增
公杂费	据实扣除	
车船燃料费	据实扣除	
交通补贴及员工交通费用	2008年以前的并入工资，2008年以后的并入福利费计算限额	2008年以前的计入工资总额同时缴纳个人所得税，2008年以后的则作为职工福利费列支
电子设备转运费	据实扣除	
修理费	据实扣除	
安全防卫费	据实扣除	
董事会费	据实扣除	
绿化费	据实扣除	
手续费和佣金支出	保险企业	按当年全部保费收入扣除退保金等后余额的18%计算限额，超过部分，允许结转以后年度扣除
	从事代理服务，主营业务收入为手续费、佣金的企业	证券、保险、代理据实扣除
	其他企业	按与具有合法经营资格"中介服务机构和个人"所签订合同确认收入金额的5%计算限额
投资者保护基金	0.5%~5%	营业收入的0.5%~5%
贷款损失准备金（金融企业）	1%	贷款资产余额的1%；允许从事贷款业务，按规定范围提取
	不得扣除	委托贷款等不承担风险和损失的资产不得提取贷款损失准备并在税前扣除
	按比例扣除——关注类贷款2%	
	——次级类贷款25%	
	——可疑类贷款50%	涉农贷款和中小企业（年销售额和资产总额均不超过2亿元的企业）贷款
	——损失类贷款100%	

续表

类别	扣除标准/限额比例	说明事项（限额比例的计算基数，其他说明事项）
农业巨灾风险准备金（保险公司）	25%	按本年保费收入的25%进行扣除，适用于享受中央财政和地方财政保费补贴的种植业险种
担保赔偿准备（中小企业信用担保机构）	1%	当年年末担保责任余额
未到期责任准备（中小企业信用担保机构）	50%	当年担保费收入
交易所会员年费	据实扣除	票据
交易席位费摊销	按10年分摊	
同业公会会费	据实扣除	票据
信息披露费	据实扣除	
公告费	据实扣除	
其他	视情况而定	

中午休息了一会儿，下午上班，我继续处理相关费用单据，在企业中常见的就是各种费用报销单了，例如：

业务12

费用报销单一张（如图10-4所示）。

费用报销单

报销部门：行政事业部　　　　　20××-06-02　　　　　单据及附件共　2　页

用途	金额（元）			
购买办公桌	500.00	备注		现金付讫
购买卫生用具	100.00			
		领导审批	符合公司规定，同意支出。20××年6月3日	李明
合计	￥600.00			
金额大写　陆佰元整		原借款：　元		应退款：　元

会计主管　王红英　　复核：　　出纳　艾雅妮　　报销人：李思维　领款人：李思维

图10-4　费用报销单

此报销单后贴通用机打发票一张，金额 500 元；定额发票一张，金额 100 元。机打发票和定额发票是我们日常生活中的常用发票，此处图略。

从相关单据上记载的经济业务信息，可以得知此经济业务为：

6 月 2 日，出纳艾雅妮用现金支付行政事业部员工李思维报销购买办公用品款 600 元。记账凭证为：

记账凭证（16）：

借：管理费用——办公费　　　　　　　　　　　　　　　　　　　600

　　贷：库存现金　　　　　　　　　　　　　　　　　　　　　　　600

分录虽然简单，但是涉及报销的内容、事件、注意事项，就很复杂了。

首先，就是报销单据的审核要点。

（1）审核会计科目是否正确。公司日常报销的费用是指公司正常经营活动中经常发生的费用，主要有交通费、通讯费、办公费、招待费、水电费等。根据部门性质，相应记入"管理费用""销售费用"等账户。

（2）发票是否合法。费用支出必须取得合法发票（需要税务局监制发票，除印有财政监制章的行政事业性收据以外的收据不能税前扣除，不可作为报销凭证）。发票应填写规范，抬头为本单位全称，大小写一致，无涂改痕迹。

（3）费用审核依据。费用审核依据公司制定的费用控制办法（开支范围及标准、通讯费报销限额标准、招待费标准等）。其要点有：计划额度内费用必须经部门负责人、分管领导、财务经理审批；计划外费用必须向总经理申报，等等。

（4）报销人是否有欠款。报销人有前期欠款时，报销费用一律先冲抵欠款，开具还款收据，贷记"其他应收款——（员工部门）——（员工姓名）"账户。

（5）一般情况下，费用必须在取得发票之日起 1 个月内报销，以便及时入账。

（6）支付现金坚持"先签字，再付款"的原则。

其次，就是贴发票，在报销单背面一般有粘贴单，上面有粘贴须知（如图 10-5 所示）。

粘贴须知（背面粘贴原始发票）

（1）原始票据由右至左呈"鱼鳞状"错叠粘贴。不要超过规定的粘贴纸。

（2）原始凭证按规定的分类标准（同类业务、同类发票）粘贴。

（3）发票5张以下可以不填"费用报销单"，但需负责人在原始发票背面签字。

（4）财务人员对"费用报销单"进行审核，若票据金额与报销人所填写的金额有差异，则以审核后的票据金额为准。如果审核后的票据金额大于"费用报销单"所填写的费用金额，则必须由负责人重新签字确认。

图10-5　粘贴须知

发票原本应由业务部门贴好，财务部门报销，但是贴发票是一项技术活，也是一种体力活，要按照标准样式一张一张粘起来，一分一分加起来，容不得半点闪失。很多财务人员贴发票都会贴得乱七八糟，更别说业务部门了，所以很多情况下，贴完的发票又得重新贴，还得督促业务部门贴，业务部门贴不好，还得手把手地教。贴发票确实是一项考验人心态的活儿，需要过硬的心理素质和很强的忍耐力，否则的话，看着摊在桌上那一堆花花绿绿的发票，再理智的人都会疯掉。

贴发票很烦琐，但是作为一名会计人员，就必须从琐碎的事情中学会管理自己，而往往人与人的不同，就是从琐碎的事情中显示出来的。

在我们会计行业中就有一个流传已久的贴发票的故事，说是A被派去担任科技公司的副总，负责整个公司的业务和人事安排。当时A所在的公司招了大批本科和研究生毕业的"新新人类"，平均年龄25岁。那时A亲自招聘了一个女孩，作为A的助理，她名牌大学本科毕业，聪明、活泼，并写得一手好字。当时A招她的一个很重要的原因，是她写得一手好字。A手把手地教她，从工作流程到待人接物，她也学得很快，很多工作一教就会。慢慢地，A会把一些协调的工作交给她，让她尝试着去处理各部门之间以及各分公司之间的业务联系和沟通。刚开始这名助理经常出错，A告诉她错了没关系，要放手去做，遇到问题了告诉A。她还是总有差错，也经常找A谈，她的困惑是：为什么总是让她做那些琐碎的事情？

A 就问她："什么事情是不琐碎的？"她说，她觉得，她的能力不仅仅是做那些琐事，还应该做更重要的事情。A 和她谈了 1 个小时，最后让她先把手头的事情做好。半年后，她提出了辞职，问起辞职的原因，她直言："我本科 4 年，成绩优秀，没想到毕业后找到了工作，却每天处理的都是些琐碎的事情，没有成就感。"A 问她，在她现在的工作中，最没有意义、最浪费时间和精力的事情是什么。她说是贴发票，然后报销，到财务部去走流程，最后把现金拿回来给 A。A 问她："你给我贴发票也差不多半年了吧，你从中得到了什么信息没有？"她说："贴发票就是贴发票，只要财务上不出错，把钱领回来给你不就行了吗？"于是，A 给她讲了当年 A 的做法。当年，A 从财务部被调到了总经理办公室，担任总经理助理。其中有一项工作，就是跟她现在做的一样，帮总经理报销他所有的票据。本来这个工作就像她刚才说的，把票据贴好，然后完成财务上的流程，就可以了。其实票据是一种数据记录，它记录了和总经理乃至和整个公司运营有关的费用情况。看起来没有意义的一堆数据，其实它们涉及了公司各方面的经营和运作。于是 A 建立了一个表格，将所有 A 帮总经理报销的数据按照时间、数额、消费场所、联系人、电话等等记录下来。通过这样的一份数据统计，渐渐地，A 发现了一些上级在商务活动中的规律，比如，哪一类的商务活动，经常在什么样的场合，费用预算大概是多少，以及总经理在公共关系常规和非常规方面的处理方式，等等。A 的上级发现，他布置工作给 A 的时候，A 都会处理得很妥帖；有一些信息是他根本没有告诉 A 的，A 也能及时、准确地处理。他问 A 为什么会这样，A 告诉了他自己的工作方法和信息来源。

A 与总经理渐渐地越来越有默契，很多事情总经理一个眼神，A 就知道要做什么了。于是总经理交给 A 的工作也越来越多，有什么重要的事情也第一个想到 A。

"一屋不扫，何以扫天下"，贴发票也能贴出前途。别小看那些小小的发票，它承载着企业的方方面面，各个部门的运营情况。一个出色的会计人员，会从那烦琐的数字当中看出企业经营管理的问题，从而为领导决策提供依据。

最后就是，报销是很多老板考验员工品质的试金石。很多老板特别关注报销的票据。老板关注的东西，会计人员更要关注。不要老板都能看出问题了，你却没有审核出来。比如：审核出租车票据的时候，经常还要关注一下车票的时间。有的会计人员甚至自己报销的时候，都不认真地检查一下自己的票据，无端地掉进老板设

计的"陷阱"，搭上自己的人品。另一个就是，有些领导报销的单据中，明明有不符合报销的单据，但会计又不好拒绝。会计会处于两难的境地，这个时候，会计就得揣测老板的心意，权衡一下人情世故，是委婉地指出来，还是在票据上做一个记号，丢给老板处理。

词典上对于"报销"一词的解释为：把领用款项或收支账目列一份清单，报告上级核销。一般应该严格按照这个解释来履行报销程序，但是生活中经常会遇到这样的电话："有出租车发票帮我留着点啊！""还差七八块钱，你那里还有出租车票吗？"当然，偶尔也有好事降临："今天我请客啦！嘿嘿，回去能报！"

公司通常采取凭票报销的方式，并对报销金额设定一个上限，这样就能节省一部分不必要的开支。遗憾的是，员工们并不了解公司的初衷，而是完全站在自己的角度上考虑问题，每次都力求达到报销的最大限额。

每到公司收报销单据的日子，大家都求亲拜友，四处收集打车票、加油票。"嗨！这个月凑多少啦？"这几乎成为大家见面后的寒暄用语。有的人愁眉苦脸地走进办公室："怎么凑个打车票比凑业绩指标还难呢？"没凑够报销的数额，就好像丢了钱似的。

有的人却喜形于色："提前完成任务啦！我这儿还多一张30元的，谁要？"

"我要……我要……"能找到打车票的人，基本上都能混到好人缘。谁要是家里有开出租车的亲戚，那就是全办公室的大救星了。

以前有个姐妹，因为她们公司单位报销比较宽松，所以一天到晚找我们要票。我们也经常给她找票，报销完后蹭她一顿饭。但是，后来，她突然一改从前的风格，再也不找我们要票了。有时候我们手里有发票，主动给她，她都不要了。问其缘由，她说她无意之间听到她们公司会计跟一个员工的对话。

"你这个月报上来的交通费是298元，不过呢，有一张24元的出租车票的日期是去年的，这个就没法报销啦……是老板说的，不好意思。"会计说。

那位员工脸上有点泛红，"哦"了一声，静默了一阵，又说了一句"不好意思啊"，然后就赶忙走开了。也许这种被当面指出"谎言"的滋味不好受吧。

她听完后，心里惊出一身冷汗，没想到老板会亲自一张一张地核对单据，连日期也注意到了。再回想一下，自己以前每个月都把交通费、通信费什么的报得满满的，会不会被老板在心里埋怨呢？自此，她再也不敢虚报发票了，每个月都是花多少报多少。办公室好心的同事还来关心她："是不是发票不够啊？我这儿有多余的，给你吧！"她都婉言谢绝了同事们的好意，因此还被同事们私下猜测是不是"大脑短路"了。

本来是每个月 300 元的额度，她每次只报 120 元左右，因为她每天只乘地铁上下班，偶尔出门打一两次车，根本就用不到 300 元。

后来，老板自然注意到了她的变化，还跟她进行了私下谈话。她如实"供述"了以前的想法和凑车票的行为："我觉得作为公司的一名员工，在履行报销程序时弄虚作假会损害公司的利益，我以前做得不对。"老板听了她的一番肺腑之言后感慨道："其实我早知道你们报销的钱有水分，因为我以前做职员时也是这么做的。"老板非常感动，"你这么实诚的人还真是难得啊！"

从此，她一路晋升，成为老板最信任的人。这是花多少钱也买不来的啊！

于情来说，公司既然承诺报销，就是不希望员工为了公事掏自己的钱，仅出于这一点，我们就不该欺骗。按理来说，花多少钱就该报多少账，公司没有义务为不存在的花销买账，员工也不该多报、虚报。于情于理，我们都不该把"报销"作为自己收入的一部分。有出才有进，花多少就该报多少。为了那几块、几十块的蝇头小利，犯得上搭上自己的人品来说谎吗？不要把自己变得太丑陋了。但是，又有多少人知道其中的利害关系呢，但愿每个人都坦坦荡荡，那我们会计人员审核起报销单来，也就轻松多了。

业务 13

差旅费报销单一张（如图 10-6 所示）。

差旅费报销一般使用专门的差旅费报销单，不用一般的费用报销单。

后贴××省公路汽车客票一张，金额 50 元，住宿费发票一张，金额 150 元，汽车客票和住宿费发票是我们日常生活中的常用发票（图略）。

从相关单据上记载的经济业务信息，可以得知此经济业务为：

6 月 3 日，出纳用现金支付销售部业务员叶子差旅费报销款 200 元。

记账凭证（17）：

借：销售费用——差旅费   200

    贷：库存现金   200

差旅费报销单

20××年6月3日   单位：元

起讫时间地点						出差补助		车船费		住宿费		会议费		其他		小计	
月	日	起点	月	日	终点	张数	金额	张数	金额	张数	金额	张数	金额	张数	金额	张数	金额
5	29	C市	5	29	S市			1	50	1	150					2	200
小 计								1	50	1	150					2	200
合计（人民币大写）：贰佰元整									￥200								
出差事由：联系业务							预借0.00　核销0.00　应退补200.00										
总经理：李泽			财务经理：陈丰				部门经理：萧晚					报销人：叶子					

图10-6　差旅费报销单

营改增后，费用报销也可以抵扣进项税额了，前提条件是得索要增值税专用发票，才可以抵扣。宝迪公司的费用发票都是些普通发票、定额发票，因此相关的进项税额不能抵扣，这也是为什么营改增后，很多企业税负上升的一个很重要的原因——没有选择一般纳税人的供应商或服务商，开不出增值税专用发票。

出差时，差旅费报销，一般有交通运输费和餐饮住宿费。

新购进旅客运输服务，增值税进项抵扣规则如下（见表10-2）：

在索要餐饮费和住宿费发票时，要区分不同的情况，小规模纳税人可以将项目开在一张发票上；而对于一般纳税人，因为出差发生的住宿费取得增值税专用发票可以抵扣进项，餐饮、娱乐等费用不可以抵扣，所以要将住宿与餐饮、娱乐等分别开票，住宿开具增值税专用发票，餐饮、娱乐等开具增值税普通发票。

住宿费与餐饮、娱乐费如果开在一张专票上，认证后将餐饮、娱乐部分的税额做进项税额转出，或者勾选认证的时候，有效税额输入部分税额。

比如税额655.75元，有效税额系统默认为655.75元，我们可以更改成500元（如图10-7所示），不过，最好分开开票。

表 10-2　　　　　　　　　　　　　　增值税进项抵扣规则

专用发票	按专用发票上的税额抵扣
纳税人未取得增值税专用发票的，暂按照以下规定确定进项税额	取得增值税电子普通发票的，进项税额为发票上注明的税额
	取得注明旅客身份信息的航空运输电子客票行程单的，按照下列公式计算进项税额： 航空旅客运输进项税额=（票价+燃油附加费）÷（1+9%）×9% 举例：会计收到专设销售机构员工王玲出差机票，票价和燃油附加费共 1 090 元 进项税额抵扣：1 090÷（1+9%）×9%=90（元） 借：销售费用　　　　　　　　　　　　　　　　　　　1 000 　　应交税费——应交增值税（进项税额）　　　　　　　　90 　　贷：银行存款　　　　　　　　　　　　　　　　　　　　1 090
	取得注明旅客身份信息的铁路车票的，按照下列公式计算进项税额： 铁路旅客运输进项税额=票面金额÷（1+9%）×9%
	取得注明旅客身份信息的公路、水路等其他客票的，按照下列公式计算进项税额： 公路、水路等其他旅客运输进项税额=票面金额÷（1+3%）×3%
	若取得未注明旅客身份信息的出租票、公交车票等，不得计算抵扣

图 10-7　在系统中将税额更改为 500 元

餐饮服务、居民日常服务和娱乐服务，难以准确地界定接受劳务的对象是企业还是个人，因此，一般纳税人购进餐饮服务、居民日常服务和娱乐服务的进项税额不得从销项税额中抵扣。

餐饮业也不能开具增值税专用发票，就算开具了，受票方也不能抵扣增值税，因为餐饮业是针对个人消费的，目的很明确。按照增值税的相关条例规定，用于个人消费的不允许抵扣税款，即使抵扣的，也要进行进项税额转出。

当然这也是出于征管的方便，就像业务招待费按照60%、营业收入5‰孰低的比例税前扣除一样，就是因为业务招待费难以区分发生方是企业还是个人，所以就划定比例。

餐饮发票、会议费发票是企业日常最常见的发票，但这类发票也将成为税务稽查的重点，因此单位财务人员对这类发票的入账也应该格外谨慎，其中原则就是入账合理。

比如企业逢年过节的员工聚餐或者企业向员工提供的工作餐等，这种情况下的餐饮费发票就可以入账，但根据用餐人员的不同，需要入到不同账目中。参加聚餐的人员全部是企业员工，那么就可以计入"福利费"。但如果参加聚餐的人员不全是企业员工也有外人，那么就应该计入"招待费"。此外，如果是企业员工出差带回的发票进行报销，那么，如果是宴请客户发生的餐饮发票，其数额还是应计入"业务招待费"，但如果是职工个人出差期间在补贴标准以内的消费，其数额则应计入"差旅费"。再如一些企业经常邀请客户、供应商、企业员工等参加各种会议，其中产生的交通、住宿、餐饮等费用则可以作为会议费处理。

因此，不同部门的人在不同情境下吃饭，会计的账务处理不一样，企业餐费的处理原则一般如下（如图10-8所示）：

业务14

费用报销单一张（格式参照图10-4），后贴定额发票4张，每张金额500元，共计2 000元。通用机打发票一张，餐饮费2 000元。

审核要点：

（1）审核费用报销单及所附发票等费用单据。

（2）检查借款人借款情况，若报销费用大于借款的金额，则先冲销借款，再将差额支付给借款人。

（3）若报销费用小于借款的金额，则先将差额收回，再冲销借款。

从相关单据上记载的经济业务信息，可以得知此经济业务为：

6月5日，销售部员工叶子报销业务招待费4 000元，查得叶子有借款3 500元。

记账凭证（18）（如图10-9所示）：

借：管理费用——业务招待费   4 000

     贷：其他应收款——销售部——叶子（按实际借出现金）   3 500

         库存现金（报销金额大于借款金额，将差额支付给借款人）   500

记账凭证

凭证字 记 ▼ 18 号   日期 20XX-06-05   20XX年第6期   附单据 7 张

摘要	会计科目 ⑦	借方金额											贷方金额										
		亿	千	百	十	万	千	百	十	元	角	分	亿	千	百	十	万	千	百	十	元	角	分
报销业务招待费	660205 管理费用_业务招待费					4	0	0	0	0	0												
报销业务招待费	摘要 122101 其他应收款_销售部_叶子 余额:-3500 科目																3	5	0	0	0	0	
报销业务招待费	1001 库存现金																	5	0	0	0	0	
合计：肆仟元整						4	0	0	0	0	0						4	0	0	0	0	0	

制单人：xiaoaicoco520

图10-9 记账凭证（18）

本来报销业务招待费，我们应该直接做分录：

借：管理费用——业务招待费   4 000

     贷：库存现金   4 000

但是，费用报销单上明明写着，原来借款3 500元，应退款500元，而查系统，其他应收款中以前并没有数据，此时就需要跟出纳等相关人员询问业务的有关情况。

经查，原来是前一天借款的单据（见业务46）还未到达我们手上，企业里的业务单据并不是严格按照时间顺序到达我们手上，只要确保本月的单据本月能够到达即可。

所以，当我们入账时，会计分录为：

借：管理费用——业务招待费   4 000

     贷：其他应收款——销售部——叶子   3 500

         库存现金   500

其他应收款余额则出现负数，等到业务46这笔凭证做完，则其他应收款科目

冲平。当然，我们也可以及时找到相关单据，同时入账。

若报销金额小于借款金额，则将差额收回，借记"库存现金"账户。

关于业务招待费，我们平时得学会管控，并尽量不要超标。税法规定，企业发生的与生产经营活动有关的业务招待费支出，按照发生额的60%扣除，但最高不得超过当年销售（营业）收入的5‰，即企业发生的业务招待费得以税前扣除，既先要满足60%发生额的标准，最高又不得超过当年销售收入5‰的规定，在这里采用的是"两头卡"的方式。

对于业务招待费的发生额只允许列支60%，是为了区分业务招待费中的商业招待和个人消费，所以人为地设计一个统一的比例，将业务招待费中的个人消费部分去除；限制为最高不得超过当年销售（营业）收入的5‰，是为了不调增40%的业务招待费，就采用多找餐费发票，甚至找假发票充当业务招待费的做法，造成业务招待费虚高的情况。

企业如何达到既能充分使用业务招待费的限额，又可以最大可能地减少纳税调整事项呢？

假设企业2×19年销售（营业）收入为X，2×19年业务招待费为Y，则2×19年允许税前扣除的业务招待费为60%Y≤5‰X，只有在60%Y=5‰X的情况下，即Y=8.3‰X，业务招待费占销售（营业）收入的8.3‰，达到这个临界点时，企业才可能充分利用好上述政策。有了这个数据，企业在预算业务招待费时可以先估算当期的销售（营业）收入，然后按8.3‰这个比例就可以大致测算出合适的业务招待费预算值了。

一般情况下，企业的销售（营业）收入是可以测算的。假定2×19年企业销售（营业）收入X为10 000万元，则允许税前扣除的业务招待费最高不超过50万元（10 000×5‰），那么财务预算全年业务招待费Y为83万元（50÷60%），其他销售（营业）收入可以依此类推。

如果企业实际发生业务招待费100万元>计划的83万元，即大于销售（营业）收入的8.3‰，则业务招待费的60%可以扣除，纳税调整增加40万元（100-60）。但是，另一方面销售（营业）收入的5‰只有50万元，还要进一步纳税调整增加10万元，按照两方面限制孰低的原则进行比较，取其低值直接进行纳税调整，其调整增加应纳税所得额50万元，计算缴纳企业所得税为12.50万元，即实际消费100万元就要付出112.50万元的代价。

如果企业实际发生业务招待费40万元<计划的83万元，即小于销售（营业）收入的8.3‰，则业务招待费的60%可以全部扣除，纳税调整增加16万元（40-24）。另一方面销售（营业）收入的5‰为50万元，不需要再进行纳税调整，只需要计算缴纳企业所得税4万元，即实际消费40万元就要付出44万元的代价。

因此，得出如下结论：当企业的实际业务招待费大于销售（营业）收入的8.3‰时，超过60%的部分需要全部进行计税处理，超过部分每支付1 000元，就会导致250元税金流出，等于消费了1 000元要掏1 250元的腰包；当企业的实际业务招待费小于销售（营业）收入的8.3‰时，60%的限额可以充分利用，只需要就40%部分进行计税处理即可，等于消费了1 000元只掏1 100元的腰包。

另一个就是业务招待费的范围问题：

在业务招待费的范围上，不论是财务会计制度还是新旧税法都未给予准确的界定。在税务执法实践中，招待费具体范围如下：

（1）因企业生产经营需要而宴请或工作餐的开支；

（2）因企业生产经营需要赠送纪念品的开支；

（3）因企业生产经营需要而发生的旅游景点参观费和交通费及其他费用的开支；

（4）因企业生产经营需要而发生的业务关系人员的差旅费开支。

业务招待费很容易跟会议费、业务宣传费及差旅费混淆，当然也有的是企业故意混淆的。因为，会议费和差旅费是据实扣除的，即发生多少，只要真实合理，就可以扣除多少。

它们四者的扣除标准，见表10-3。

表10-3　　　　　　　　　四者的扣除标准表

项目	扣除标准	具体说明
业务招待费	MIN（60%，5‰）	发生额的60%，销售（营业）收入的5‰，股权投资业务企业分回的股息、红利及股权转让收入等可作为收入计算基数
广告费和业务宣传费	15%	当年销售（营业）收入的15%，超过部分向以后结转
	30%	当年销售（营业）收入的30%，包括化妆品制造、医药制造、饮料制造（不含酒类制造）企业
	不得扣除	烟草企业的烟草广告费
差旅费	据实扣除	证明材料
会议费	据实扣除	证明材料包括会议时间、地点、出席人员、内容、目的、费用标准、支付凭证等

1）会议费

参照财行〔2016〕214号，关于印发《中央和国家机关会议费管理办法》的通知，会议费开支范围包括会议住宿费、伙食费、会议室租金、交通费、文件印刷费、医药费等。严禁各单位借会议名义组织会餐或安排宴请；严禁套取会议费设立"小金库"；严禁在会议费中列支公务接待费。不得使用会议费购置电脑、复印机、打印机、传真机等固定资产，不得列支与本次会议无关的其他费用；不得组织会议代表旅游和与会议无关的参观；严禁组织高消费娱乐、健身活动；严禁以任何名义发放纪念品；不得客外配发洗漱用品。

2）业务宣传费

业务宣传费是企业开展业务宣传活动所支付的费用，主要是指未通过媒体的广告性支出，包括企业发放的印有企业标志的礼品、纪念品等。自行生产或经过委托加工的货物当作礼品赠送给客户以及将业务洽谈会、展览会的餐饮、住宿等发生的费用列入"业务宣传费"科目核算。

3）差旅费

工作人员外出参加会议，会议统一安排食宿的，会议期间的住宿费、伙食补助和公杂费由主持召开会议的单位按会议费开支规定统一开支，在途期间的住宿费、伙食补助费和公杂费回所在单位按照差旅费规定报销。小型调查研究会等不统一安排食宿的，会议期间和在途期间的住宿费、伙食补助费和公杂费均回所在单位按照差旅费规定报销。

我们在处理这些费用的时候，要认真地研究当地的相关规定。税务局在进行税收稽查的时候，会对这些费用进行重点抽查，尤其是会议费等，因为有些企业喜欢在会议费中藏业务招待费，从而少缴纳企业所得税。

某年，某地区稽查局根据市区税务局工作安排，进行企业所得税检查，当时某运输企业被列在检查范围之内，该公司属于其他有限责任企业，公司主要经营铁路客货运输，属于国有控股企业。

派出的检查人员对该企业2×19年1月份至2×19年12月份企业所得税申报纳税情况进行了全面检查。

检查人员采取调账检查，按规定下达了"调账通知书"，填写了"调账清单"。

首先对其2×19年"企业所得税年度申报表"进行了分析，仔细研究了该企业的纳税调整项目，企业实现企业所得税3 447万元，纳税调整项目金额424万元。

在审查销售费用时发现其与上年同期相比变化不大，会议费支出略有增加。

检查人员中的一部分人进行账本检查；另一部分人从凭证检查入手，重点抽查了1月、2月、11月、12月的凭证，发现"会议费"中列支的会议费没有证明材料（证明材料包括：会议时间、地点、出席人员、内容、目的、费用标准、支付凭证等），而且有的会议费发票出具的地点是大酒店，不具备开会的条件，甚至在会议费项目下直接列支餐饮费发票。检查人员顺藤摸瓜，对"会议费"账户下列支的所有发票进行统计审核，发现2×19年在"会议费"账户中列支业务招待费98 439元，不属于会议费扣除范围。该企业全年业务招待费已经超支，并且已经做了纳税调整，此次检查出的业务招待费应全额纳税调整，不得税前扣除。

当时，检查人员还在"办公费"账户中发现2×19年1月记入了管理软件一套，价值32 391.67元，没有在"无形资产"账户中反映，并且没有按无形资产进行摊销，按照现行的税法规定，不得税前扣除。

应调增应税所得额=98 439+32 391.67=130 830.67（元）

应补企业所得税税额=130 830.67×25%=32 707.67（元）

案件处理结果：

根据《国家税务总局关于印发〈企业所得税税前扣除办法〉的通知》（国税发〔2000〕84号）第30条及第52条、《国家税务总局关于下放管理的固定资产加速折旧审批项目后续管理工作的通知》（国税发〔2003〕113号）第2条第2款、《中华人民共和国税收征收管理法》第32条之规定，应补企业所得税32 707.67元，并按规定加收滞纳金。

根据《中华人民共和国税收征收管理法》第63条，经审理委员会审理，该单位上述行为属偷税行为，处以罚款32 707.67元。

检查人员依法下达了"税务行政处罚事项告知书"，该企业负责人在有效期内没有提出异议，在规定时限内缴清税款、罚款、滞纳金，并做了账务调整。

我们平时进行账务处理的时候，要把这些明细账户都设置出来，认真严格地按照相关规定核算，以免由于自己工作上的疏忽，而惹上麻烦。当然，在实际工作中，还是存在着可以相互替代的项目内容，比如：业务招待费与业务宣传费。虽然税法未对业务招待费的范围做更多的解释，但在执行中，税务机关通常将业务招待费的支付范围界定为招待客户的餐饮、住宿费以及香烟、茶叶、礼品、正常的娱乐活动、安排客户旅游等发生的费用支出。上述支出并非一概而论，一般来讲，外购礼品用于赠送的，应作为业务招待费。如果礼品是纳税人自行生产或经过委托加工，对企业的形象、产品有标记及宣传作用的，也可作为业务宣传费。相反，企业因产品交易会、展览会等发生的餐饮、住宿费等也可以列为业务招待费支出。这就为纳税人对业务招待费的筹划提供了"活动"空间。

鉴于上述政策和筹划空间，纳税人可以根据支出项目性质合理运用自己的权利实施税收筹划。如在"管理费用"账户下设置"业务招待费"和"业务宣传费"明细账户，用于核算平时发生的业务招待费和业务宣传费，以防年终申报或在税务机关检查时对近似项目产生不必要的争议。应及时将公司"业务招待费"和"业务宣传费"明细账户核算的费用数额与已实现的销售（营业）收入总额比较，发现其中某一项费用"超支"时，及时用两者的"近似"项目进行调整。如一个年销售收入总额预计达到1 000万元的企业，业务招待费税前扣除限额是5万元，业务宣传费和广告费税前扣除限额是150万元，到10月末已发生业务招待费10万元（发生额的60%为6万元），发生业务宣传费30万元。业务招待费已经超过扣除限额，业务宣传费则还有较大的限额空间。这样，纳税人就可以将在剩余月份发生的自行生产或经过委托加工的货物当作礼品赠送给客户以及将业务洽谈会、展览会的餐饮、住宿等发生的费用列入"业务宣传费"账户进行核算。

第11章
控制老板对你的判断

第 11 章

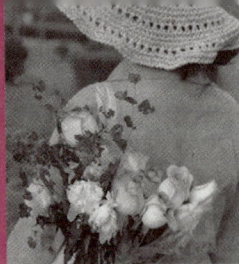

控制老板对你的判断

我一边处理着账务，一边想着与杜老师的谈话，"挖个坑，让老板跳"。这坑怎么挖啊？上午跟老板吵了架，现在见面我都觉得尴尬，还不如挖个坑，把自己给埋了。

去他办公室道歉？说自己错了？这怎么开口呀，何况我又有什么错啊？

我真是后悔了，怎么就没能控制住自己？自己一个小职员，凭什么跟老板去叫板？与其跟他叫板，还不如想尽办法，赢得信任。

记得有这么一则寓言故事：大鱼和小鱼在大海中相遇，大鱼想吃小鱼。小鱼抱怨说：这太不公平了，你每次都吃小鱼。大鱼说：那么我给你一个机会吃我。于是，小鱼尽全力咬了大鱼一口，大鱼连鳞片都没掉一块，然后大鱼一口就吞掉了小鱼。

当你还不够强大的时候，赢得信任比叫板更重要。

老板都是粗中有细的人，他们默默地、有意无意地观察着员工，员工们细微的差错都会被他们看在眼里，记在心里。所以，他当然知道我现在心里很尴尬。

那我就干脆反着来，我不把这件事放在心上。如果再见到他，我就仍然笑着跟他打招呼，像个没事人一样。我给他挖的第一个坑就是，我要控制老板对我的判断。记得有人说过，在职场中年轻员工的窍门就是展示老成的一面。因为在老板的印象中，新员工往往浮躁，如果你展示出稳重的一面，老板就会认为你有本领，会更加支持你。老员工要永远不说丧气话，永远展现有活力的一面，这会让老板非常放心。不要以为这只是教你装给老板看，不久，你的内在也因此而改变。其实，说白了，就是控制老板对你的判断。

同时，我想起以前写过的一篇日志。干脆发到朋友圈，上班期间发朋友圈，我相信老板会看到的，他也是我朋友圈中的一员。

日志原文如下：

从精明的汽车商看税收筹划

朋友最近买了一辆上海通用公司生产的别克商务车，型号是"3.0V6GT"，此车还有其他两种型号："LT"和"CT"。懂车的朋友都知道，"GT"代表的是豪华型，配置高，里面还带DVD、导航仪；"LT"代表的是舒适型；"CT"是标准型。

这些字母说明车的配置是不同的。那这"3.0"是什么意思呢？是气缸容积，也叫排气量，"V6"代表V形排列六缸汽油发动机。

可是有一天朋友去4S店保养该车，顺便也把说明书拿了过去，无意间却发现整车的配置表上，车的型号是"3.0V6GT"，车后面标注的也是"3.0V6GT"，但是人家把排量单独做了一项指标，也列在这张表上，排量不是"3.0"，而是"2.98"，"2.98"才是真正的排量。再后来，我发现很多朋友的车的气缸容积都不是整数，如骐达1.6L，实际排量为1 596毫升；宝马3.0L，实际排量是2 994毫升。

有的朋友解释说，汽车在设计和生产的时候气缸的容积当然是整数的。气缸的有效容积是使活塞上下活动的空间，假使按照压缩比来计算的话（压缩比是9.8∶1），那么9.8就是每个气缸的有效容积了，那个"1"就是无效容积，二者之间的差额部分即为排量了。如果我们把可燃气体通过活塞的上下活动，将其体积压缩为0的话，那么气缸的容积和排量就是一样的。可事实上不可能将可燃气体的体积压缩为0，因此排量和气缸容积之间就有差别，出现不是整数的现象就很正常了。

"如果真的是因为技术问题，那为什么总是小点，而不是大点呢？"很多朋友问。

大家继续从技术层面来解释，我也不太懂。但我却关注一个问题，这车的消费税怎么缴？

汽车消费税是1994年国家税制改革中新设置的一个税种，被列入1994年1月1日起实施的《中华人民共和国消费税暂行条例》。它是在对货物普遍征收增值税的基础上，选择少数消费品再征收一道消费税，一般体现在生产端，目的在于调节产品结构，引导消费方向。对于小汽车按不同车种排气量的大小设置了3档税率。气缸容量小于1.0升的轿车税率为3%，气缸容量大于或等于1.0升、小于2.2升的轿车税率为5%，气缸容量大于或等于2.2升的轿车税率为8%，轻型越野车气缸容量小于2.4升的税率为5%。汽车消费税是价内税，是针对厂家征收的。

财政部、国家税务总局2008年8月13日发布通知，从2008年9月1日起调整汽车消费税政策，提高大排量乘用车的消费税税率，降低小排量乘用车的消费税税率。通知表示，排气量在3.0升以上至4.0升（含4.0升）的乘用车，税率由15%上调至25%，排气量在4.0升以上的乘用车，税率由20%上调至40%；降低小排量乘用车的消费税税率，排气量在1.0升（含1.0升）以下的乘用车，税率由3%下调至1%。

从2008年9月1日起调整后乘用车消费税税目和税率如下（见表11-1）：

表11-1　　　　　　　　　　　乘用车消费税税目和税率

税目	税率
排气量在1.0升以下（含1.0升）的	1%
排气量在1.0升以上至1.5升的	3%
排气量在1.5升以上至2.0升的	5%
排气量在2.0升以上至2.5升的	9%
排气量在2.5升以上至3.0升的	12%
排气量在3.0升以上至4.0升的	25%
排气量在4.0升以上的	40%

从表11-1中的消费税税率我们可以看出，如果我是一家汽车制造企业的领导，我也会让生产部门制造排气量稍微小一点的汽车。排气量小那么一点点，开车的人是感觉不到的，但是为企业节约的税却是有目共睹的。

如果生产前不把税收规划好，等到生产完毕，同样是3.0排量的车，人家财务部都是缴纳12%的消费税，而我们的财务部则要缴纳25%的税。

企业领导责问会计为什么不按12%的标准缴税，会计会说："我们确实只能缴纳25%的税，12%的税做不出来啊。"

"那别人怎么能做出来啊，你怎么就做不出来啊？你这会计怎么干的，赶快给我做！"

于是会计迫于压力，开始想办法在账上动手脚，做假账。等到税务局一查，企业又会被罚款。

所以，税不是会计做出来的，而是业务做出来的。

业务部门做业务、签合同的时候产生了税，真正决定公司税收的是业务部门。

整个过程就是：业务部门—合同—业务过程—税。

有的朋友立刻就会跳起来反驳："不对，全国人民都知道，税是财务部门的事，关业务部门什么事啊？"

财务部门只负责缴税，不负责产生税。财务部门不做业务，不签合同，产生不了税。只是等业务部门把这些事情做完了，财务部门开始核算企业的经营成果，然后把税算出来，再通过他们的手交到税务局。

所以，税收的两大环节是：**业务部门—产生税，财务部门—缴纳税**。

当我发完朋友圈后，我的心平静了许多，继续有条不紊地做着自己该做的事情。

业务15

完税凭证两张，上面注明：增值税实缴金额为29 669.87元，城市维护建设税（简称"城建税"）实缴金额2 076.89元，教育费附加实缴金额890.10元，地方教育费附加实缴金额593.40元，印花税实缴金额262.36元，个人所得税实缴金额6 000元。

从相关单据上记载的经济业务信息，可以得知此经济业务为：

6月8日，会计申报缴纳上期税款：增值税为29 669.87元，城市维护建设税2 076.89元，教育费附加890.10元，地方教育费附加593.40元，印花税262.36元，代扣代缴个人所得税6 000元。6月9日，出纳从银行取回完税凭证。

记账凭证（19）：

借：应交税费——未交增值税   29 669.87

        ——应交城市维护建设税   2 076.89

        ——应交教育费附加   890.10

        ——应交地方教育费附加   593.40

        ——应交个人所得税   6 000

    管理费用——印花税   262.36

  贷：银行存款   39 492.62

我们根据从银行取回的电子完税凭证记账，注意印花税是不用计提的，只是在实际缴纳时，直接计入管理费用。计入管理费用的税费还有房产税、车船税、城镇土地使用税，契税计入房产、土地成本，其他的除增值税外一般都计入税金及附加。但是，只有印花税不需要计提，在实际缴纳时，直接计入费用，其他都需要先计提，实际缴纳时，冲抵"应交税费"账户。

纳税申报、纳税缴款的期限要牢记：增值税、消费税、个人所得税、城建税及其他附加税按月申报；企业所得税按季度申报，于次年5月31日之前汇算清缴；房产税、土地使用税一般按季度申报；其他税种按税法规定的时间申报。

业务 16

付款申请单一张，审批的付款金额为 10 000 元。

通用机打发票一张，金额为 10 000 元。

转账支票存根一张，金额为 10 000 元。

从相关单据上记载的经济业务信息，可以得知此经济业务为：

6 月 17 日，出纳用转账支票支付产品广告费 10 000 元。

记账凭证（20）：

借：销售费用——广告费　　　　　　　　　　　　　　　10 000

　　贷：银行存款　　　　　　　　　　　　　　　　　　　　　10 000

业务流程为：审核付款申请单，确定银行结算方法为转账支票结算，填写转账支票，留下存根联，将支票交付给对方，登记银行票据登记簿，将支票存根联粘贴到付款申请单上。

广告费必须符合下列条件：

（1）广告是由经市场监督管理部门批准的专门机构制作的；

（2）已实际支付费用，并已取得相应发票；

（3）通过一定的媒体传播。

业务宣传费指未通过媒体传播的广告性支出，包括对外发放宣传品、业务宣传资料等。例如：公司宣传资料的印刷费等开具的发票。两个费用的区别主要是在承接业务对象和取得票据方面，要看具体业务是否通过广告公司、专业媒体在电视、网站、电台、报纸、户外广告牌等刊登，并取得广告业专用发票。如果这两个条件是成立的，就可以作为广告费，否则只能作为业务宣传费。

以前我们会严格区分这两者，因为作为广告费，虽然每年在企业所得税前有扣除限额，但超过部分可以往以后年度结转，业务宣传费同样每年在企业所得税前有扣除限额，但超过部分不可以往以后年度结转。但是新的税法实施后，区分这两者已经没有太大的意义了，广告费与业务宣传费开始实行合并扣除。

广告费与业务宣传费都是为了达到促销目的，为了进行宣传而支付的费用，既有共同属性，又有区别。企业无论是取得广告业专用发票，通过广告公司发布广告，还是通过各类印刷、制作单位制作如购物袋、遮阳伞、各类纪念品等印有企业标志的宣传物品，所支付的费用均可合并在规定比例内予以扣除。

所以，我们在处理相关业务的时候，要随时关注相关规定的变化，而不是把所有的注意力放到记账账户上，很多人喜欢非得把某一个内容放到某一个账户，其实，很多时候不必那么较真，因为会计不仅仅是一门技术，同样也是一门艺术。

业务 17

电费增值税专用发票 2 张（发票联、抵扣联），上面的金额为 50 700 元，税额为 6 591 元。

转账支票存根一张，金额 57 291 元。

从相关单据上记载的经济业务信息，可以得知此经济业务为：

6 月 29 日，公司以转账支票支付电费 57 291 元，取得增值税专用发票一张。

记账凭证（21）：

借：生产成本——辅助生产成本（供电车间）　　　　　　　　50 700

　　应交税费——应交增值税（进项税额）　　　　　　　　　6 591

　　贷：银行存款　　　　　　　　　　　　　　　　　　　　　　　　57 291

业务 18

签字审批后的代垫费用发票——××省医院门诊收费专用票据一张。

从相关单据上记载的经济业务信息，可以得知此经济业务为：

6 月 29 日，公司用现金为人力资源部经理李黎代垫医药费 2 674.70 元。

记账凭证（22）：

借：其他应收款——李黎　　　　　　　　　　　　　　　　2 674.70

　　贷：库存现金　　　　　　　　　　　　　　　　　　　　　　　2 674.70

第12章

职工支出

第12章

职工支出

一个企业有关职工的支出除了发放工资，还有职工教育经费、工会经费、社会保险费和职工福利费，还包括职工食堂等支出的处理，对于这些支出的处理要非常娴熟，因为任何公司的处理都差不多。

业务19

××省非税收收入收款收据一张，金额288元。

从相关单据上记载的经济业务信息，可以得知此经济业务为：

6月29日，出纳以现金支付公司财务人员会计培训费288元，取得非税收收入收款收据1张。

记账凭证（23）：

借：应付职工薪酬——职工教育经费　　　　　　　　　　　288
　　贷：库存现金　　　　　　　　　　　　　　　　　　　　288

收据与我们日常所说的"白条"不能画等号，收据也是收付款凭证，它有种类之分。至于能否入账，则要看收据的种类及使用范围。

收据可以分为内部收据和外部收据。外部收据又分为税务部门监制的收据、财政部门监制的收据和部队收据三种。

内部收据是单位内部的自制凭据，用于单位内部发生的业务，如材料内部调拨、收取员工押金、退还多余出差借款等等，这时的内部自制收据是合法的凭据，可以作为成本费用入账。

单位之间发生业务往来，收款方在收款以后不需要纳税的，收款就可以开具税务部门监制的收据，如收到下属单位归还的借款，因为收回借款不存在纳税义务，所以可以向下属单位开具税务局监制的收据。

行政、事业单位发生的行政事业性收费，可以使用财政部门监制的收据。如防疫站收取防疫费、环保局收取环保费等等，都可以使用财政部门监制的收费收据作为合法的费用凭据。

单位与部队之间发生业务往来，按照规定不需纳税的，可以使用部队监制的收据，这种收据也是合法的凭据，可以入账。

除了上述几种收据外，单位或个人在收付款时使用的其他自制收据，就是日常

所说的"白条"，是不能作为凭据入账的。

另外，《中华人民共和国发票管理办法》做出如下规定："第十九条 销售商品、提供服务以及从事其他经营活动的单位和个人，对外发生经营业务收取款项，收款方应当向付款方开具发票；特殊情况下，由付款方向收款方开具发票。第二十条 所有单位和从事生产、经营活动的个人在购买商品、接受服务以及从事其他经营活动支付款项，应当向收款方取得发票。取得发票时，不得要求变更品名和金额。第二十一条 不符合规定的发票，不得作为财务报销凭证，任何单位和个人有权拒收。"

职工教育经费的税前扣除相关规定如下（见表 12-1）：

表 12-1 职工教育经费的税前扣除相关规定

企业类型	文件名称	相关规定内容
一般企业	《关于企业职工教育经费税前扣除政策的通知》财税〔2018〕51号	企业发生的职工教育经费支出，不超过工资薪金总额8%的部分，准予在计算企业所得税应纳税所得额时扣除；超过部分，准予在以后纳税年度结转扣除
个体工商户、个人独资企业、合伙企业	《关于调整个体工商户、个人独资企业和合伙企业个人所得税税前扣除标准有关问题的通知》财税〔2008〕65号	个体工商户、个人独资企业和合伙企业拨缴的工会经费、发生的职工福利费、职工教育经费支出分别在工资薪金总额2%、14%、2.5%的标准内据实扣除
集成电路设计企业和符合条件软件企业	《关于进一步鼓励软件产业和集成电路产业发展企业所得税政策的通知》财税〔2012〕27号	集成电路设计企业和符合条件软件企业的职工培训费用，应单独进行核算并按实际发生额在计算应纳税所得额时扣除
核力发电企业	《关于企业所得税应纳税所得额若干问题的公告》2014年第29号	核电企业为培养核电厂操纵员发生的培养费用，可作为企业的发电成本在税前扣除。企业应将核电厂操纵员培养费与员工的职工教育经费严格区分，单独核算，员工实际发生的职工教育经费支出不得计入核电厂操纵员培养费
航空企业	《国家税务总局关于企业所得税若干问题的公告》2011年第34号	航空企业实际发生的飞行员养成费、飞行训练费、乘务训练费、空中保卫员训练费等空勤训练费用，根据《中华人民共和国企业所得税法实施条例》第二十七条规定，可以作为航空企业运输成本在税前扣除

简单概况如下（如图 12-1 所示）：

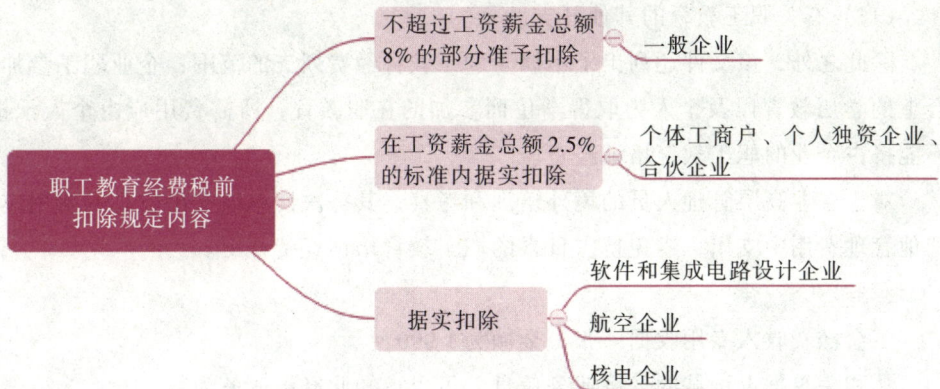

图 12-1　职工教育经费税前扣除规定内容

职工教育经费≠职工福利费！它俩虽然都是应付职工薪酬下面的明细科目，但是是分开独立进行核算的！

这里的职工包括：与公司建立劳动关系的人员、临时工、劳务派遣工，但不包括退休、离休人员。

职工教育经费的列支范围有明确规定：

根据《关于企业职工教育经费提取与使用管理的意见》财建〔2006〕317 号：企业职工教育培训的主要内容有：政治理论、职业道德教育；岗位专业技术和职业技能培训以及适应性培训；企业经营管理人员和专业技术人员继续教育；企业富余职工转岗转业培训；根据需要对职工进行的各类文化教育和技术技能培训。

企业职工教育培训经费列支范围包括：

（1）上岗和转岗培训；

（2）各类岗位适应性培训；

（3）岗位培训、职业技术等级培训、高技能人才培训；

（4）专业技术人员继续教育；

（5）特种作业人员培训；

（6）企业组织的职工外送培训的经费支出；

（7）职工参加的职业技能鉴定、职业资格认证等经费支出；

（8）购置教学设备与设施；

（9）职工岗位自学成才奖励费用；

（10）职工教育培训管理费用；

（11）有关职工教育的其他开支。

除此之外，该文件还列出了不属于职工教育经费列支的范围：企业职工参加社会上的学历教育以及个人为取得学位而参加的在职教育，所需费用应由个人承担，不能挤占企业的职工教育培训经费。

对于企业高层管理人员的境外培训和考察，其一次性单项支出较高的费用应从其他管理费用中支出，避免挤占日常的职工教育培训经费开支。

业务20

工会经费收入专用收据一张，金额为1 990元。

从相关单据上记载的经济业务信息，可以得知此经济业务为：

6月19日，用现金支付上期工会经费1 990元，取得工会经费收入专用收据。

记账凭证（24）：

借：应付职工薪酬——工会经费　　　　　　　　　　　　　　　　1 990

　　贷：库存现金　　　　　　　　　　　　　　　　　　　　　　　　1 990

工会经费也是采取月末按职工薪酬一定比例计提，实际缴纳时，直接冲抵"应付职工薪酬——工会经费"。

很多朋友问，我们是小公司，才几个人，根本没什么工会，也要缴纳工会经费吗？

工会经费是必须要交的，即使没有成立工会也要缴纳工会筹备金。

工会经费收缴依据《中华人民共和国工会法》，建立工会组织的用人单位按照每月全部职工工资总额的2%向工会拨缴经费。

地方也有通知的：用人单位开业或者成立之日起一年内仍未依法建立工会的，从期满后的第一个月起，应当按照全部职工工资总额的2%向上级工会拨缴工会筹备金。

财政部、总工会《关于严格按照工会法规定拨缴工会经费的通知》规定：对逾期不缴工会经费的单位，按欠缴金额扣收滞纳金。

那工会经费缴到哪里呢？

现在一般是税务代收工会经费，缴纳工会经费的流程是：企业每月按时按全部员工工资总额的2%直接在税务系统缴纳给税务局。

工会经费实行按月申报缴纳，每月终了后10日内（年缴费金额较小的单位也可以申请按季或者半年申报缴纳），缴费单位在向税务局申报纳税的同时要按规定计算应缴纳的工会经费，向主管税务局如实申报。

税务局在接受缴费单位首次工会经费申报时须进行工会经费费种登记。

缴费单位应于每月15日前将应缴的工会经费就地全额缴纳入库。

代收工会经费时，主管税务局对缴费单位申报的应缴纳工会经费进行审核，开具注明收款项目为"工会经费"的缴费凭证：关于凭证，各地区会有所不同，比如，有的地区采用转账方式缴纳的，填开"税收通用缴款书"；采用现金方式缴纳的，填开"税收通用完税证"，并按现金解缴规定期限填开"税收汇总缴款书"汇总缴库，附明细清单。实行网上申报的由缴费单位开户银行打印"电子缴税付款凭证"给缴费单位作为缴费依据。具体以税务局规定为准。

那这些凭证都能作为税前扣除凭证吗？答案是肯定的。

国家税务总局《关于工会经费企业所得税税前扣除凭据问题的公告》
2010年第24号

根据《工会法》、《中国工会章程》和财政部颁布的《工会会计制度》，以及财政票据管理的有关规定，全国总工会决定从2010年7月1日起，启用财政部统一印制并套印财政部票据监制章的《工会经费收入专用收据》，同时废止《工会经费拨缴款专用收据》。为加强对工会经费企业所得税税前扣除的管理，现就工会经费税前扣除凭据问题公告如下：

一、自2010年7月1日起，企业拨缴的职工工会经费，不超过工资薪金总额2%的部分，凭工会组织开具的《工会经费收入专用收据》在企业所得税税前扣除。

二、《国家税务总局关于工会经费税前扣除问题的通知》（国税函〔2000〕678号）同时废止。

国家税务总局《关于税务机关代收工会经费企业所得税税前扣除凭据问题的公告》
2011年第30号

为进一步加强对工会经费企业所得税税前扣除的管理，现就税务机关代收工会经费税前扣除凭据问题公告如下：自2010年1月1日起，在委托税务机关代收工会经费的地区，企业拨缴的工会经费，也可凭合法、有效的工会经费代收凭据依法在税前扣除。

关于减免与缓征。工会经费不得减免。缴费单位有特殊困难的，可提交相关书面证明材料，向县以上工会申请缓缴工会经费，县以上工会应在15个工作日内批复，并将批复抄送主管税务局。但缓缴期最长不超过3个月。经批准缓缴的，在缓缴期内免缴滞纳金，缓缴期满后应当如数补缴工会经费。

到底要不要成立工会？

很多老板说："我的公司就两三个人，也让成立工会小组。通过税务局征收就有了软强制力，我不缴不行，但缴了这些钱我们如何获益？员工如何获益？成立工会后每月要拨缴工资总额2%的工会经费，60%返还企业工会；如果不成立工会，也要自公司成立一年后第一个月开始每月上缴同样比例的钱，名叫工会筹备金，而且没有返还。"

工会的好坏、有何用，我们不作评判，我们只知道，工会经费是必须要缴的。

根据新的《工会法》规定，工会经费主要来源于四个方面：一是工会会员缴纳的会费；二是建立工会组织的用人单位按每月全部职工工资总额的2%向工会拨缴的经费；三是工会所属的用人单位上缴的收入；四是人民政府的补助。

实际上如果没有了2%的工会经费，上级工会可能会瘫痪，因为会员的会费很少，而所属企事业单位基本没有成功盈利的，政府补助又是专款专用。所以《工会法》规定用人单位无正当理由拖延或者拒不拨缴工会经费，基层工会或者上级工会可以向当地人民法院申请支付令。拒不执行支付令的，工会可以依法申请人民法院强制执行。

业务21

××省社会保险费专用收款收据，单位缴纳额为12 592元，个人缴纳额为4 425.30元。

转账支票存根一张，金额17 017.30元。

从相关单据上记载的经济业务信息，可以得知此经济业务为：

6月30日，出纳通过银行支付公司负担的社会保险费12 592元，其中基本养老保险费8 046元，基本医疗保险费3 218元，失业保险费805元，工伤保险费201.16元，生育保险费321.84元。代扣代缴的职工个人负担的社会保险费4 425.30元，其中个人基本养老保险费3 218.40元，个人基本医疗保险费804.60元，失业保险费402.30元。

记账凭证（25）：

借：应付职工薪酬——基本养老保险费   8 046

           ——基本医疗保险费   3 218

           ——失业保险费   805

           ——工伤保险费   201.16

           ——生育保险费   321.84

    其他应付款——基本养老保险费（个人部分）   3 218.40

           ——基本医疗保险费（个人部分）   804.60

           ——失业保险费（个人部分）   402.30

  贷：银行存款   17 017.30

社会保险费一般是月末计提，支付时直接冲减应付职工薪酬和其他应付款。

社会保险通常说的是"五险一金"。"五险"即养老保险、医疗保险、失业保险、生育保险和工伤保险，"一金"即住房公积金。

下面以深圳为例，了解一下相关知识（见表 12-2），其他城市地区可以比较学习。

表 12-2   深圳市职工社会保险缴费比例及缴费基数表（2021 年 1 月起执行）

险种		缴费标准：缴费基数×缴费比例			
		缴费比例			缴费基数
		合计	单位	个人	
企业养老保险	基本+地补（深户）	23%	14%+1%	8%	职工上月工资总额。上限为上年度全省全口径从业人员月平均工资的3倍，下限为本市最低工资
	基本（非深户）	22%	14%	8%	
医疗保险	一档（基本+地补）	8.2%	6%+0.2%（非企业单位）	2%	职工月工资总额。上限为深圳市上年度在岗职工月平均工资的3倍，下限为深圳市上年度在岗职工月平均工资的60%
		7.2%	5%+0.2%（企业单位）		
	二档（基本+地补）	0.8%	0.5%+0.1%	0.2%	深圳市上年度在岗职工月平均工资
	三档（基本+地补）	0.55%	0.4%+0.05%	0.1%	

续表

险种	缴费标准：缴费基数×缴费比例			
	缴费比例			缴费基数
	合计	单位	个人	
生育保险	0.45%	0.45%	/	职工上月工资总额。上限为深圳市上年度在岗职工月平均工资的3倍，下限为本市最低工资
失业保险	1%	0.7%	0.3%	本市最低工资
工伤保险	根据行业类别分8档 基准费率分别为：0.14%、0.28%、0.49%、0.63%、0.66%、0.78%、0.96%、1.14% 2019年5月1日至2021年4月30日，用人单位工伤保险费率阶段性下调50%		/	本单位职工工资总额

说明：

1."本市最低工资"是指当前深圳市在岗职工月最低工资标准2 200元

2.自2020年7月1日起至2021年6月30日止，深圳市各项社会保险征缴基数涉及2019年度全省全口径从业人员月平均工资、深圳市上年度在岗职工月平均工资的，分别按6 756元/月、10 646元/月的标准计算

3.此表不含工伤保险浮动费率、失业保险浮动费率，实际缴费金额以系统计算为准

业务22

工资发放明细表（见表12-3）。

表12-3　　　　　　　　　　　　**工资发放明细表金额**　　　　　　　　　　　单位：元

序号	姓名	工资薪金	代扣保险	税前小计	应纳税所得额	税率	速算扣除数	代扣个税	代垫费用	实发金额
1	李泽	10 000	1 050	8 950	5 450	20%	555	535		8 415
2	萧筱	8 000	840	7 160	3 660	10%	105	261		6 899
...	...	...	...	...	...		...	...	...	...
	合计	103 490	4 425.30	99 064.70	28 150	—	2 670	6 000	2 674.70	90 390

工资发放明细表一般由人力资源部开具，会计审核是否有人力资源部部门章和人力资源部经理、财务经理、总经理的签字，审核完毕后，发放工资，编制记账凭证。

从相关单据上记载的经济业务信息，可以得知此经济业务为：

6月29日，出纳通过银行支付职工薪酬，其中：职工工资99 500元，职工福利3 990元（食堂工人工资），代扣工人负担的社会保险费4 425.30元（养老保险3 218.40元，医疗保险804.60元，失业保险402.30元）、代垫医药费用2 674.70元、个人所得税6 000元。

记账凭证：（26）

借：应付职工薪酬——工资　　　　　　　　　　　　　　99 500

　　　　　　　——职工福利　　　　　　　　　　　　　3 990

　贷：银行存款　　　　　　　　　　　　　　　　　　90 390

　　其他应付款——基本养老保险（个人部分）　　　　　3 218.40

　　　　　　　——基本医疗保险（个人部分）　　　　　804.60

　　　　　　　——失业保险费（个人部分）　　　　　　402.30

　　其他应收款——李黎　　　　　　　　　　　　　　2 674.70

　　应交税费——应交个人所得税　　　　　　　　　　6 000

第13章

学习要从理性到感性

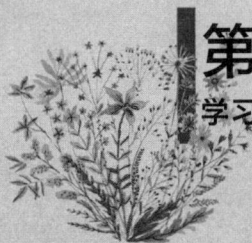

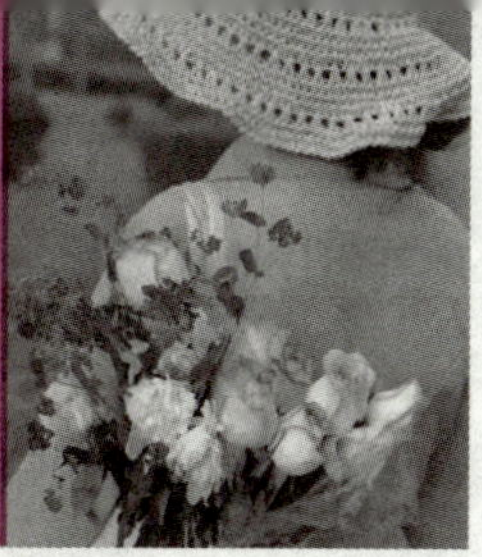

第13章 学习要从理性到感性

每个月出纳都会把大量的银行单据，包括银行对账单，转到会计手上，所以，会计要熟悉相关单据，单据拿到手上，能立马判断出这是一项什么样的经济业务，这跟我们在学校里学习会计有所不同。学会计的时候，一般题目上都会告诉你这是一项什么样的经济业务，然后根据经济业务做分录，把分录写在凭证模板上，就成了会计凭证。而在实际中，一般都需要自己判断出这是一项什么样的经济业务。这就要求我们学会看单据。看单是会计入门的第一步。

业务23

现金支票存根（如图13-1所示）一张。

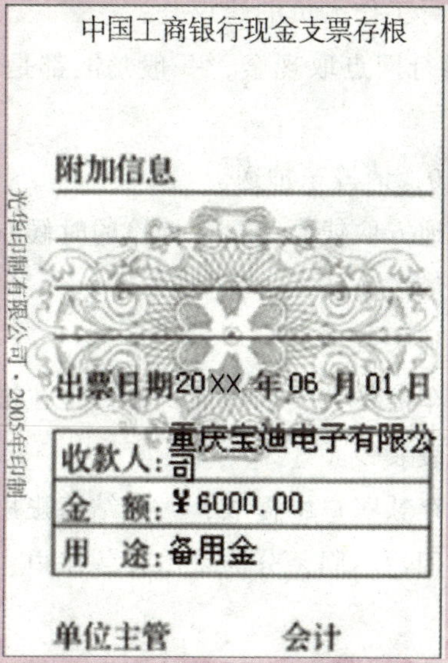

中国工商银行现金支票存根

附加信息

光华印制有限公司·2005年印制

出票日期20XX 年06 月01 日

收款人：重庆宝迪电子有限公司

金　额：¥6000.00

用　途：备用金

单位主管　　　会计

图13-1　现金支票存根

从相关单据上记载的经济业务信息，可以得知此经济业务为：

6月1日，出纳从银行提取现金6 000元备用。

记账凭证（27）：

借：库存现金　　6 000

　贷：银行存款　　6 000

（1）提取大额现金时必须通知保安人员随行，路途较远的银行还要用专车接送，注意保密，确保资金安全。[1]

尤其到了年底，现金往来将越来越频繁。去银行取钱，怎样确保安全，不同行业有不同的做法。

作为会计，在实际中，一般取完钱后都非常紧张，谁叫都不回头。大额取现时，那简直就是一部现实版的警匪片，有时候还得叫上两个保安。

一般来说，公司有大额现金交易，需要两个以上的会计同行，带上公章，叫上单位司机同往。

车会停在距银行约 200 米外，之后两个会计拿着不太显眼的布袋子去取钱，取完钱后，打电话叫司机开车到门口，迅速上车离开。

从实际经验来看，银行工作人员的建议是：

①尽量到市中心的银行网点取现金，一般劫匪都是在郊区或人少的银行网点作案。

②大额取现，拨打 110，请警车护送。

③要在人流比较多的地方取钱，不要在拥挤的时候办理业务，特别是客户不排队、都挤在柜台前的时候最危险。

④找人同行，不要单独来取现金。

⑤开车来银行，且将车停在视线范围内，最好是在银行网点里也能直接看到。

⑥不要用报纸或塑料袋装钱。

（2）现金一般从基本存款账户中提取，一般结算账户不能提取现金。

单位银行结算账户按用途不同，分为基本存款账户、一般存款账户、专用存款账户和临时存款账户。

①基本存款账户：存款人日常经营活动的资金收付，以及存款人的工资、奖金和现金的支取。

②一般存款账户：办理存款人借款转存、借款归还和其他结算的资金收付；该账户可以办理现金缴存，但不得办理现金支取。

③专用存款账户：

A.单位银行卡账户的资金必须由基本存款账户转账存入，该账户不得办理现

金收付业务。

B.财政预算外资金、证券交易结算资金、期货交易保证金和信托基金专用存款账户，不得支取现金。

C.基本建设资金、更新改造资金、政策性房地产开发资金、金融机构存放同业资金账户需要支取现金的，应在开户时报中国人民银行当地分支行批准。

D.粮、棉、油收购资金，社会保障基金，住房基金和党、团、工会经费专用存款账户支取现金应按照国家现金管理的规定办理。

E.收入汇缴账户除向其基本存款账户或财政预算外资金专用存款户划缴款项外，只收不付；业务支出账户除从其基本存款账户拨入款项外，只付不收。

④临时存款账户：

A.临时存款账户用于办理临时机构以及存款人临时经营活动发生的资金收付。

B.设立临时机构、异地临时经营活动、注册验（增）资，可以开立临时存款账户。

C.临时存款账户的有效期最长不得超过2年。

D.注册验资的临时存款账户在验资期间只收不付。

（3）签章：签章应为企业在银行的预留印鉴，一般是财务专用章、法人章，也有的是财务专用章、法人章、财务负责人章，也有少数企业预留公章、法人章的。

企业在银行开设账户，开户时需要在银行预留印鉴，也就是财务专用章和法人代表（或者是其授权的一个人）名字的印章（俗称"小印"）。印鉴要盖在一张卡片纸上，留在银行。当企业需要通过银行对外支付时，先填写对外支付申请，申请单上必须有如上印鉴。银行经过核对，确认对外支付申请上的印鉴与预留印鉴相符的话，即可代企业进行支付。各单位如果因印章使用日久发生磨损，或者改变单位名称、人员调动等原因需要更换印鉴时，应填写"更换印鉴申请书"，由开户银行发给新印鉴卡。单位应将旧印鉴盖在新印鉴卡的反面，将新印鉴盖在新印鉴卡的正面。

一般的章除了公章、法人章、财务专用章，还有发票专用章、业务章、合同章。它们的主要区别如下：

A.公章、法人章代表企业，用于企业重大事项、银行印鉴备案等。公章具有最大的权力，使用范围最广泛。法人章一般不能单独使用，当代表单位办理一些重要的事项时一般与公章、财务专用章、合同章共同使用，独立使用只能起到个人私

章的作用，需要法人签名的文件或报表也可以用此章代替法人签名使用。

B.财务专用章用于财务收支的确认和银行、税务等相关业务的办理。

C.发票专用章用于单位开具发票，其作用主要是确认该发票的来源。

D.业务章用于公司确认业务的发生。

E.合同章用于签署合同。

F.骑缝章，是为了防止伪造、更改或虚假文书出现的一种盖章的办法，也只是起到防伪作用，它不是章的名称。

只要是银行付款凭证都需要盖银行预留印鉴（财务专用章和法人章）。

出于对公司资金安全的考虑，财务专用章和法人章一般由不同职务的人保管，防止公司资金被挪用，可以降低支票被人拾到冒领的可能性。

支票和印鉴一般应由会计主管人员或指定专业人员保管（即财务专用章和法人章可以由会计保管）；但支票和印鉴必须由出纳和会计两人分别保管，不能由同一人保管，否则会造成内部失控。

支票上的财务专用章和法人章由谁盖是单位自己规定的。支票上必须要这两个章都盖上且和银行预留的一样，才算是有效的支票。

盖财务专用章意味着财务知悉，盖法人章意味着法人知悉。法人章被财务人员掌握其实是不合适的。

（4）"银行存款"科目应按照开户行和账号设置明细科目，假如该公司只有一个银行账号，会计分录可以不列出明细科目。

业务24

中国工商银行转账支票一张，金额 1 610 000 元。

中国工商银行进账单（回单）（如图 13-2 所示）一张，金额 1 610 000 元。

从相关单据上记载的经济业务信息，可以得知此经济业务为：

6月28日，公司业务员收到北京迪康医疗设备有限公司转账支票一张交财务，金额 1 610 000 元（以前期间 100 000 元，当期 1 510 000 元，余款 1 880 000 元，双方对账相符）。出纳填写进账单，交存银行办理转账。

记账凭证（28）（如图 13-3 所示）：

借：银行存款　　　　　　　　　　　　　　　　　1 610 000

　贷：应收账款——北京迪康医疗设备有限公司　　　　　　　　1 610 000

中国工商银行
INDUSTRIAL AND COMMERCIAL BANK OF CHINA

进 账 单（回单）

20××年06月28日

出票人	全　　称	北京迪康医疗设备有限公司	收款人	全　　称	重庆宝迪电子有限公司
	账　　号	700056××××××××		账　　号	262205××××××××
	开户银行	工行北京分行		开户银行	工行高新支行

金额	人民币（大写）	壹佰陆拾壹万元整	亿	千	百	十	万	千	百	十	元	角	分
					¥	1	6	1	0	0	0	0	0

票据种类	转支	票据张数	壹张
票据号码	**********		
	复核　　　　记账		

中国工商银行重庆高新支行营业部
20××.06.28
开户银行签章
讫

此联是开户银行交给持票人的回单或收账通知

图13-2　进账单（回单）

记账凭证

凭证字 记 ▾ 28 号　日期 20XX-06-28　　　　　20XX年第6期　　　　　附单据 1 张

摘要	会计科目 ⑦	借方金额											贷方金额										
		亿	千	百	十	万	千	百	十	元	角	分	亿	千	百	十	万	千	百	十	元	角	分
收到货款	1002 银行存款			1	6	1	0	0	0	0	0	0											
收到货款	112201 应收账款_北京迪康医疗设备有限公司 余额:1880000														1	6	1	0	0	0	0	0	0
合计: 壹佰陆拾壹万元整				1	6	1	0	0	0	0	0	0			1	6	1	0	0	0	0	0	0

制单人：xiaoaicoco520

图13-3　记账凭证（28）

　　凭证录入完毕后，系统会自动显示余额1 880 000元，与对方会计及时对账完毕。

　　（1）支票分为转账支票、现金支票和普通支票三种，支票只适用于同城交易。转账支票只能用于转账，不得提取现金。

　　现金支票只能用于提取现金，不得转账。普通支票既能转账，又可以提取现金，选择转账或提现只需在支票角上选择即可。

目前使用普通支票的城市较少，并不普遍。

（2）现金支票有一定限制，一般填写"备用金""差旅费""工资""劳务费"等。转账支票没有具体规定，可填写"货款""代理费"等。

（3）支票正面盖财务专用章和法人章，缺一不可，印泥为红色，印章必须清晰，印章模糊只能将本张支票作废，换一张重新填写、重新盖章。

（4）使用支票时应注意以下事项：

①支票正面不能有涂改痕迹，否则本支票作废。

②受票人如果发现支票填写不全，则可以补记，但不能涂改。

③支票的有效期为10天，日期首尾算一天。节假日顺延。

④支票见票即付，不记名（丢了支票尤其是现金支票，可能就是票面金额的钱丢了，银行不承担责任。现金支票一般要素填写齐全，假如支票未被冒领，在开户银行挂失；转账支票假如支票要素填写齐全，则在开户银行挂失，假如要素填写不齐，则到票据交换中心挂失）。

⑤出票单位现金支票背面印章盖模糊了，可以把模糊印章打叉，重新再盖一次。

⑥收款单位转账支票背面印章盖模糊了（此时票据法规定是不能以重新盖章方法来补救的），收款单位可以带转账支票及银行进账单到出票单位的开户银行去办理收款手续（不用付手续费），俗称"倒打"，这样就用不着到出票单位重新开支票了。

⑦转账支票使用：和对方谈好生意后有时候担心钱划到对方账户后，对方收到钱了不发货，这种情况下可以用转账支票将钱划到对方账上，若是对方不发货，可以在一天内撤票从而避免损失。

操作方法：直接开具转账支票，和现金支票的使用方法一样，如果对方不发货的话，你于出票后第二天早上去银行柜台办理挂失就可以了，挂失后那张转账支票就作废了。你最好下午3点后出票，因为有的银行结算系统快，在第二天已经转账成功了；你若下午出票，第二天一早去挂失，那么肯定不会转账。

⑧现金支票使用：签发现金支票不得低于银行规定的金额起点，起点以下的用库存现金支付。支票金额起点为100元，但结清账户时，可不受其起点限制。

银行进账单是持票人或收款人将票据款项存入收款人银行账户的凭证，也是银行将票据款项记入收款人账户的凭证。

银行进账单分为三联式银行进账单和两联式银行进账单。不同的持票人应按照规定使用不同的银行进账单。两联式银行进账单的第一联为给持票人的回单（即收账通知），第二联为银行的贷方凭证。

一般转账支票都是一式三联，基本上每个银行都是一样的。

第一联是开户银行交给出票人的记账凭证，但是这个一般情况下出票人用不着，用支票存根做账就行。

第二联是银行的记账联，是银行记账的凭据。

第三联是转账支票的钱到收款人账户以后的回单联，是收款人做账用的。

持票人拿着出票人的支票，持票人若将转账支票入账到自己账户，则需要填写进账单。

有关税负

不一会儿，雅妮跑过来跟我说道："小艾，我有张现金支票金额填错了，怎么办？"

"金额填错了，作废吧！"

"只是存根联金额写错，正联已交给银行。能把存根联金额划掉写上正确答案吗？"

"如果只是存根联错误，那可以，但更改人要在涂改处签字。"

"我每次填支票都战战兢兢的，这个月都作废好几张了，我这儿还有一张退回的，壹拾万元整，我忘了写'壹'了。总是错，这可如何是好？"

"这个真的只能靠练了，熟才能生巧。"

"这现金支票岂能随便让我练？"

"你扫描一份，然后多填几次，直到你的手有感觉了。如果你的手总是在颤抖，就肯定会出错。"

"那这些作废的支票，怎么处理？"

"存档保存，支票是重要空白凭证，每一张都是控号的。以前作废支票还要交还开户银行作废，若因保管不善而遗失，则要出具遗失证明。现在有的银行会当场收回作废的支票，有的银行销户时，要收回作废的支票。当然，也有的银行不收回作废的支票。留着终归是好的，以防万一。"

实践跟书本，真的不一样，书上的知识点，大脑看懂了，但是身体没感觉，还是一样做不好。

人的认知规律一般是：先有个模糊概念，然后逐渐清晰。也就是先理论，后实践，再回到理论，最后不需要理论。不过，也不一定，因为有时，也可能是在没有什么认知的情况下就接触了该事物，就直接产生了感性认识。

这种情况经常发生，就像同一个班上的学生，有的一点就透；有的就是怎么做都找不到感觉；还有的是，老师还没教，他拿到手上就会，而且做得很好。

理论—实践—理论—实践……最后，不需要理论。

不是所有的学习，都需要这么反复地折腾，有些人或者有些学习项目，可以直接到达最后一步，不需要理论就产生了感性认识。我们经常会觉得这种人有某种天赋，或者是，这种人从小就耳濡目染，自然可以无师自通。

在会计的长期学习中，我曾思考过，感性和理性之间的关系。

理性一般是逻辑分析、推理，这也是我们人类引以为豪的，其他动物都没有的能力。

而感性是什么？

我觉得感性更像一个探测器，用来探测天性与环境的匹配。

我这里说的天性包括两个方面，一个是遗传得来的一系列适应性行为，另一个是成长过程中与社会环境互动时有意或无意习得的行为。

感性是模糊的，理性相对精准，感性就像是隐隐约约中的一处微光，然后需要理性进一步聚拢，再把光亮放大。

比如有关爱情和婚姻的决策，苏格拉底和柏拉图曾有过一段有趣的感性对话。

有一天，柏拉图问老师苏格拉底什么是爱情，老师就让他先到麦田里去，摘一棵全麦田里最大最金黄的麦穗来，其间只能摘一次，并且只可向前走，不能回头。

柏拉图于是按照老师说的去做了。结果，他两手空空地走出了田地。老师问他为什么摘不到。

他说："因为只能摘一次，又不能走回头路，其间即使见到最大最金黄的，因为不知道前面是否有更好的，所以没有摘；走到前面时，又发觉总不及之前见到的好，原来最大最金黄的麦穗早已错过了；于是，我什么也没摘到。"

老师说："这就是爱情。"

之后又有一天，柏拉图问他的老师什么是婚姻，老师就叫他先到树林里，砍下一棵全树林最大最茂盛、最适合放在家做圣诞树的树。其间，同样只能砍一次，同样只可以向前走，不能回头。

柏拉图于是照着老师说的话做。这次，他带了一棵普普通通，不是很茂盛，亦不算太差的树回来。老师问他，怎么带了这么一棵普普通通的树回来，他说："有了上一次经验，当我走得差不多时，看到这棵树也不太差，便砍下来，免得错过了后，最后又什么也带不回来。"

老师说："这就是婚姻！"

柏拉图说的"走得差不多时"就是一个模糊的感觉，这就是一个感性决策。

那"差不多"到底在哪个地方呢？有人就想根据理性分析得到答案。

有一个人叫约翰内斯·开普勒，他是一个很有名的天文学家，他从浩如星海的观星资料中，发现了行星运动的三大规律，从而间接打破了宗教的枷锁；另外，还启发牛顿发现了万有引力定律。

人非草木，孰能无情？伟人也有伤心的时候，1611年，开普勒的发妻因病去世，为了照顾自己的孩子，也为了缓解自己的悲痛，他斟酌再三，决定再婚。

消息一出，立马有十几个姑娘登门拜访，开普勒本着严谨、求实的学者脾气，给这些姑娘一一编号、挨个儿面试。

结果呢？

第一位姑娘体味不佳，第二位姑娘生活奢侈，第三位姑娘已经订婚了……一直到第十一个，也就是最后一个，开普勒依然没有办法定夺。

他悲愤至极，自己能算出天体行星的运动规律，却算不出自己到底该选哪个姑娘。

后来，有一个数学家，叫梅里尔，在第二次世界大战爆发时，跟很多其他学者一样，被美国战争部聘用。在战争中，总是面临各种各样的决策问题，如何找到最优解，是梅里尔每日思考的问题。于是，他开始关注开普勒的难题，最终在1949年，提出了"未婚妻难题"的解决方案。

如何才能找到心仪的爱人？

数学家有着极其理性的思维，自然就是先把问题抽象化，然后把其转换成数字游戏，再进行分析。这跟我们会计有点像，我们会计就是把企业里各种各样的经济业务，哪怕是吵架赔偿、官司诉讼，这种能引起大量情绪波动的事件，也要先转换成数字，然后形成报表，以供使用者分析。

梅里尔先把求婚者编号，假设有一系列的求婚者，分别记为1、2、3、4、5

……N，你一次只能面试其中的一个，每次都必须做出决定，即接受或者拒绝；而这些求婚者有好有坏，那么，怎么才能以最大概率选中那个最好的呢？

N个太多，问题太复杂，那就先简化，假设只有3个，即N=3。

在这3个中，最好的用A表示，次好的用B表示，最差的那个用C表示。

现在3个女孩，依次走到你面前，那她们出现的顺序，根据数学排列组合知识，应该有6种情况（见表13-1）。

表13-1　　　　　　　　　　　3个面试者可能出现的6种情况

	可能性1	可能性2	可能性3	可能性4	可能性5	可能性6
第一个面试者	A	A	B	B	C	C
第二个面试者	B	C	A	C	A	B
第三个面试者	C	B	C	A	B	A

如表13-1所示，因为A可以出现在任何一个位置，所以，闭着眼睛蒙，只有三分之一的概率选到A。

梅里尔的方案是这样的：首先，跳过第一个，不要管她，直接拒绝；然后把第二个跟第一个进行比较，如果比第一个好，就接受，否则就进入下一个，再次跟第一个进行对比，判断要不要接受。

这样我们就得到了一张决策图，红色代表路线，黑色代表不必进行的选择，√代表选到了A、找到了最优解（如图13-4所示）。

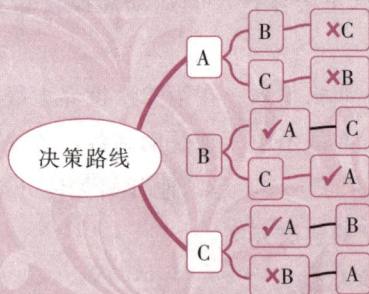

图13-4　决策路线图

那么，在这种情形下，用梅里尔的方案，成功的概率是多少呢？

我们可以看出，在这6种情况中，有3种情况可以选到A，因此成功的概率是50%，而瞎蒙的概率是1/3=33.33%。

通过这种思路，数学家进行了一系列的计算，当总数为 N 时，拒绝编号 S 之前的人，计算最优解的概率 P，同时跟瞎蒙的成功概率 P_g 做比较（见表 13-2）：

表 13-2　　　　　　**最优解的概率 P 与瞎蒙的成功概率 P_g 相比较**

N	S	P	P_g
3	2	50%	1/3
4	2	46%	1/4
5	3	43%	1/5
6	3	43%	1/6
7	3	41%	1/7
8	4	41%	1/8
9	4	41%	1/9
10	4	40%	1/10
100	38	37%	1/10
1 000	369	37%	1/1 000
极大	N/e	d^{-1}（≈37%）	极小（≈0）

可以看出，随着人数的增多，通过这种策略成功的概率也逐渐下降，最终稳定在 37% 左右；但是，其成功率永远比瞎蒙的成功率好。你只需要一个小小的拒绝策略，就能增加成功的概率，这正是数学的魅力。

当然，爱情是一个比较复杂的东西，各花入各眼，你怎么知道 A 就一定比 B 好？很多时候，谁好谁坏根本无法比较。

再说了，还有一见钟情呢，我一眼就看中了，还有后面的 B、C、D、E、F 什么事？最终还得跟着感觉走。

不过，理性能让感觉更加灵敏。比如，如果你从校园期谈恋爱到披上婚纱，能跟初恋修成正果，那么肯定是美事一桩；如果你跟初恋分手了，那么也不用太伤心，根据上面的决策理论，第一个本来就是不应该选的；你应该鼓足精神，勇往直前，然后你会遇见第二个，如果这个明显比第一个优秀（至少不比他差），这个时候你就不要因为上段感情的失败而畏首畏尾，你要知道，他才是你的真命天子，你应该毫不犹豫地抓住机会。

以我们普通女孩这一生，遇到对你有点意思的男人为个位数计算，N 大概率就

是1、2、3、4、5、6、7，8、9、10，根据表13-2的数据，你最多有拒绝2~3次的机会。

绝大多数的女孩，如果跟初恋分手了（相当于拒绝了一次），那么你后面拒绝的机会，可能最多只能一次了；因为N=7时，你拒绝前面2个，在这种情形下，找到最优解的概率最大，即41%。

所以，如果有人追你，不轻易答应的同时，也不要轻易拒绝，从普通朋友做起，多给点时间和机会让彼此深入了解，也许他就是你的最佳人选，毕竟喜欢一个人不容易，被人喜欢也不那么容易（尤其是走向社会后）。

如果后面一个不如一个呢？这又该怎么决策呢？

这种情形经常会发生在那种很漂亮的女孩身上，这种女孩因为长得非常漂亮，年轻的时候很容易拥有众多追求者，甚至会碰到各种条件都比较好的、跟她不是一个阶层的人。

如果想通过婚姻跨越阶层，这是有一定难度的，至少有一定的障碍，有的甚至自始至终，对方都没有把其列为结婚对象，只为谈恋爱而谈恋爱。

如果两人最后分手了，那么她很可能后面遇到的一个不如一个，因为那些高品质的男人会大大地提高她们的审美标准，同时因为谈过恋爱，近距离接触过，让她们觉得，这样的人是可以够得着的，以至于后来遇到同阶层的，她们基本上都看不上，从而蹉跎了岁月。

针对这个问题，有的人又提出了时间的最优解。

一般女孩的年龄红利期是20~30岁，也就是最好在30岁之前结婚。

$10 \times 37\% = 3.7$（年）

$20 + 3.7 = 23.7$（岁）

也就是说，这个最优的人大概率会出现在女孩儿24岁左右，意思就是你最好在25岁之前定下来。言下之意，25岁时你就不要再谈那些不靠谱的恋爱了，你应该开始奔着结婚的目的谈恋爱。

从这个案例中，可以看出，感性是一个模糊定位，给理性指明一个研究方向，而理性则增强感性经验，让这个模糊感觉显得更清晰。差不多就行了，那到底差多少？于是，定位越来越明晰。感性更善于从整体把握，而理性则更擅长从部分深入。

另外就是，决策是一个连续的过程，而不是简单的单次行动，感性不断地给理性指明方向，理性不断地让你的感觉更清晰，从而让你感觉到更多别人感觉不到的东西。

回到支票填列问题，刚开始接触支票的时候，基本上所有的人都会填错，哪怕把所有的注意事项都告诉你，让你全部背下来，你还是会填错，这跟爱情不一样。

或许在我们的天性中本来就有对爱情大量的感性经验了，毕竟我们从动物进化至今，我们的祖祖辈辈都有过大量的爱情、婚姻实践，这些感性经验一部分通过遗传获得，另一部分在成长过程中与社会环境互动，从而会在有意或者无意间习得。

但是填列支票不一样，我们祖祖辈辈可是没有见过支票的，我们体内是没有与支票相关的感性经验的，我们需要通过理性学习，再加上大量的身体练习，才能获得感性经验。

支票的填列，一般流程如下所述，你可以在下面的空白单据（空白支票和空白的支票领用登记簿）上用铅笔练习填写。

实战1：现金支票

上海海汇商贸有限公司，出纳：朱梅，详情如下所示：

20××年6月17日，签发现金支票提取备用金20 000元；

付款行名称：中国建设银行浦东大道支行；

银行卡号：6217001258430012586；

支票号码：00561125；

支票用途：备用金；

支票密码：0158 4856 1856 7894；

朱梅身份证号码：341125198905154512。

根据上面相关的内容，填写现金支票。

第一步，填写支票领用登记簿（如图13-5所示）。

填列如下内容：

（1）支票类别：现金支票；

（2）年：20××年；

（3）银行卡号：6217001258430012586；

（4）日期：6月17日；

（5）支票号码：00561125；

（6）支票用途：提取备用金；

支 票 领 用 登 记 簿

支票类别：　　　　　　　　　　　　年　　　　　　　　　　　银行卡号：

日期		支票号码	支票用途	预计金额											领用人	报销日期		退票日期		备注
月	日			亿	千	百	十	万	千	百	十	元	角	分		月	日	月	日	

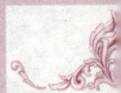

图13-5　空白的支票领用登记簿

（7）预计金额：20 000元；

（8）领用人：朱梅。

填好的支票领用登记簿如图13-6所示：

支 票 领 用 登 记 簿

支票类别：现金支票　　　　　　　20XX 年　　　　　　　银行卡号：6217001258430012586

日期		支票号码	支票用途	预计金额											领用人	报销日期		退票日期		备注
月	日			亿	千	百	十	万	千	百	十	元	角	分		月	日	月	日	
6	17	00561125	提取备用金				¥	2	0	0	0	0	0	0	朱梅					

图13-6　填好后的支票领用登记簿

第二步：填写现金支票正面（如图13-7所示）

中国建设银行
现金支票存根
10606251
00561125

附加信息

付款期限自出票之日起十天

出票日期　　年　　月　　日

收款人：

金　额：

用　途：

单位主管　　会计

中国建设银行
China Construction Bank

现金支票

10606251
00561125

出票日期（大写）　　年　　月　　日　　付款行名称：

收款人：　　　　　　　　　　　　　　出票人账号：

人民币（大写）　　　　　　　　　　｜亿｜千｜百｜十｜万｜千｜百｜十｜元｜角｜分｜

用途　　　　　　　　　　　　　　　密码

上列款项请从

我账户内支付

出票人签章　　　　　　　　复核　　　记账

图13-7　现金支票正面

填写右边正联须知：

（1）填写前，先看支票票号00561125是否与我们前面支票领用登记的票号一致；

（2）出票日期：20××年6月17日必须大写。

大写规则如下（如图13-8所示）：

①月为"壹"、"贰"和"壹拾"的，应当在其前加"零"；

②日为"壹"至"玖"、"壹拾"、"贰拾"和"叁拾"的，应当在其前加"零"；"拾壹"至"拾玖"的，应当在其前加"壹"。

前面加零　　月　○ 壹、贰和壹拾（1，2，10）

　　　　　　日　○ 壹至玖、壹拾、贰拾、叁拾（1—9,10,20,30）

出票日期大写　○

前面加壹　　月　○ 拾壹至拾贰（11,12）

　　　　　　日　○ 拾壹至拾玖（11—19）

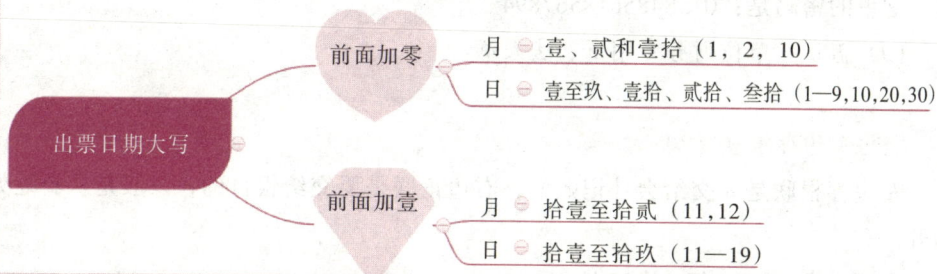

图13-8　出票日期大写规则

这样写，可以防止票据被变造、篡改时间。

壹月、贰月、壹拾月，如果前面不加零，可以变造为壹拾壹月、壹拾贰月，但是叁月前面就不加零了，因为没有壹拾叁月，但是在实践中，银行也经常要求在叁月至玖月前面加上零，具体操作时，以银行的要求为准。

同理，日期也一样，这样写也是为了防止篡改日期，变造票据。

我们在实践中很容易记混，特别是日期，这里简单地总结一个口诀：

逢单加零，逢整加零，逢壹加壹。

这只是一个为了方便记忆的口诀，不要挑刺。逢壹加壹的意思就是，壹拾壹、壹拾贰等前面要有一个壹。如果是壹拾日呢？这个算逢整，就在前面加零。

口诀是自己随便定义的，如果你有更好的方法，你可以自行改动口诀。

20××年6月17日，大写时就习惯写成：贰零××年零陆月壹拾柒日。

（3）收款人。

这里是提取备用金，就是把公司银行账户里的钱转移到保险柜里，因此收款人就填自己公司的名称：上海海汇商贸有限公司。

（4）付款行名称：公司的开户行，中国建设银行浦东大道支行。

（5）出票人账号：公司的银行卡号6217001258430012586。

（6）金额大小写要一致，且要封头封尾。大写一定要顶格写，大写如果不顶格写，这张支票就作废了，"贰万元整"，用"整"字封尾。小写要用人民币符号￥封头，20 000.00，角、分位要用零来补位。

（7）用途是备用金。

（8）支票密码：不同的银行有不同的支票密码生成方式，这个需要咨询银行，有的银行是用密码器，把我们的票号输入密码器，按"下一步"，自动生成一个密码。这里的密码是：0158485618567894。

（9）盖章：单位财务专用章、法人章。

填写左边存根联须知：

左边存根联是要交给会计记账的，右边正联是要交给银行的，一般是从骑缝处撕开。

出票日期：20××年6月17日；

收款人：上海海汇商贸有限公司；

金额：￥20 000.00；

用途：备用金。

然后交给主管、会计签字。

怎么证明这个存根联和支票联是一张呢？我们会在中间加盖一个骑缝章，当然有的银行不盖也行，他们可以通过票号核对。

填写完整后的现金支票正面如图13-9所示。

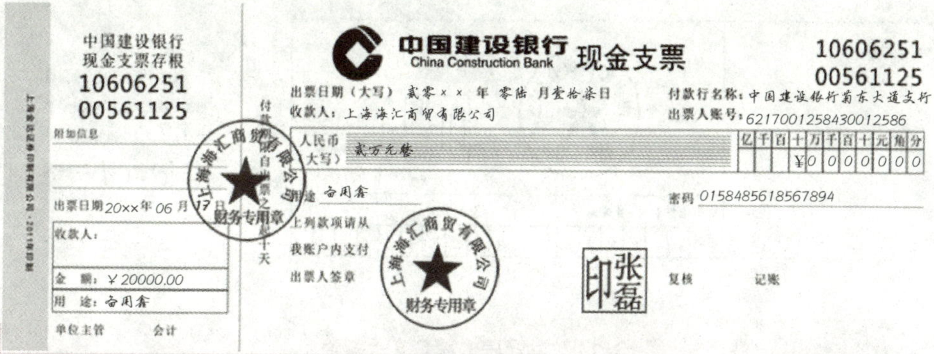

图 13-9 填写完整的现金支票正面

第三步，现金支票的背面（如图13-10所示）填写。

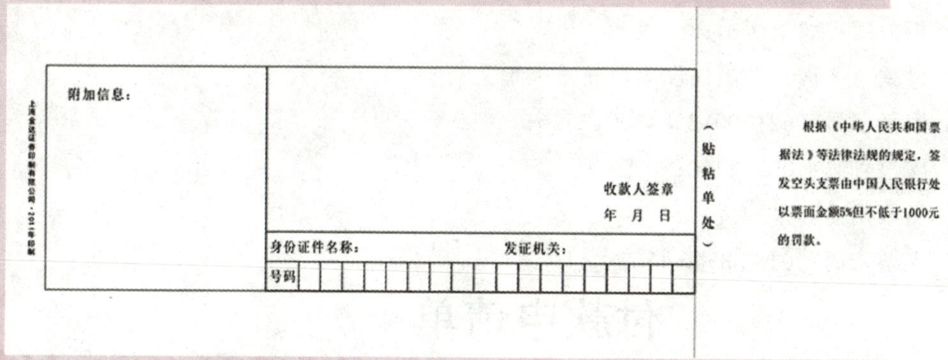

图 13-10 现金支票的背面

填列如下内容：

（1）收款人签章：这个是单位在银行预留的财务专用章和法人章，跟正面一样；

（2）日期：20××年6月17日；

（3）身份证名称：居民身份证或者军官证或者户口簿；

（4）发证机关：××公安局。

（5）身份证号码：341125198905154512。

填好后的现金支票背面如图13-11所示。

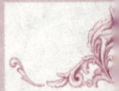

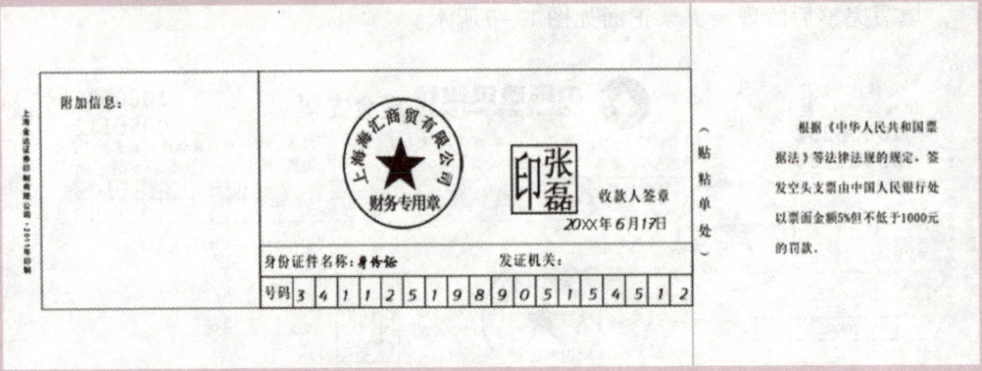

图13-11　填好后的现金支票背面

实战2：转账支票

20××年6月10日，采购部张强采购货物费用50 000元，填制付款申请单（如图13-12所示），出纳以转账支票形式付款。

相关信息如下所示：

付款行名称：中国建设银行浦东大道支行；

银行卡号：6217001258430012586；

支票号码：00498360；

支票用途：采购货物；

支票密码：0153 8546 4562。

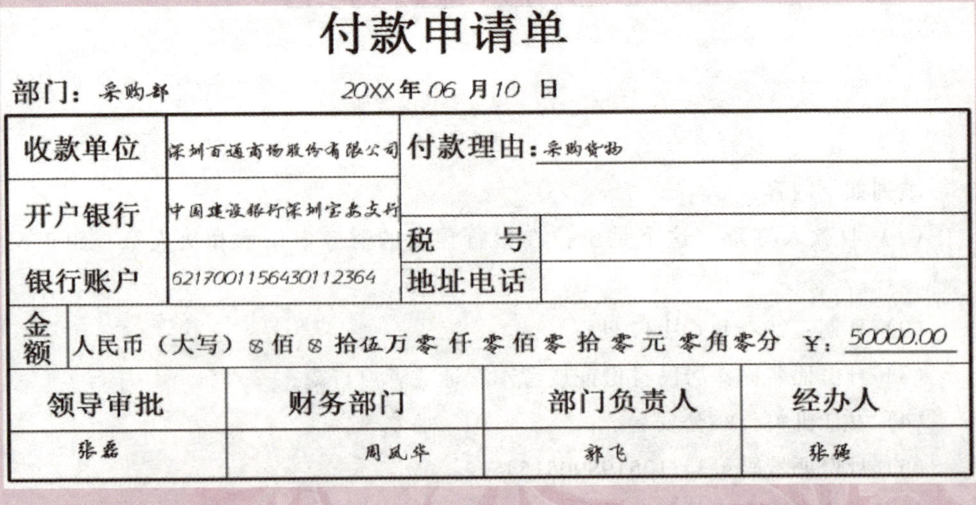

付款申请单

部门：采购部　　20XX年06月10日

收款单位	深圳百通商场服饰有限公司	付款理由：采购货物	
开户银行	中国建设银行深圳宝安支行	税　　号	
银行账户	6217001156430112364	地址电话	
金额	人民币（大写）⊗佰⊗拾伍万零仟零佰零拾零元零角零分　¥：50000.00		
领导审批	财务部门	部门负责人	经办人
张磊	周凤华	郭飞	张强

图13-12　填好后的付款申请单

收款单位是深圳百通商场股份有限公司，对方已经发货，所以付款申请单后面一般会附上采购单、入库单、验收单和发票等相关单据。

付款申请单由经办人张强填写，由部门负责人、财务部门、领导审批，然后再由出纳付款。

第一步，填写支票领用登记簿（如图 13-13 所示）。

支 票 领 用 登 记 簿

支票类别：　　　　　　　　　　　年　　　　　　　银行卡号：

日期		支票号码	支 票 用 途	预 计 金 额										领用人	报销日期		退票日期		备 注
月	日			亿	千	百	十	万	千	百	十	元	角	分		月	日	月	日	

图 13-13　空白的支票领用登记簿

填列如下内容：

（1）支票类别：转账支票；

（2）年：20××年；

（3）银行卡号：6217001258430012586；

（4）日期：6 月 10 日；

（5）支票号码：00498360；

（6）支票用途：采购货物；

（7）预计金额：50 000.00 元；

（8）领用人：朱梅。

填好后的支票领用登记簿如图 13-14 所示。

图 13-14　填好后的支票领用登记簿

第二步，填写转账支票正面（如图 13-15 所示）。

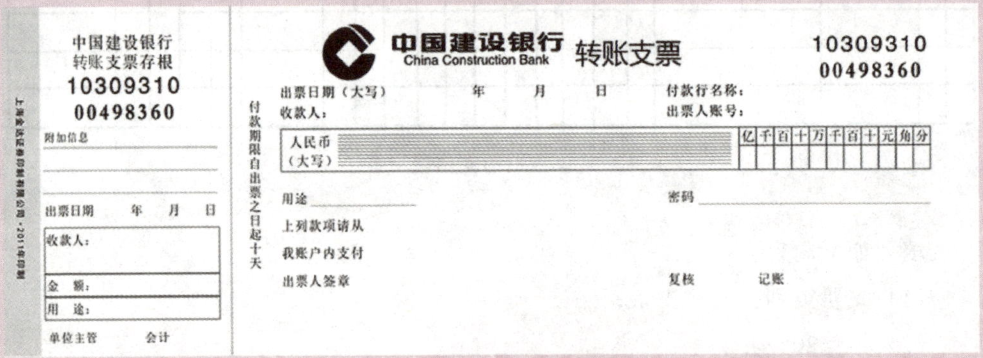

图 13-15　空白的转账支票正面

填列右边正联须知：

（1）填写前，先看支票票号00498360是否与我们前面支票领用登记的票号一致；

（2）出票日期：20××年 6 月 10 日必须大写。大写规则同现金支票，20××年 6 月 10 日写为：贰零××年零陆月零壹拾日；

（3）收款人：深圳百通商场股份有限公司；

（4）付款行名称：公司的开户行，中国建设银行浦东大道支行；

（5）出票人账号：公司的银行卡号6217001258430012586；

（6）金额大小写要一致，否则无效，且要封头封尾。大写一定要顶格写，大写如果不顶格写，这张支票就作废了，伍万元整，用"整"字封尾。小写要用人民币符号￥封头，50 000.00，角、分位要用零来补位；

（7）支票用途：采购货物；

（8）支票密码：0153 8546 4562；

（9）盖章：单位财务专用章、法人章。

填列左边存根联须知：

左边存根联是要交给会计记账的，右边正联是要交给银行的，一般是从骑缝处撕开。

出票日期：20××年6月10日；

收款人：深圳百通商场股份有限公司；

金额：￥50 000.00；

用途：采购货物。

然后交给主管、会计签字。

怎么证明这个存根联和支票联是一张呢？我们会在中间加盖一个骑缝章，当然有的银行不盖也行。

填好的转账支票如图13-16所示：

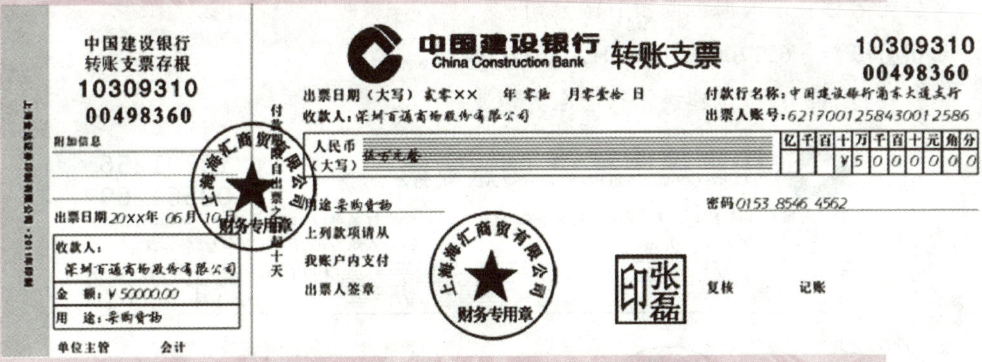

图13-16 填好的转账支票

第三步，转账支票背面（如图13-17所示）一般不需要填写，除非你需要背书转让给他人。

附加信息：

被背书人 广州银行

委托收款

背书人签章

年 月 日

被背书人

背书人签章

年 月 日

（贴粘单处）

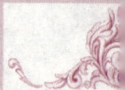

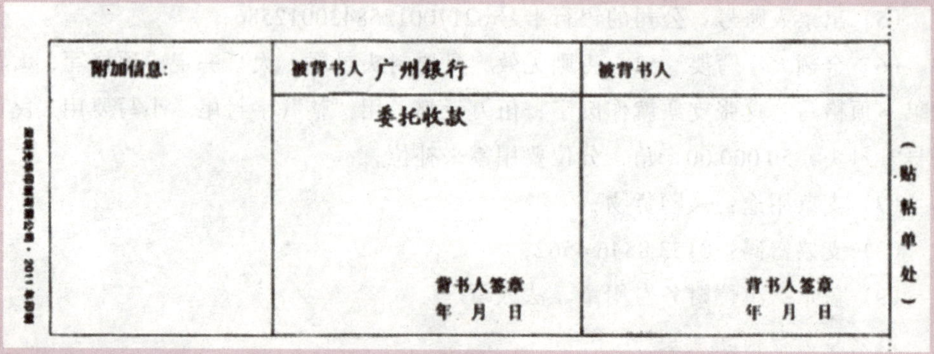

图 13-17 转账支票背面

实战 3：收到转账支票（如图 13-18 所示）

20××年 6 月 21 日，收到广西华夏商贸有限公司签发的金额为 50 000 元转账支票用来支付货款，出纳已经办理进账手续。

汇款人信息：

公司名称：广西华夏商贸有限公司；

银行账号：62100001000013952887；

开户行名称：中国建设银行广西象山区支行。

收款人信息：

公司名称：上海海汇商贸有限公司；

银行账号：6217001258430012586；

开户行名称：中国建设银行浦东大道支行。

中国建设银行 China Construction Bank 转账支票

10301256

00561269

出票日期（大写）贰零XX 年 零陆 月贰拾壹 日

付款行名称：中国建设银行广西象山区支行

收款人：上海海汇商贸有限公司

出票人账号：62100001000013952887

人民币（大写）伍万元整

亿	千	百	十	万	千	百	十	元	角	分
			¥	5	0	0	0	0	0	0

用途 货款

密码 0145 1569 4875 1214

付款期限自出票之日起十天

上列款项请从

我账户内支付

出票人签章

广西华夏商贸有限公司 财务专用章

李晨印景

复核 记账

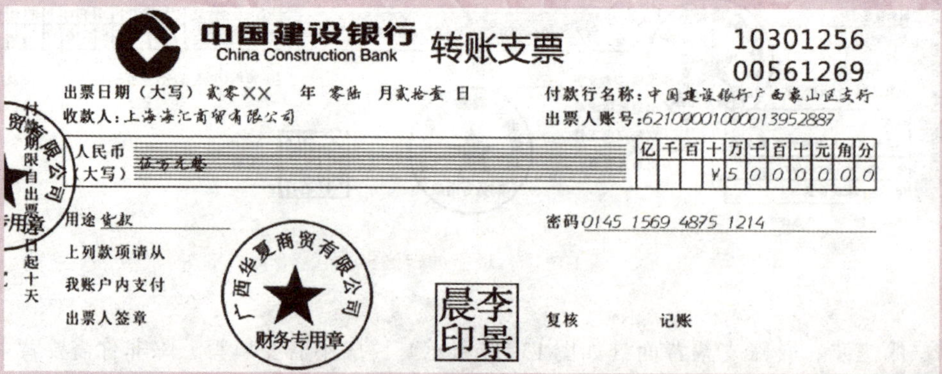

图 13-18 收到的转账支票

第一步，填写收据（如图13-19所示）。

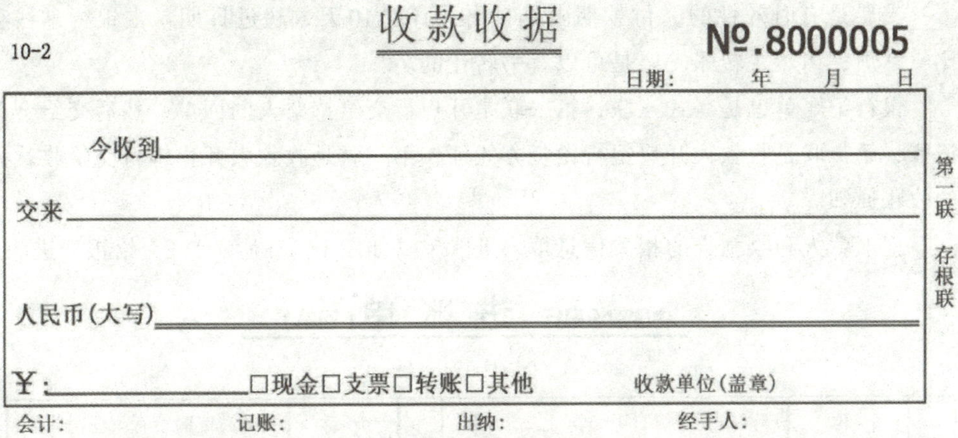

10-2

收款收据

№.8000005

日期：　　年　　月　　日

今收到

交来

人民币（大写）

￥：　□现金□支票□转账□其他　收款单位（盖章）

会计：　记账：　出纳：　经手人：

第一联　存根联

图13-19　空白收据

收据一般是一式三联，复式填写，第一联是存根联，用来记账；第二联是客户联，盖上公司公章或财务专用章，交给客户；第三联是记账联。

填好的收款收据如图13-20所示：

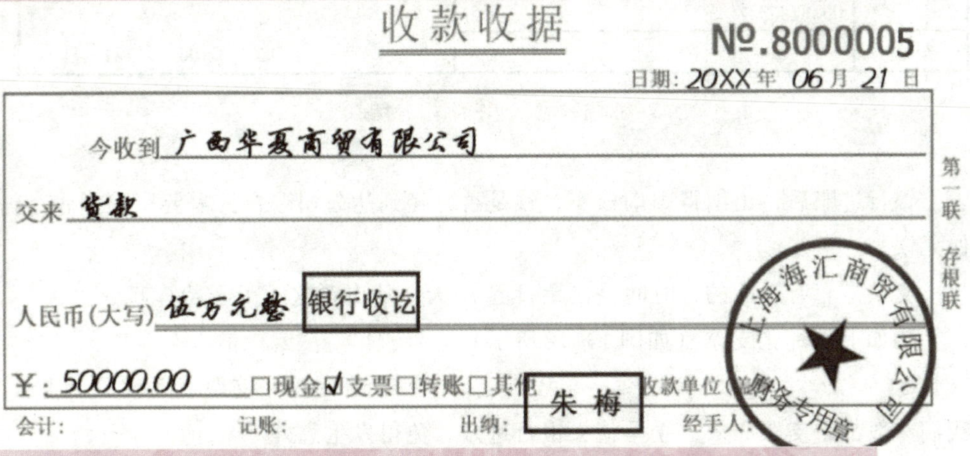

收款收据

№.8000005

日期：20XX年 06月 21日

今收到 广西华夏商贸有限公司

交来 货款

人民币（大写）伍万元整　银行收讫

￥：50000.00　□现金☑支票□转账□其他　朱梅　收款单位（盖章）

会计：　记账：　出纳：　经手人：

上海海汇商贸有限公司　财务专用章

第一联　存根联

图13-20　填好的收款收据

然后把转账支票复印一份，后续把收款收据、转账支票复印件及银行记账单回单交给会计记账。

第二步，填写进账单。

支票是有时效性的，付款期限是自出票日起10天，超过日期，去银行拿钱会比较麻烦；当然，转账支票是可以背书转让的。

银行记账单也是一式三联，第一联是开户行交给持票人的回单，然后交给会计记账，第二联是收款人开户银行做贷方凭证，第三联是收款人开户银行交给收款人的收账通知。

把汇款人和收款人的相关信息填入进账单（如图13-21所示），交给银行进账。

中国建设银行	进 账 单 (回单)		2

20XX年 06月 21日　　　　　　　　　　第　　号

汇款人	全 称	广西华夏商贸有限公司		收款人	全 称	上海海汇商贸有限公司	此联给收款人的回单
	账号或住址	6210000100013952887			账号或住址	6217001258430012586	
	汇出行名称	中国建设银行广西象山区支行			汇入行名称	中国建设银行浦东大道支行	

金额	人民币 (大写) 伍万元整	千	佰	十	万	千	百	十	元	角	分
				¥	5	0	0	0	0	0	0

汇款用途	货款	票据张数	1	汇出行盖章
票据号码	00561269			
复核				20XX 年 06 月 21 日

图13-21 填好的银行进账单

银行进账后，出纳得查询核实，钱是否已经到达公司账户，需要跟踪到底，确保无误。

支票是有有效期的，时间是出票日起10天，从出票这一天开始算起。

比如上面那张支票（如图13-18所示），出票日期是20××年6月21日，那最晚就是20××年6月30日下班之前一定要到银行进账，否则这张支票就无效了，当然，我们一般都是支票一来，立马就去银行进账，免得发生意外。

那假设，由于出纳的疏忽，这张支票有效期过了，银行不付款，怎么办？

那也别慌！

根据《中华人民共和国票据法》的规定：

（1）支票的持票人应当自出票日起10日内提示付款。超过提示付款期限的，付款人可以不予付款，但出票人仍应当对持票人承担票据责任。

（2）支票的持票人对出票人的票据权利，自出票日起6个月内不行使而消灭。

因此，我们可以找出票人，即上面的广西华夏商贸有限公司，要求它重新开具一张支票。

假设，广西华夏商贸有限公司的财务人员说："我已经把支票开给你了，是你自己忘了去银行进账，你不能怪我。"然后，他拒绝我们重新开具支票的请求。

这个时候，我们怎么办？

我们看一下时间，是否超过了6个月，如果没有超过6个月，那么我们发起追索权；换句话说，我们那张支票无效了，但是我们的票据权利还在，因为没过6个月，因此演变成了票据追索权纠纷。

那假设超过了6个月，怎么办？

超过了6个月，票据权利消失，但是基础合同关系在，这个时候我们可以基于合同买卖关系追款，毕竟广西华夏商贸有限公司没付款。

这个时候，又演变成了合同纠纷，我们针对合同纠纷提起诉讼。

诉讼也有一个有效期，一般是3年。诉讼有效期及其相关情形见表13-3：

表13-3 诉讼有效期及其相关情形

诉讼时效	起点	年限	情形
一般（主观时效）★	知道或应当知道之日起	3年	除特殊诉讼时效以外情形
特殊		4年	（1）国际货物买卖合同 （2）技术进出口合同
		5年	人寿保险请求给付保险金
		1年	（1）海上货物运输向承运人要求赔偿 （2）海上拖航合同 （3）共同海损分摊的请求权
长期（客观时效）	权利被侵害时起	20年	所有合同

因此，支票来了，财务人员应该赶紧去银行进账，一刻都不能拖延，免得夜长梦多。

比如，有朋友问："我是酒店供应商，前几个月酒店给了我一张支票，我拿去给别人抵货款，但他把支票放过期了，现在找我换，问题是酒店现在倒闭了，我找酒店老板去换，人家不给换，我还应该向债主还钱吗？"

在此案例中，他人把支票放过期了，然后遭到银行拒付，于是持票人发起追索，找这位朋友要钱。

根据《中华人民共和国票据法》第17条，票据权利在下列期限内不行使而消灭：

（一）持票人对票据的出票人和承兑人的权利，自票据到期日起2年；见票即付的汇票、本票，自出票日起2年；

（二）持票人对支票出票人的权利，自出票日起6个月；

（三）持票人对前手的追索权，自被拒绝承兑或者被拒绝付款之日起6个月；

（四）持票人对前手的再追索权，自清偿日或者被提起诉讼之日起3个月。

如果这位朋友给了他"后手"钱或者被对方提起诉讼，那他可以在3个月内继续找"前手"追索，只要支票从出票人开始，还没有超过6个月，相关人员就都有往前追索的权利。

假设超过6个月，票据权利消失，那这就演变成一个合同的三角债关系了。

另外，在跟银行打交道的过程中，最主要的就是细心，严格按照银行的要求来执行，不要有不耐烦的情绪，不要总觉得银行在为难自己。

换个角度思考，银行工作人员也不容易，他们有时候不小心出了一点小差错，就会惹上官司。

案例（一）

2019年，某实业公司在银行开立一般存款账户，并预留该公司财务专用章及谢某、周某印章。同年，实业公司出具一张800万元、收款人为某精米厂的转账支票，该支票加盖了实业公司财务专用章与谢某印章，但未加盖周某印章。这家实业公司主张银行违规兑付，应予赔偿800万元。

这个案例很明显，就是由于银行工作人员不谨慎造成的。一般我们预留银行印鉴都是公司财务专用章再加一枚法人私章，这家公司却留了两枚私章，但是支票盖章又只盖了一枚私章，银行工作人员检查的时候，没想到这家公司居然留了两枚私章，所以就直接审核通过了。

接着，银行就被人告上了法庭，被要求赔偿800万元。虽然最后法院根据真实性原则，判银行不承担民事责任，但是因为这点小事而惹上官司，终究是件麻烦事。要是每天都来这么一件官司，那银行的生意也没法做了。

所以，我们去银行办事时，银行工作人员经常会在一些细节上不断地要求我们返工处理。

法院是这样判的：

（1）本案主要焦点是将涉案票款交付精米厂是否为实业公司真实的意思表示，即银行违规行为是否给实业公司造成了损失。

在转账支票缺少一枚印章的情况下，银行本应对不符合《票据法》规定的票据予以退票处理，其依照签章不全的支票付款，虽违反了《票据法》及中国人民银行有关结算支付规定，但该行为未违背实业公司将款项交给精米厂的本意，亦未超出其授权，并非擅自处分实业公司财产，而是属于实业公司对自己的财产进行处分，结果应由实业公司自行承担。

（2）实业公司委托指示银行付款的真实目的已实现，所谓银行违规兑付造成其损失无从谈起，即该行为未造成实业公司损失，银行不需要对实业公司承担民事责任。

判例要点：

银行违规将缺少一枚出票人预留印章的支票予以兑付，但该付款为出票人的真实意思表示，未造成出票人损失，因此，银行不承担损害赔偿责任。

案例（二）

2000年4月，某证券公司与某装饰公司签订借款协议。

2000年12月，证券公司在银行开立账户，并与银行签订客户交易资金存管协议，约定协议履行以银行取得证券交易结算资金存管业务资格为条件。

2000年12月，证券公司财务部经理许某挪用该账户资金1.3亿余元；2001年5月许某犯挪用资金罪被判处有期徒刑。

2001年12月5日，银行得到证监会批复，获得证券账户资金存管银行资格。证券公司以银行客户部经理姚某违规为许某提供支票，为许某犯罪创造了条件为由，诉请银行承担赔偿责任。

这个案情其实也不复杂，就是证券公司违规，借钱给自己的客户某装饰公司，根据《证券法》的规定，证券公司是不能借钱给客户炒股的。

那个时候，银行还没有获得证券账户资金存管银行资格，因此，银行工作人员

想拉存款，证券公司就要求银行以取得证券交易结算资金存管业务资格为条件，才帮银行办理这个业务。

最后，证券公司财务部经理许某挪用该账户资金1.3亿余元，判有期徒刑。

银行客户部经理姚某违规为许某提供支票，银行因此被证券公司告上了法庭，被要求承担赔偿责任。

法院是这样判的：

（1）根据本案事实，装饰公司与证券公司形成的是券商与客户之间的合同关系。

证券公司行为违反了当时证券法律关于禁止向客户透支和融资的规定。

借款协议发生在证券公司与客户之间，银行未参与。

证券公司依据借款协议，向装饰公司账户转款，是履行借款协议行为。

当转款进入装饰公司资金账户后，证券公司即完成了资金权属转移，故在案涉账户为客户一般存款账户期间，对证券公司与装饰公司所发生民事关系及其从该账户转款行为，无论根据事实存储合同关系还是法律规定，银行均不负有监管和审查义务。

（2）即便证券公司内部人员与装饰公司内外勾结转移资金涉嫌刑事犯罪，因银行不负有监管责任，亦因无证据证明银行及其工作人员参与，或知道证券公司内部人员与装饰公司共同犯罪行为，故证券公司转款行为与银行无关。

相反，作为专业机构，证券公司明知法律禁止仍与客户签订借款协议，向客户融资用于高风险证券投资，其应自行承担借款协议无效的法律后果。

姚某仅是银行客户部经理而非该行经理，其行为不足以认定为银行行为。

金融机构相关法律规定和规章制度禁止姚某这种行为发生，证明姚某行为不是银行授权范围，事后亦不可能获得追认。

姚某的过错行为发生在证券公司向装饰公司划款之后，即款项已不属于证券公司所有之后，故姚某的过错行为不是银行行为，不能以姚某过错行为而认定银行与证券公司损失之间具有因果关系，银行不应承担本案民事责任。

判决对证券公司关于姚某行为即是银行行为且与证券公司损失之间具有因果关系主张，以及银行应承担证券公司损失诉请，不予支持。

判例要点：

银行应该依照与客户资金存管协议约定权利义务及相关法律规定，保证客户资金安全和按照指令划转。但在存管协议生效前，账户资金因客户犯罪行为造成损失，而银行内部人员存在一般违规操作行为，但与损失无直接因果关系的，客户损失应由客户自行承担。

因此，在支票这个环节上很容易出问题，不管是工作疏忽，还是故意违法，均会带来很大的问题，企业里的财务工作也是如此。

有一次，我和杜老师去一个集团的下属公司审计，这家公司的规模比较小，管理水平一般，需要配备的审计人员不多，所以杜老师只带了我去。

在审计现场，杜老师把握项目的整体进度，同时负责重点的审计领域，比如收入成本的审计，我则做一些相对比较初级的审计项目，比如资金、资产、费用类的审计。

在审计工作中，最简单的就是现金盘点了，但是有时表面上看起来简单的东西，其实也并不简单。

那天，我对出纳说："盘点一下现金吧！"

结果，出纳回应道："稍等一下！"

我一看，奇怪，我来你这儿盘点现金，你还要跑到另一间办公室里去？

过了一会儿，出纳把现金都拿过来了，然后盘点、倒扎，与账面金额相符，没有什么问题。

但是，我内心总觉得有点不对，至少企业在现金管理上存在内控缺陷。

后来，我浏览这个公司上一年的审计工作底稿，底稿里有各种详尽的细节测试，结论都是相符无误。

但我内心还是觉得有点不安，于是，又把企业的现金凭证抱来翻看，连续翻了好一会儿，也没发现什么问题，直到翻到好几笔支票存根联，发现有几张连续作废了，再细查上面的信息，发现收款人写的不是企业名头和出纳的名字。

如果收款人是其他人，钱到了他人账户，那么会计做分录应该是：

借：其他应收款——×××

　贷：银行存款

于是，我开始翻往来账本，却发现其他应收款干干净净，从来都没出现过个人相关往来。

后来，跟企业人员吃饭的时候，我旁敲侧击地打听这个人的名字，结果别人告诉我，这是某领导的秘书。

最后我们把这个情况反映给了集团财务总监，至于集团怎么处理，那是他们的

事情了。

有时候，企业在大方向上把握得很好，看不出什么问题，反倒是那些不起眼的细节中，却能发现大问题。

但是要想看出问题，需对各个细节非常熟悉，熟能生巧，另外，感觉特别重要，它就是方向，是你追查的方向。

很多时候，你没法用逻辑分析为什么，就是隐约感觉不对，这种不对的感觉是你在长期的会计学习工作中形成的，至于理性的逻辑分析，得要你找到答案后，才恍然大悟，原来是这样。然后，你向别人解释，他是怎么怎么干的，不符合逻辑，所以有问题。

因此，我一直觉得感性像个探测器，去探测环境与你的关系。不仅工作如此，人生亦如此。你有你的计划，可是上天却另有计划，你总不能要求上天修改它的计划来配合你的计划，你唯一能做的就是修改你的计划来配合上天的计划。

那么，我们怎么能知道上天的计划是什么？靠逻辑分析吗？那种天天研究天体运动的聪明无比的物理学家都分析不出来，我们这种平凡普通的人怎么能分析出来呢？

所以，逻辑无望，或许感觉还有点希望。毕竟它是大自然进化出来的，人类也研究不明白的情绪决策系统，它让你能隐隐约约地感觉到点什么，然后我们再慢慢朝着那束微光走去。

爱迪生曾说过：天才是百分之九十九的汗水，加百分之一的灵感，其中百分之一的灵感是最重要的。后人喜欢断章取义，取前面那百分之九十九。

灵感就是一种感觉，这种感觉不容易获得，但是如果重视它，那么还是有希望提高它到来的概率的，毕竟感觉要依赖于信息，而逻辑是获取信息的最佳手段。

比如会计的直觉，如果你从来都没学过会计，那么你是不可能有那种直觉的。

感觉有点像连接大脑与身体的神经回路，当大脑与身体回路通了后，就拥有了感觉。所以，平时光大脑学还不行，还要动手，必须把身体和大脑的回路打通，直到你不假思索，这个时候，灵感到来的概率就会大大增加。

由于时间比较赶，我每天在事务所和企业两头跑，马不停蹄地工作；有时候连喝口水都没有时间，等到口渴难耐，拿起杯子一看，没水了，于是跑到茶水间去打杯水。不料有一天，王俊远也正在打水中。我有点不知所措，不知道该如何应对。冷静下来，我连忙挤出满脸笑容，说了声："王总，下午好！"

"下午好！打水呀？"王俊远回应了我一句。

"嗯。"

干巴巴的问好后，我便无话可说了。好在王俊远已经打好了水，要离开了。

王俊远走到门口，突然又回过头来，说道："等会儿你来我办公室一趟，给我说说有关税负是怎么一回事，我记得上次你给我发的邮件里提到了有关税负的问题。"

"好的。"我连忙答应着。

打好水回到座位上，我连忙把相关的税负率瞅上一遍，免得等会儿老板问话，答不上来。

各行业税负率预警如图13-22所示。

我来到王俊远办公室。

"什么是税负？"王俊远问道。

"税负就是税收负担率，也称为税负率，比如增值税税负率=当期应纳增值税÷当期应税销售收入，当期应纳增值税=当期销项税额-实际抵扣进项税额，实际抵扣进项税额=期初留抵进项税额+本期进项税额-进项转出-出口退税-期末留抵进项税额。"

"税务局就是按税负率来管理企业的吗？"

"是的，税负率是税务局的一项重要参考指标，如果哪家企业税负率偏低，这家企业很可能就会成为抽查的对象。"

"那我们电子行业的增值税税负率是多少？"

我脑子里连忙搜索、回忆。

"2.65%。"

"那医药行业呢？"

"约8.50%。"

"这些数据是怎么来的？"

"跟税务局长期打交道，得来的。"

"这些数据每年都是固定的吗？"

"不是，只是作为一个大概的参考数据，同时期、同行业都有可能不同。"

"为什么？"

"税务机关和纳税人都需要分析企业的税负率是否合理。实行金税工程以后，税务机关获取行业平均数据比较容易，但如何把握不同企业之间的个体差异的难度比较大。分析企业税负率的合理性必须从企业的经营特征入手，生产相同产品的企

业，由于生产经营方式不同，税负率会有比较大的差异。"

"具体表现在哪些方面？"

"企业的价值链、企业的生产方式、企业的运输方式、企业产品的市场定位、企业的销售策略和企业产品的生命周期，这些都影响企业的税负率。所以，具体问题还得具体分析，跟税务局的沟通也要随时进行。"

"企业的价值链怎么影响税负率？"

"制造企业的价值链通常包括了研发设计、采购、生产制造、销售、运输、售后服务、行政人力资源等部分。对于一个独立的企业来说，其内部往往囊括了以上价值链的全部，各个部分产生的增加值在同一家公司汇集，企业税负率比较高。对于集团公司来说，内部价值链各个部分可能是分开的，因此，每家企业的增值税税负率比较低。

"我们看一个例子：

"假设某企业生产一种产品，不含税销售价为每件1 000元，产品可抵扣的成本是600元，假设计算销项税额与进项税额的增值税税率平均为13%。现在有两种方式可以选择：一种是生产和销售在同一家公司，一种是生产和销售分立。

"如果选择方式一：缴纳增值税52元（（1 000-600）×13%），则税负率为5.2%。

"如果选择方式二：假设销售给销售公司每件不含税价850元，缴纳增值税32.5元（（850-600）×13%），则对应的税负率为3.8%。

"企业虽然税负下降，但并没有异常，因为一部分税负转移到了销售公司。

"除了把销售分离出来，企业还可以把研发设计、采购、人力资源等部分分离出来，一家企业的价值链越短，相应的税负率越低。

"可以看出，价值链分割将会导致各个部分的税负率下降，但整个价值链的税负率是相同的，因此，在比较不同企业的税负率时，需要对两家公司的价值链进行比较，价值链不同，则税负率不同，这属于正常现象。"

"那企业的生产方式又是怎么影响税负率的？"

"企业的加工费用包括了折旧、人工、辅助生产费用，这些费用都没有对应的进项可以抵扣。但如果企业将部分产品发外加工，对方开具专用发票，这些加工费就产生了进项，企业销售额相同的情况下，缴纳的增值税减少，税负率下降。企业高速成长过程中，选择发外加工模式的情况很普遍，所以分析税负率时，要分析企业是否存在发外加工的情况。

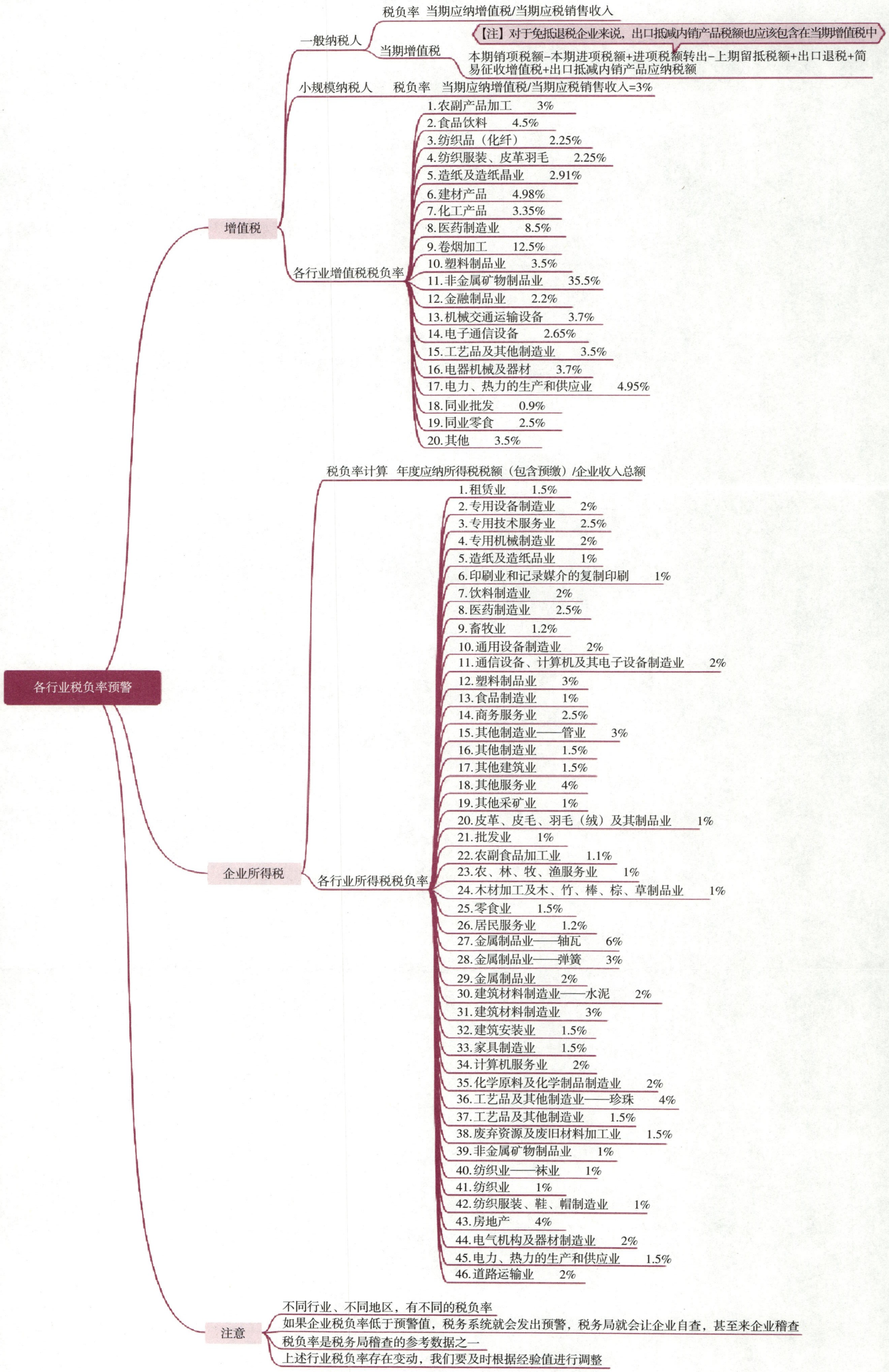

图 13-22 各行业税负率预警

"看一个假设的例子:

"某公司年不含税销售额1 000万元,其中加工费用占30%。全部自己生产的税负率为5%。现在一半产品发外加工,新增进项19.5万元(1 000×30%×50%×13%),应缴纳的增值税为30.5万元(1 000×5%-19.5),计算出的税负率为3.05%(30.5÷1 000)。

"税负率下降的原因在于接受委托加工一方承担了增值税。"

"那企业的运输方式又是如何影响税负率的呢?"

"现在企业销售产品往往是送货到对方的仓库,运输成本比较高。运输费用的处理有不同的方式,我们比较两种常见方式所产生的税负率差异:

"一是买方承担,运输公司直接开具发票给买方;

"二是卖方承担,运输公司直接开具发票给卖方。

假设在第一种方式中的产品每件不含税价为1 000元,在第二种方式中的产品售价就会加上运费,假设运费为每件100元。假设第一种情况下缴纳增值税5%,即50元;第二种情况下则需要多缴4元(100×13%-100×9%),第二种情况的税负率就是4.90%((50+4)÷(1 000+100))。

"可以看出,对运输费用的处理方式不同,企业税负率也就会不一样。"

"那企业产品的市场定位是怎样影响的?"

"现在分析税负率时比较强调同行业比较。其实,同一行业的企业在市场中的定位往往不同。有些企业树立品牌形象,走高端路线,产品品质好,销售价格贵。有些产品重视低成本运作,重视大众市场,市场容量大,赢在薄利多销。由于市场地位不同,产品的毛利不一样,利润是增值额的一部分,利润越高,税负率越高。因此同一行业中,做高端产品的企业税负率比较高,做低端产品的企业税负率比较低。"

"那企业的销售策略呢?"

"影响增值税税负率的因素还包括企业的销售策略。基本的营销策略有两种:一种是推动式,其特点是给予经销商大的折扣、优惠、返点、奖励,靠经销商来推动市场;另一种是拉动式,其特点是通过品牌运作、广告投入、营销活动使最终消费者对产品认同、产生好感,从而拉动市场,对经销商没有特别的奖励和优惠。

"假设一家企业生产某种产品,市场不含税价是每件1 000元,可以抵扣进项的原材料和其他成本是每件500元。我们可以比较不同销售模式的税负率:

"第一种推动式:产品按市场价的7.5折批发给经销商。企业应缴纳的增值税为32.5元((1 000×75%-500)×13%),对应的税负率为4.33%(32.5÷750)。

"第二种拉动式：产品按不含税价的8.5折批发给经销商，另行投入每件100元的广告宣传费。企业应缴纳的增值税为45.5元（（1 000×85%-500）×13%），对应的税负率为5.35%（45.5÷850）。"

"那企业产品的生命周期呢？"

"企业产品都有生命周期，一个理想、完整的生命周期包括引入期、成长期、成熟期和衰退期。根据成本的经验曲线，产品刚开始生产的时候，产品的成本比较高，随着生产管理、设备运行、员工操作的熟练，产品的成本开始下降。因此，新产品投入市场时增值额比较低，增值税税负率比较低；产品生产进入成熟期以后，增值额上升，税负率也会上升。所以，判断税负率的合理性要考虑企业目前生产的产品属于哪一阶段。"

尽管这些知识具有比较强的专业性，王俊远听得还是很认真，边听似乎还在思索什么。看来他是一个爱学习的老板。更重要的是，他好像并没有我想象中的那么厌恶我。

讲完后，我继续回到座位上处理单据。

业务25

银行承兑汇票一张（其正面和反面如图13-23和图13-24所示）。

银行承兑汇票

签发日期　贰零贰零年壹拾贰月零陆日　　　　　　　　00000236

出票人全称	××市佳慧有限公司	收款人	全　称	××市好又来有限公司
出票人账号	0900660000587		账　号	8000770000236
付款行全称	××市××银行××支行		开户银行	××市××银行××支行

汇票金额	人民币（大写）伍拾万元整	亿千百十万千百十元角分 ¥5 0 0 0 0 0 0 0

汇票到期日	贰零贰壹年陆月零陆日	付款人	行号	0000000000000026
承兑协议编号	0000000000000014		地址	××市×路3号

本汇票请你行承兑，到期无条件付款。	本汇票已经本单位承兑，到期日由本行付款。承兑人盖章：承兑日期2020年12月6日	秘押	
出票人签章	备注	复核	记账

图13-23　银行承兑汇票（正面）

194

银行承兑汇票（背面）

被背书人：常州静安医疗设备有限公司	被背书人：重庆宝迪电子有限公司	被背书人：中国工商银行××分行
××市好又来有限公司	常州静安医疗设备有限公司	重庆宝迪电子有限公司
背书人签章： 2020 年 12 月 9 日①	背书人签章： 2021 年 5 月 9 日	背书人签章： 2021 年 6 月 3 日

图 13-24　银行承兑汇票（背面）

托收凭证（受理回单联）一张。

中国人民银行支付系统专用凭证（如图 13-25 所示）一张。

中国人民银行支付系统专用凭证

NO. 000000000897

报文种类：CMT100	交易种类：HVPS	贷记	业务种类：11	支付交易序号：00000730

发报起行号：00000000000　　　　　汇款人开户行号：0000000000000　　　　委托日期：2021-06-03
发报起行名称：中国银行 A 市分行营业部
汇款人名称：应解汇款
汇款人地址：A 市
接收行行号：1111111111111　　　收款人开户行号：1111111111111　　　收报日期：2021-06-06
收款人账号：262205×××××××
收款人名称：重庆宝迪电子有限公司
收款人地址：重庆市

货币名称、金额（大写）：人民币伍拾万元整
货币符号、金额（小写）：RMB500000.00

附言：委托收款 GA0000000000
报文状态：已入账
流水号：0001　　　　　　　　打印时间：2021-06-06　　　16:05:58
第一次打印：注意重复！

第二联　作客户通知单　　　　　　会计：　　　　复核：　　　记账：

图 13-25　支付系统专用凭证

从相关单据上记载的经济业务信息，可以得知此经济业务为：

公司收到一张 6 月 6 日到期的面值为 500 000 元的银行承兑汇票，6 月 3 日，出纳填写托收凭证，连同银行承兑汇票交到银行。收到银行盖章退回的托收凭证一联。6 月 6 日，查询银行账户此款已到账，取得中国人民银行支付系统专用凭证一份。

---

① 注：本书中年份大多以 20××年表示，但因此票据中有跨年情况出现，所以改为 2020 年、2021 年，表示为具体年份。

记账凭证（29）：

借：银行存款   500 000

  贷：应收票据   500 000

目前，我国的票据有汇票、本票和支票（如图13-26所示）：

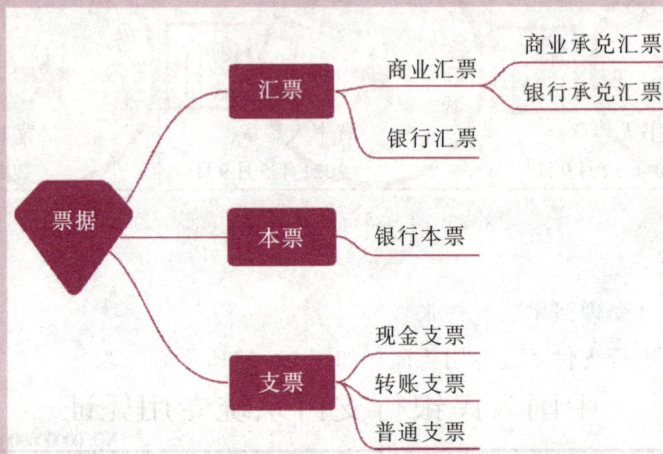

图13-26　我国的票据种类

支票是我们平时比较熟悉的（见业务23讲解），现金支票可以提取现金，转账支票用来转账，不能提取现金，普通支票票据上未印有"现金"或"转账"字样的，既可用来支取现金也可用来转账。普通支票左上角划两条平行线的，则为划线支票。划线支票只能委托银行转账收款，而不允许提取现款。

一般来说，不允许开空头支票，也就是如果你账户里没钱，就不要随便给人开支票，账户里没钱，银行不会支付，同时会对签发空头支票的人进行处罚。

本票，一般指银行本票，是由银行签发的，承诺自己在见票时，无条件支付确定的金额给收款人或者持票人的票据。你可以理解成，它就是钞票，银行看到它就给你现金，上面是多少就给你多少。

银行汇票是指由出票银行签发的，由其在见票时按照实际结算金额无条件付给收款人或者持票人的票据。这个也相当于钞票，只是，它要看你的结算单据，按实际结算金额给你钱。

这些单据，只要没有特殊意外，一般都能拿到钱。

最后我们看商业汇票，商业汇票是出票人签发的，委托付款人在指定日期无条件支付确定的金额给收款人或者持票人的票据。

比如猴子喜欢吃香蕉，于是成立了猴蕉公司，并且在狮子银行那里开了户，一天，它找大象伯伯买了一批香蕉，金额共100万元，它没现钱，于是对大象伯伯说："大象老伯，我给你打张欠条吧，3个月后，我一定给你钱。"

大象伯伯说："你这烂猴子，总是喜欢赖账，我不要你的欠条。"

"我这欠条跟普通的欠条不一样，我这叫商业承兑汇票，你看这欠条的样子跟A4纸完全不一样。"

"换汤不换药，样式长得再好看，拿不到钱，还不是没用？"

"我说了，我保证3个月一到，一定还你钱。"

"我不信你！"

猴子没办法，于是去找它的开户银行狮子银行帮忙，并许诺给它手续费。

狮子银行答应了，于是在那猴子签发的商业承兑汇票上面的承兑栏，盖了个章，保证3个月后，一定给大象钱，不管猴子账户里有没有钱，时间一到，它见票就付。

大象一看，狮子都说话了，肯定没有问题，于是就把香蕉给了猴子，这就是银行承兑汇票。

大象拿到票据后，想起他还欠犀牛老兄100万元，于是顺手把这张票据背书转让给了犀牛。犀牛一看，有狮子银行承兑，也大为放心，于是盖了个章，委托它的开户行豹子银行收款，最后狮子银行如期从猴子账户里付款。

猴子账户里如果没有钱，狮子银行就垫付，那这笔钱就转为猴子在狮子银行的短期借款。

整个故事的逻辑梗概如图13-27所示：

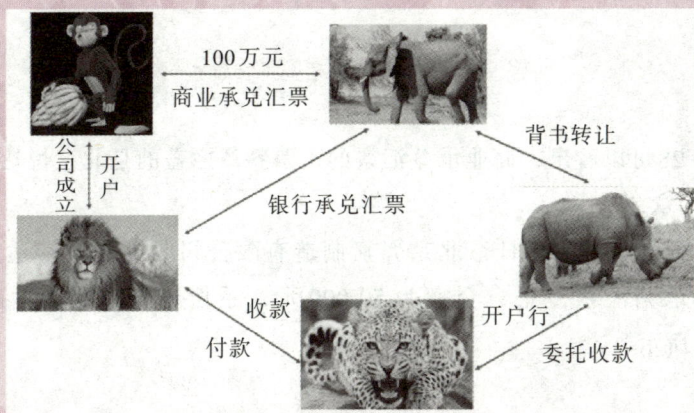

图13-27 整个故事的逻辑梗概图

因此，商业汇票按承兑人的不同，分为商业承兑汇票和银行承兑汇票，比如猴子自己签发，自己承兑，那就是商业承兑汇票，猴子签发而由狮子银行承兑，就是银行承兑汇票。

比如 2020 年 12 月 6 日①，北京羿嘉制造有限公司收到北京悦达商贸有限公司交来的银行承兑汇票，支付之前所欠货款，金额为 158 500 元，承兑栏盖的是银行的汇票专用章（如图 13-28 所示）。

图 13-28　填好并盖章后的银行承兑汇票

从图 13-28 可以看出，商业承兑汇票的出票签章栏盖的是北京悦达商贸有限公司的财务专用章，

再比如 2020 年 12 月 7 日，北京羿嘉制造有限公司收到北京泰达商贸有限公司交来商业承兑汇票一张，金额为 50 000 元，系偿还上月购入 B 产品的货款（如图 13-29 所示）。

---

①　注：本书中年份大多以 20×× 年表示，但因此业务有跨年情况出现，所以改为具体年份（下同）。

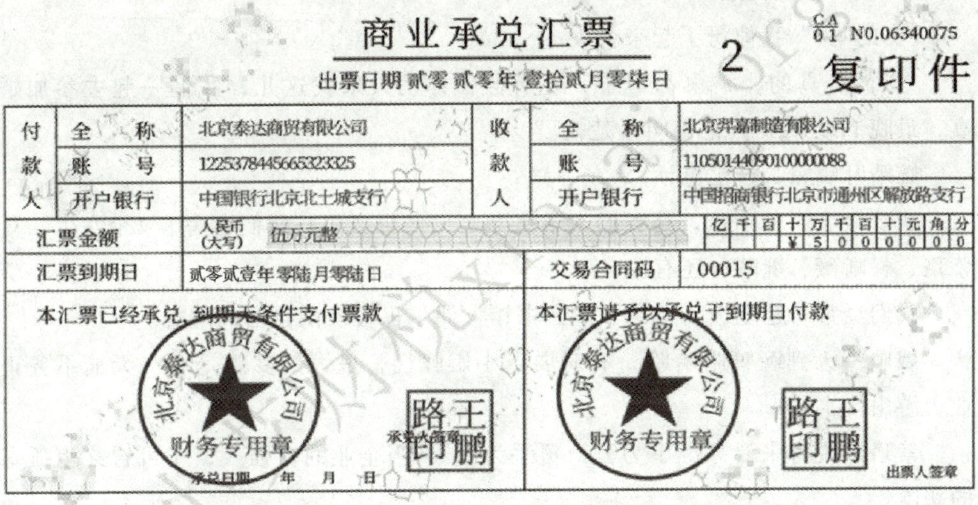

商业承兑汇票

CA 01 N0.06340075

2 复印件

出票日期 贰零贰零年壹拾贰月零柒日

付款人	全称	北京泰达商贸有限公司	收款人	全称	北京羿嘉制造有限公司
	账号	1225378445665323325		账号	110501440901000000088
	开户银行	中国银行北京北土城支行		开户银行	中国招商银行北京市通州区解放路支行
汇票金额	人民币（大写）	伍万元整		亿 千 百 十 万 千 百 十 元 角 分	¥ 5 0 0 0 0 0 0
汇票到期日	贰零贰壹年零陆月零陆日		交易合同码	00015	
本汇票已经承兑，到期无条件支付票款	北京泰达商贸有限公司 财务专用章	王鹏印路 承兑人签章 承兑日期 年 月 日	本汇票请予以承兑于到期日付款	北京泰达商贸有限公司 财务专用章	王鹏印路 出票人签章

图13-29 填好并盖章后的商业承兑汇票

从图13-29可以看出，商业承兑汇票的出票签章栏和承兑栏盖的都是北京泰达商贸有限公司财务专用章。

快下班的时候，婉晴打来电话。

“小艾，薇薇要结婚了，你知道吗？”

“是吗？”

“是呀，请柬都发到我这了。你的也在我这儿。”

“她什么时候结婚？”

“明天。”

“明天？怎么这么赶？”

“赶什么赶啊？人家都筹备好久了。”

“那我怎么一点都不知道啊？”

“你那么忙，哪有时间关心我们这些老同学。”

“婉晴，你好像对我有点不满噢。”

“我哪敢啦？你知道新郎是谁吗？”

“谁啊？”

"本城巨富聂允杰。"

"真的吗?"我惊讶了起来。

"当然是真的,请柬都写了,还有假?你明天来我这儿,我们一起去参加婚宴,最晚11点要到。记得叫上楚帆。"

婉晴叮嘱完,挂了电话。

薇薇全名叫韩晞薇,是我们大学室友之一。想当年,我们宿舍有4个女生,夏紫珞、韩晞薇、婉晴,还有我。

我们经常一起吃饭、上课、泡图书馆,偶尔也会谈谈自己的理想。

婉晴一天到晚嘻嘻哈哈,有时耍点小姐脾气,最大的梦想是有一天能不务正业,游山玩水。

紫珞却说将来要"翻手为云,覆手为雨",当企业的女强人,宁可冒终生孤寡的恶险。

晞薇盼能嫁为商家妇,不怕"一入侯门深似海",只爱"翠绕珠围千人敬"。

她们都问我:"小艾,你打算怎样?"

我耸耸肩答:"不一定打算得来,我信命。"

不是吗?问一个20岁刚出头的女子,你有何打算,我认为是操之过急的。

下班后,我去找楚帆,临走之前,没给他打电话,直接去了他公司,想给他一个惊喜。

我突然有点兴奋,想把晞薇结婚的消息快点告诉他,我也不知道我为什么兴奋,是喜欢八卦,还是因为爱慕虚荣?自己同学嫁入了豪门,顺便也跟着沾点光?

当我到达他公司门口,正想给他打电话时,楚帆刚好走了出来。正当我想迎向前的时候,却发现他身旁还有一位美女,我定睛一看,那不是美惠吗?

他们似乎在谈论着什么,有说有笑,接着上了一辆轿车。

我眼睁睁地看着他们离开,没有走向前去。炎热的夏天,一股凉意直涌心口,我默然回头,转身离开。

第 14 章

人生各不同

第 14 章

人生各不同

尽管昨晚睡得很不好，但是第二天早上我还是很早就来到了宝迪公司。人不能给自己太多的理由和借口，这个世界，不会因为你伤心难过，就不转了，有时候工作反而是更好的疗伤药，当你真的投入进去后，你会忘却很多东西。

夏日的清晨，太阳出来得较早，天空刚刚亮起来，一切都有了生机，充满了活力。我轻轻地打开办公室的窗户，呼吸着那清新的空气。接着，王俊远大踏步地走了进来。

"早，王总。"没想到老板这么勤快，这么早就来上班。

"早，小艾，你今天怎么这么早？"王俊远疑惑道。

"我今天得向你请半天假，所以就早点来，把该做的事情做完。"

"请什么假？"

"老同学出嫁，我要去当啦啦队。"

"这么巧，我今天也要替旧老板当跑腿，他迎娶儿媳妇。看来今天真的是个黄道吉日。"

我蓦地醒来，他的故主莫非就是晰薇的家翁？世界真是小呢！

求证于王俊远，他也为之一惊，说："原来'殊途同归'，你跟新娘子是同窗？"

"嗯！"我奇怪地问："聂家还缺处理大场面的手下吗？要劳您大驾？"

"前往相帮，以示礼数，从而建立良好的人际关系。我跟一班旧同事是老拍档，且现在还要靠他们甚多支持，于是就趁着大老板当新翁的好日子，回去帮帮忙，也凑凑热闹。"

我开始还以为王俊远会不高兴呢，没想到运气这么好，请假异常顺利。回到座位上，我赶紧处理单据。

业务26

付款申请单一张，付款金额 500 000 元。

银行承兑汇票一张，金额 500 000 元，重庆宝迪电子有限公司背书给深圳蓝莓电子设计研发中心。

从相关单据上记载的经济业务信息，可以得知此经济业务为：

6月7日，丹彤将一张面额为500 000元的银行承兑汇票背书转让给深圳蓝莓电子设计研发中心用于支付货款。

记账凭证（30）：

借：应付账款——深圳蓝莓电子设计研发中心　　500 000

　贷：应收票据　　500 000

业务27

贴现凭证（如图14-1所示）一张。

中国工商银行 INDUSTRIAL AND COMMERCIAL BANK OF CHINA　　**贴现凭证**　　（收账通知）4

申请日期贰零××年零陆月零壹拾日　第0953号

申请人	全　称	重庆宝迪电子有限公司	贴现汇票　种　类	商业承兑汇票　号码　0896
	账　号	262205×××××××	出票日	20××年03月20日
	开户银行	工行高新支行	到期日	20××年09月20日
汇票承兑人	名称	光明公司	账号　330122	开户银行　工行高新支行
汇票金额	人民币（大写）伍拾万元整			¥500000000
贴现率	5.6‰	贴现利息	¥952000	实付贴现金额　¥49048000
贴现款项已入你单位账户 此致 银行盖章 20××年06月10日			备　注	

中国工商银行重庆高新支行营业部 20××.06.10 转

银行给贴现申请单位的收账通知

注：图中贴现率是月贴现率。

图14-1　贴现凭证

从相关单据上记载的经济业务信息，可以得知此经济业务为：

6月10日，将一份尚有3个月到期的票面金额为50万元的银行承兑汇票送交银行进行贴现。

记账凭证（31）：

借：银行存款　　490 480（按实际收到的金额）

　　财务费用——利息支出　　9 520（按贴现息）

贷：应收票据　　　　　　　　　　　500 000（按应收票据的票面余额）

银行承兑汇票贴现是指贴现申请人由于资金需要，将未到期的银行承兑汇票转让于银行，银行按票面金额扣除贴现息后，将余额付给持票人的一种融资行为。

银行承兑汇票贴现息的计算：

假设企业手里有一张 2018 年 3 月 15 日签发的银行承兑汇票，金额是 500 万元，到期日 2018 年 9 月 17 日（因为周末银行不办理对公业务，所以顺延到 9 月 17 号），贴现银行给该企业的年贴现率是 6%，2018 年 4 月 10 日到银行要求贴现。

银行承兑汇票贴现息的计算公式是：

贴现息=金额×（到期天数÷360）×年贴现率

企业需要支付的贴现息：

5 000 000×（163÷360）×6%（年贴现率）=135 833（元）

给企业钱是：5 000 000−135 833=4 864 167（元）

说明：

（1）时间：4 月 20 天+5 月 31 天+6 月 30 天+7 月 31 天+8 月 31 天+9 月 17 天+3 天=163（天）（如果是异地贴现，则另加 3 天划款期限）。

（2）利率是各行按国家票据挂牌价上下浮动确定的，如 6% 是年利率，要转换成日利率计算，该日利率是 0.02%（6%÷360）。

备注：对于一些外地票据，或者汇票到期日不是法定工作日的票据，银行会根据实际设定调整天数，例如：异地票据（不是同一个城市的），到期天数在原来基础上（票据到期日−贴现日）再加 3 天。因为异地票据办理需要时间，如果到期日是法定节假日，则汇票到期当天也是无法承兑的，所以这个时候银行会根据需要再顺延调整贴现天数。

银行承兑汇票贴现账务处理：

借：银行存款（贴现净额）

　　财务费用——手续费

　　　　　　——贴现息

贷：应收票据

业务28

银行承兑汇票一张，金额188万元。

收据（记账联）一份：收到北京迪康医疗设备有限公司一张188万元的银行承兑汇票。

从相关单据上记载的经济业务信息，可以得知此经济业务为：

6月29日，公司收到北京迪康医疗设备有限公司一张188万元的银行承兑汇票。

记账凭证（32）（如图14-2所示）：

借：应收票据   1 880 000

    贷：应收账款——北京迪康医疗设备有限公司   1 880 000

在输入1 880 000元之前，系统会自动显示"应收账款——北京迪康医疗设备有限公司"余额，刚好是1 880 000元。

凭证字 记 ▼ 32 号 日期 20XX-06-29	记账凭证 20XX年第6期		附单据 2 张
摘要	会计科目 ⑦	借方金额 亿 千 百 十 万 千 百 十 元 角 分	贷方金额 亿 千 百 十 万 千 百 十 元 角 分
收到银行承兑汇票	1121 应收票据	1 8 8 0 0 0 0 0 0	
收到银行承兑汇票	112201 应收账款_北京迪康医疗设备有限公司 余额:0		1 8 8 0 0 0 0 0 0
合计：壹佰捌拾捌万元整		1 8 8 0 0 0 0 0 0	1 8 8 0 0 0 0 0 0

制单人：xiaoaicoco520

图14-2 记账凭证（32）

业务29

银行汇票申请书（存根）一张。

从相关单据上记载的经济业务信息，可以得知此经济业务为：

6月12日，出纳申请签发银行汇票1张，金额120 000元，由供应部持往深圳市购买材料配件一批。

记账凭证（33）：

借：其他货币资金——银行汇票存款   120 000

　　　　贷：银行存款　　　　　　　　　　　　　　　　　　　　120 000

（注：银行汇票相关知识见业务10）

业务30

银行汇票一张。

银行进账单（收账通知联）一张。

从相关单据上记载的经济业务信息，可以得知此经济业务为：

6月28日，出纳收到深圳市佳慧有限公司银行汇票一份，用于结算旧设备销售款10.4万元。

记账凭证（34）：

借：银行存款　　　　　　　　　　　　　　　　　　　　104 000

　　贷：应收账款——深圳市佳慧有限公司　　　　　　　　104 000

（注：银行汇票相关知识见业务10）

业务31

现金存款凭条一张，金额为5 000元。

从相关单据上记载的经济业务信息，可以得知此经济业务为：

6月3日，出纳将收到的现金5 000元缴存银行。

记账凭证（35）：

借：银行存款　　　　　　　　　　　　　　　　　　　　5 000

　　贷：库存现金　　　　　　　　　　　　　　　　　　　5 000

　　财务流程为：把每日的现金缴存银行，填写现金缴款单（或现金存款凭条），并将其和现金一起交给银行。

　　现金存款凭条是储户在银行办理存取款业务时填写的重要凭证，反映的是储户在办理业务时提供的资料都是真实有效的，在业务完成后是不可更改的。其记录了储户的真实姓名、账号和存取款的时间、地点、金额等等。一旦以后发生存取款纠纷，存款凭条就会因为有储户的亲笔签字而成为最有说服力的证据之一。也因为这样，银行对这种凭条保存的时间最长，它在法律上也是最重要的依据。

　　各银行的现金存款凭条（如图14-3所示）的格式会有所不同。

中国工商银行
INDUSTRIAL AND COMMERCIAL BANK OF CHINA

现金存款凭条

（体彩专用交易码　87561）

存款人	全　称							款项来源				
	账　号											
	开户行							交款人				

金额（大写）　　　　　　　　　　　　　金额（小写）

票面	张　数	十	万	千	百	十	元	票面	张　数	千	百	十	元	
壹佰元								伍角						
伍拾元								贰角						
贰拾元								壹角						备注
拾　元														
伍　元														
贰　元														
壹　元								其他						

第二联　客户核对联

注：此联不作为入账依据。

图14-3　现金存款凭条

业务32

已经审批过的付款申请单一张。

电汇凭证（回单）一张，金额226万元。

从相关单据上记载的经济业务信息，可以得知此经济业务为：

6月16日，出纳以电汇方式支付深圳蓝莓电子设计研发中心货款226万元。

记账凭证（36）：

借：应付账款——深圳蓝莓电子设计研发中心　　　　　2 260 000

　贷：银行存款　　　　　　　　　　　　　　　　　　　　　　2 260 000

业务33

中国人民银行支付系统专用凭证一张，金额37 400元。

从相关单据上记载的经济业务信息，可以得知此经济业务为：

6月2日，北京健心医疗设备有限公司通过电汇向本公司汇款37 400元，6月3日，

出纳去银行查询得知该笔汇款已到账，取得中国人民银行支付系统专用凭证1张。

记账凭证（37）：

借：银行存款　　　　　　　　　　　　　　　　　　　　37 400

　　贷：应收账款——北京健心医疗设备有限公司　　　　　　　　　37 400

业务34

银行信汇凭证（回单）一张，金额1 073 000元。

从相关单据上记载的经济业务信息，可以得知此经济业务为：

6月17日，出纳以信汇方式支付深圳中天电子设计研究院货款1 073 000元。

记账凭证（38）：

借：应付账款——深圳中天电子设计研究院　　　　1 073 000

　　贷：银行存款　　　　　　　　　　　　　　　　　　　　1 073 000

信汇的处理与电汇大致相同，所不同的是汇出行应汇款人的申请，不用电报而以信汇委托书或支付委托书加其签章作为结算工具，邮寄给汇入行，委托后者凭以解付汇款。后者核验签章相符后，即行解付，亦以借记通知给汇出行划账。

业务35

银行特种转账贷方凭证一张，金额126万元。

从相关单据上记载的经济业务信息，可以得知此经济业务为：

6月29日，托收常州静安医疗设备有限公司款项126万元。

记账凭证（39）：

借：银行存款　　　　　　　　　　　　　　　　　　　1 260 000

　　贷：应收账款——常州静安医疗设备有限公司　　　　　　　1 260 000

特种转账凭证供银行内部使用，不对外销售，但可对外传递。此凭证适用于未设专用凭证但又涉及外单位的一切转账业务，在银行主动代为收款进账或扣款时（如单位存款利息进账或贷款利息扣收时）使用。

特种转账借方（贷方）传票一般套写使用，一联作为银行的记账凭证，另一联加盖银行业务公章后，作为对单位的收款通知或付款通知。

才9点，婉晴就打电话来催我了。

"小艾，你什么时候到啊？"

"你不是说11点之前吗？"

"我是说11点之前到达婚礼现场，但是你最好9点半之前就到达我这里。你现在出发了吗？"

"好，我马上出发。"

"行，我等你，千万别超过10点，超过10点我就不等你了。"

"好，10点之前一定到。"

我噼里啪啦地把手上剩下的几张单据处理完毕，赶紧出发。

业务36

银行存款利息通知单一张。

从相关单据上记载的经济业务信息，可以得知此经济业务为：

6月20日，出纳去银行取回存款利息通知单，存款利息为496.21元。

编制记账凭证：

借：银行存款　　　　　　　　　　　　　　　　　　496.21

　　贷：财务费用——利息收入　　　　　　　　　　　　　　496.21

但是，在实际操作中，我们经常会这样做分录：

记账凭证（40）：

借：银行存款　　　　　　　　　　　　　　　　　　496.21

　　财务费用——利息收入（普通存款利息）　　　　−496.21

于是，很多刚毕业的同学就傻眼了，我们会计不是一直都是有借必有贷，借贷必相等吗？怎么这种分录只有借方，没有贷方呢？

原因其实是多方面的。

收到银行的存款利息，借记"银行存款""财务费用（红字）"，比较合理。因为期间费用的贷方，一般是结转利润时才使用的。如果把收到的利息也记入贷方，容易和结转利润时的金额搞混，报利润表时也容易出错，特别是使用财务软件记账，更容易错。

有些财务软件本身有缺陷，在编制报告时取的是发生额（损益类可能期末借方和贷方发生额一样多，余额恒为零）。如果某处只取财务费用的借方发生额的话，财务软件出的报表就是错误的。

在实际操作时，特别是使用财务软件时，可以做以下会计分录：

借：银行存款

　　财务费用——利息收入（红字）（这里指冲减财务费用，所以用红字）

这样进行账务处理的理由是：无论是手工记账还是财务软件记账，在期末结转本期发生的财务费用时一般只合计财务费用的借方，合计后结转到本年利润。

期末结转会计分录：

借：本年利润

　　贷：财务费用

[包括利息支出、利息收入（借记红字财务费用）和银行手续费等]

最后就是，若为购建固定资产的专门借款发生的存款利息，在所购建的固定资产达到预定可使用状态之前，则应冲减在建工程成本。

业务37

银行贷款利息通知单一张。

从相关单据上记载的经济业务信息，可以得知此经济业务为：

6月20日，公司收到贷款利息通知单，利息为248.4元。

记账凭证（41）：

借：财务费用——利息支出（普通贷款利息）　　　　　　248.40

　　贷：银行存款　　　　　　　　　　　　　　　　　　　　　　248.40

业务38

业务收费凭证（如图14-4所示）一张。

中国工商银行 业务收费凭证

币别：人民币　　　　　　　20××-06-16　　　　　流水号：125613255222

付款人	重庆宝迪电子有限公司		账号	262205
项目名称	工本费	手续费	电子汇划费	金额
	0.00	0.50	48.00	48.50
金额（大写）	人民币肆拾捌元伍角			48.50
付款方式	转账			
业务类型	电汇			

中国工商银行重庆高新支行营业部 20××.06.16 转讫

第二联 客户回单

会计主管：　　　授权：　　　复核：　　　录入：

图14-4　业务收费凭证

从相关单据上记载的经济业务信息，可以得知此经济业务为：

6月16日，出纳取得办理电汇的业务收费凭证1张，手续费及电子汇划费48.50元。

记账凭证（42）：

借：财务费用——手续费 48.50

　贷：银行存款 48.50

业务39

银行贷款还款凭证一张，金额800 000元。

从相关单据上记载的经济业务信息，可以得知此经济业务为：

6月21日，公司归还短期借款本金800 000元。

取得银行贷款还款凭证，登记银行票据登记簿，编制记账凭证。

记账凭证（43）：

借：短期借款 800 000

　贷：银行存款 800 000

业务40

银行借款凭证一张，借款金额1 000 000元。

从相关单据上记载的经济业务信息，可以得知此经济业务为：

6月22日，公司向银行借款1 000 000元，借款期限9个月，年利率11.1780%，逾期年利率14.1690%。

准备银行贷款所需资料，银行贷款审批，收到银行凭证，登记银行票据登记簿，登记贷款期限、还款日期、利率，编制记账凭证。

记账凭证（44）：

借：银行存款 1 000 000

　贷：短期借款 1 000 000

一般企业贷款，不可能用税务报表去银行贷款。

向银行贷款的企业要把握好14个财务指标。

财务结构：

（1）净资产与年末贷款余额比率必须大于100%（房地产企业可大于80%）；净资产与年末贷款余额比率=年末贷款余额÷净资产×100%，净资产与年末贷款余额比率也称净资产负债率。

（2）资产负债率必须小于70%，最好低于55%；资产负债率=负债总额÷资产总额×100%。

偿债能力：

（3）流动比率在150%~200%较好；流动比率=流动资产÷流动负债×100%。

（4）速动比率在100%左右较好，对中小企业适当放宽，也应大于80%；速动比率=速动资产÷流动负债×100%；速动资产=货币资金+交易性金融资产+应收账款+应收票据=流动资产−存货−预付账款−一年内到期的非流动资产−其他流动资产。

（5）担保比例小于50%为好。

（6）现金比率大于30%；现金比率=（现金+现金等价物）÷流动负债×100%。

现金流量：

（7）企业经营活动产生的净现金流应为正值，其销售收入现金回笼应在85%以上。

（8）企业在经营活动中支付采购商品、劳务的现金支付率应在85%以上。

经营能力：

（9）主营业务收入增长率不小于8%，说明该企业的主业正处于成长期，如果该比率低于5%，说明该产品将进入生命末期了，主营业务收入增长率=（本期主营业务收入−上期主营业务收入）÷上期主营业务收入×100%。

（10）应收账款周转速度应大于6次；一般来说，企业应收账款周转速度越高，企业应收账款平均收款期越短，资金回笼的速度也就越快；应收账款周转速度（应收账款周转次数）=营业收入÷平均应收账款余额=营业收入÷［（应收账款年初余额+应收账款年末余额）÷2］=营业收入×2÷（应收账款年初余额+应收账款年末余额）。

（11）存货周转速度中小企业应大于5次；存货周转速度越快，存货占用资金水平越低，流动性越强；存货周转速度（次数）=营业成本÷平均存货余额，其中平均存货余额=（期初存货+期末存货）÷2。

经营效益：

（12）营业利润率应大于8%，当然指标值越大，表明企业综合获利能力越强。营业利润率=营业利润÷营业收入（商品销售额）×100% =（营业收入−营业成本−管理费用−销售费用−财务费用）÷销售收入×100%。

（13）净资产收益率中小企业应大于5%；一般情况下，该指标值越高说明投资带来的回报越高，股东们收益水平也就越高；净资产收益率=总资产净利率×权益乘数=营业净利率×总资产周转率×权益乘数；其中营业净利率=净利润÷营业收入，总资产周转率（次数）=营业收入÷平均资产总额，权益乘数=资产总额÷所有者权益总额=1÷（1-资产负债率）。

（14）利息保障倍数应大于400%；利息保障倍数=息税前利润÷利息费用=（利润总额+财务费用）÷（财务费用中的利息支出+资本化利息）。

业务41

银行承兑汇票到期收款客户回单一张。

从相关单据上记载的经济业务信息，可以得知此经济业务为：

6月18日，一份签发的银行承兑汇票到期，出纳取得银行承兑汇票到期收款客户回单。

随时查看银行票据登记簿，在应付票据即将到期前，确保银行结算账户金额充足，到期后到银行取扣款回单。

记账凭证（45）：

借：应付票据　　　　　　　　　　　　　　　　2 000 000

　贷：其他货币资金——银行承兑汇票保证金账户　　　　　1 000 000

　　　银行存款　　　　　　　　　　　　　　　　　　　　1 000 000

我打了个"的"，赶到婉晴家。婉晴正在试衣服，一见我，立马就叫了起来。

"小艾，你就穿这衣服去参加人家婚礼啊？"

"怎么啦？"

"你是参加婚宴，还是去上班啊？赶紧换掉。"

"我回家已经来不及了。"

"我这有，赶紧挑，这套不错，应该合你身，试试看。"

我们在镜前比来比去，试着衣服，婉晴妈在旁边唠叨着。

"晰薇这女孩子是有心思的，你们宿舍的这4个女孩子，我就看她最会为自己打算。"

"她屈指一算自己的条件，绮年玉貌，婀娜多姿，一举手一投足，全都有味道，有心机。"

"听人家说，她是托尽人事，考进那聂家的企业去当职员，因为她留意搜集资料，勤看影画周报，看见那聂家公子是本城钻石王老五，燕瘦环肥，把他围拢得透不过气来，就认为机不可失……"

"又听说，这晰薇顶会做人，每逢那太子爷聂允杰留在企业里开夜工，她就必不下班，在写字楼内出没，引他注意……"

"妈，你有完没完，一天到晚道听途说的，你管那么多事情干嘛？"

"你这孩子，我说话，你总是当耳边风。啥时候你才能让人省心呀？"

"好啦好啦，妈，你不要说了，我们要走了。"

婉晴拉着我，赶紧出了家门。

我们上了一辆的士。

"楚帆呢？先去了？"婉晴问道。

"没有，他工作忙，请不到假。"我敷衍道。

"请不到假？有那么忙吗？"婉晴嘟嚷着。

接着，婉晴男友韩子俊来电催促着。

"你们现在到哪儿啦？婚礼马上就要开始了。"

"快了快了，我们马上到了，不要总是像个催命鬼一样。"婉晴埋怨道。

来到婚礼现场，婉晴拉着我先去看新娘子。

晰薇的确是个可人儿，装扮起来，更是粉琢玉砌的，无懈可击。

我们在那里还碰到了好几个同学，紫珞也在，还做起了伴娘。

紫珞穿一身的粉红，其实有点格格不入。她的五官虽得体，皮肤却并不白皙，这无疑是她的致命伤，配上娇嫩的粉红色，更觉难看。

但是，这时候才提出意见来，是太迟了，我和婉晴都只好噤声。

反正今天谁也休想抢晰薇半分风头，谁美谁丑又有什么相干呢？晰薇那袭雪白婚纱一穿在身上，整个人娇艳欲滴，吹弹可破。颈项上戴着男家送来作聘礼的南洋珍珠镶钻项链，更显高贵典雅。飞上枝头的凤凰，果然非同凡响，令人荡魄离魂。

有友如此，与有荣焉。

我穿着一条半新的麻纱米白衣裙，不显高贵，却自认为舒畅大方，我非常满意，看来婉晴的挑衣水平还真不错。

婚礼进行中，新郎有着一张出人意料的白净脸蛋，五官精致，显得比他的实际年龄年轻，一点不像三十出头的模样，奇怪的是，模样儿还有一点稚气，稍露浮夸之气，算是美中不足。到底也是个养尊处优的纨绔子弟！

交换戒指时，新娘甜美幸福，但总感觉，新郎有点玩世不恭，不够虔诚。

当然，不管怎么样，晰薇自今天起，选择了她要走的路，是正确还是错误？是伤悲抑或是欣喜？无从知晓。

好歹人家现在是少奶奶了，不用像我们一样，每天面对着那恼人的单据，不厌其烦地做着会计凭证；每天有加不完的班，干不完的活；出门挤公交车，回来挤出租房。

我突然莫名其妙地有点伤感。

曲终人散时，我在队伍的末尾看到了王俊远，他好像也看到了我，我正犹豫着要不要过去打个招呼。但是，婉晴却拉着我走出了酒店。

等候计程车时，身边有两位贵妇人，旁若无人、肆无忌惮地批评说："新娘子样子还过得去，可惜仍显出小家子气，怎么整晚来来去去就那一套首饰？也不怕别人看在眼里觉得寒酸？"

"那套首饰还是男方家送的，娘家充其量打两只龙凤镯，不亮相也罢！"

"难得有女嫁进豪门去，不管怎样总应该投点本钱吧？"

"真笑话了。你这叫饱人不知饿人饥，这阵子珠宝玉石还算便宜呢，可是就是充撑不了场面，也是没法子的事。"

"去年冯伯棠二婚，那女方不也是求了大福金行，租用了几套首饰吗？"

"连这些人脉都缺了，又或者连租金与担保费用都负担不起，你叫人家如何？"

"聂家也不替他们想想办法吗？"

"那未免多此一举了，聂家肯放弃门第之见，正式而辉煌地迎娶这小家碧玉，还不是看在她身家清白的份上，其余的也就不必强人所难了。"

两个贵妇人，你一言，我一语的，如此理直气壮，尽情把晰薇的婚礼数落一通，才乘上名贵豪车，扬长而去。

我和婉晴，面面相觑，无言以对。

第15章

女人的修炼

第15章

女人的修炼

很多过来人都说，如果在一个女人最重要的几年中，投资的是一个男人，那么之后的几十年里，你将不断地央求这个男人不要离开你。如果你投资的是自己，那么在剩下的几十年里，你会很顺利地收获真正属于你的爱情。只有当自己处于一个最好的状态，才会有一个最好的人来爱你。我总是牢牢地记住这句话，从能力到容貌，努力让自己出色些。有句广告语这样说：认真的女人最美丽。是的，每个人都有选择自己生活方式的权利，但一定要认真。这样的女人就算不是天生丽质，也有一种自信从容的美，也只有这样的美，才能和时间对抗。培养自己的幸福力，不论发生什么，别人都动不了你我的自在开心，这才是真正强大的气场及自信。

"快5点了，准备去哪儿？"

"我想我还得回公司一趟。"

"你不会还想着回去工作吧。"

"我还有点事情没有处理完毕。"

"工作狂啊？要不，跟我们一起混得了。打电话给楚帆，叫他一起来。"

"别，他刚进新公司不久，得好好表现表现。你和子俊 happy 去吧，我先走了。"

我上了一辆出租车，赶紧逃离。

回到公司，我整理好思绪，开始工作，工作是一辈子的事情，你人生大部分的存在感、自我认同感都来自于工作，所以，要像喜欢恋人一样喜欢你的工作，而且工作永远不会背叛你。

宝迪公司的销售采购业务单据、各种费用单据及银行单据处理完毕后，剩下的其他单据就很少了，一般都是不经常发生的经济业务，如员工借款，收到违约金，无偿赠送原材料、自有产品及零星的现金支付等等。总之没有处理完毕的单据都要处理完毕。

业务42

借款单（如图15-1所示）一张。

借 款 单

资金性质：个人借款   20××年6月4日

借款单位	销售部	
借款理由	招待客户	
借款金额	人民币（大写）：叁仟伍佰元整　￥3 500.00	
本单位负责人意见	同意 王俊远	借款人签章：叶子
领导批示： 同意 李泽 20××年6月4日	会计主管核批： 同意 陈圭 20××年6月4日	付款记录： 20××年6月4日　第3号 支票或现金支出凭单付给　叶子

图 15-1　借款单

从相关单据上记载的经济业务信息，可以得知此经济业务为：

6月4日，销售部员工叶子借款3 500元。

员工借款审核要点：

（1）员工外出借款无论金额大小，都需要相关有权限人员签字，电话请示的要补签。若无批准就借款，引起的纠纷，就由相关责任人负责。

（2）审核是否还清以前的欠款，以前欠款未还清者，拒绝再借。

（3）依据相关的借款制度，审核是否符合借款的要求，包括部门、金额、借款事项等等。

（4）登记借款时间、还款时间。

（5）编制记账凭证。

记账凭证（46）：

借：其他应收款——销售部——叶子　　　　　　　　　　　　　　　3 500

　　贷：库存现金　　　　　　　　　　　　　　　　　　　　　　　　　3 500

每个公司都有自己的借款管理制度。例如：

（1）外部单位、个人非公务借款一律不准申请借款。

（2）公司人员借款当月能够归还的，填写"暂支单"。公司人员借款需跨月归还的，填写"借款申请"（一式两联）。

（3）到财务部报销费用时，必须结清借款，"前不清、后不借"。

（4）财务人员借款需由财务部经理审核，总经理签准；财务经理借款由总经理签准后借支。

（5）试用期员工借款，由部门经理负责审核并签署视同担保的意见，总经理签准后借支。

（6）员工离职，必须结清借款后才能结算离职工资。

……

另外，就是要定期清理各部门人员的借款情况，编制"个人借款情况明细表"（内容包含所属部门、借款人姓名、借款金额和还款期限等），提醒借款人按时归还借款，对于逾期仍未还款者可以根据实际情况直接从借款人的工资或报销费用中扣还。

当然，有的公司，也允许员工个人非公务借款，但是从公司风险管控的角度上来说，对于借款应该尽量控制，如果非借不可，那么各种手续应尽量齐全。有的公司以为，你借了款，要是不还，我直接扣你工资就是了，其实，直接强制从工资里扣除是有风险的。曾经出现过，职工借款不还，公司扣其工资作为还款，被判败诉的事情。

有这样一个案例：

丁某系某公司的职工。20××年9月丁某因母亲突然患重病，急需一笔钱住院治疗，遂向公司借款人民币1.2万元，并立下借据，约定借款期限为1年。借款合同到期后，丁某没有履行合同按时偿还借款。公司多次向其催要，但丁某始终以老人住院花了很多钱为由，没有偿还。公司在不得已的情况下，决定从次年10月1日起，扣发丁某的工资，直到扣完其所借的款额为止。

对公司的决定，丁某开始并没有反对。但是，当公司将其月工资总额全部扣下时，丁某慌了神，一家老小的生活费全靠他的工资。在公司扣完第2个月工资后的第4天，丁某便怒气冲冲地找到领导，要求公司每月给其留生活费。对此，公司领导予以拒绝，并继续扣发丁某的工资。不得已，丁某一纸诉状将公司告上法院，要求公司停止扣发工资，按月足额发放工资。法院依法审理后，做出判决，要求公司立即停止扣发原告工资的行为，并对已扣发的工资予以全部补发。

接到法院的判决书后，公司的领导十分不理解。在他们看来，丁某借钱不还，公司没上法院告他，他却反咬一口，将公司告到法院，真是岂有此理。

我国《劳动法》第五十条规定："工资应当以货币形式按月支付给劳动者本

人。不得克扣或者无故拖欠劳动者的工资。"在本案中，被告公司为了达到使丁某履行借款合同的目的，采取扣发丁某工资的办法，实属违反了《劳动法》的有关规定。双方为丁某不履行借款合同而发生争执，属于借款合同纠纷，是另外一个法律关系，不属于劳动争议的范围。对于丁某借款不还问题，公司应通过协商或另行起诉的办法加以解决。法院正是依据《劳动法》的规定，支持了本案原告的诉讼请求。

　　刚做了一笔业务，雅妮突然回来了。

　　"小艾，你今天不是请假了吗？怎么又回公司了？"

　　"月底了，我的报表还没出来，我得处理完毕。"

　　"你还真敬业，报表没出来就没出来呗，晚几天也没什么吧？"

　　"反正早晚都得做，晚做还不如早做。"

　　"那倒是，那你慢慢做，我先下班了。"

　　雅妮画着精致淡妆，面带笑容，提着她的包优雅地离开了办公室，看样子她刚才是跑到美容店做美容去了。

　　办公室静悄悄的，一股寂寞伤感袭上心来。我突然想给楚帆打个电话，但我忍住了，继续我的工作。

业务43

收款收据（如图15-2所示）一张，金额5 000元。

收款收据

20××-06-03 　　　　　　　　　　No：012006

今收到　　华福公司

合同违约金

金额（大写）伍仟元整

收款单位（财务专用章）

记账联

核准：王红英　　会计：印艾娜　　记账：　　出纳：妮艾印雅　　经手人：

图15-2　收款收据

从相关单据上记载的经济业务信息，可以得知此经济业务为：

6月3日，出纳收到华福公司因未按合同规定日期交货而支付的合同违约金5 000元。

收到现金，填写收据（金额开具正确），收款人签字（盖章）并加盖"现金收讫"章，将收据（付款人联）加盖公司财务专用章给付款人，根据收款收据（记账联）编制记账凭证。

记账凭证（47）：

借：库存现金   5 000

    贷：营业外收入   5 000

收据一般分为三联：存根联、记账联和付（交）款人联。

对收取违约金业务，开具发票还是收据取决于收到该项违约金是否缴纳流转税（增值税）。收取的违约金不需要缴纳流转税的，只需要开具收据就可以了；需要缴纳增值税的，需要开具相应的增值税发票。

企业在收取违约金的时候，应分不同的情况以确定是开具发票还是开具收据：

（1）供货方（收款方）收取违约金的情况

【例15-1】甲方与乙方签订销售合同，甲方向乙方销售货品，由于各种原因，合同并未实际履行，按合同约定甲方支付乙方违约金20万元，款项已付，但乙方不愿意开票。

分析：增值税虽然实行以票控税，但不排除一些特殊情况，即不属于增值税范围、无法取得发票的情况。

还有一种情况是，双方签订销售合同，甲方无法正常供货，乙方让甲方支付违约金或没收甲方定金。因此，支付违约金的一方，以其他外部证明作为税前扣除凭证。

甲方的账务处理：

借：营业外支出——违约金支出   200 000

    贷：银行存款   200 000

①合同实施前违约的处理方法。如果是供货方（收款方）收取违约金，并且对方在合同实施前违约，双方最终并没有执行合同，则此违约金不属于生产经营的业务往来结算，根据《发票管理办法》的规定，不需要开具发票。可以根据《会计基

础工作规范》的规定开具收据，有税务机关监制收据的地区，可开具经税务机关监制的收据。

②合同实施过程中违约的处理方法。如果是供货方（收款方）收取违约金，并且对方在合同实施过程中违约，而合同内容属于应缴增值税行为，则根据《增值税暂行条例》第六条以及《增值税暂行条例实施细则》第十二条的规定，即增值税销售额为纳税人销售货物或者应税劳务向购买方收取的全部价款和价外费用，包括违约金。因此，违约金构成了价外费用，违约金收取方需要与货款一起开具增值税发票给客户，并计算缴纳增值税。例如，甲公司与乙公司（均为增值税一般纳税人）签订合同，由甲公司向乙公司供应产品。如果甲公司已经发出部分货物，乙公司违约，则甲公司对收取的违约金，需要给乙公司开具增值税专用发票。

(2) 收货方（付款方）收取违约金的情况

如果是收货方（付款方）收取违约金，则无论对方在何时违约，收取违约金一方只需开具收据给对方。因为《发票管理办法》第二十条规定："销售商品、提供服务以及从事其他经营活动的单位和个人，对外发生经营业务收取款项，收款方应向付款方开具发票；特殊情况下由付款方向收款方开具发票。"也就是说，开具发票的前提是销售商品、提供劳务等而取得了生产经营收入，而收货方（付款方）得到的违约金并不是生产经营收入，所以不需要开具发票。

业务 44

付款申请单一张。

对方开具收据一张，金额 6 540 元。

从相关单据上记载的经济业务信息，可以得知此经济业务为：

6 月 15 日，出纳以现金支付 M 市飞快运输公司运费 6 540 元，取得收据一张。

记账凭证（48）：

借：应付账款——M 市飞快运输公司　　　　　　　　　　　　　　　6 540

　　贷：库存现金　　　　　　　　　　　　　　　　　　　　　　　　　　6 540

以现金支付的款项，必须取得对方开具的收据，因特殊原因，实在无法取得对方收据的，应当填写付款凭证，由对方经办人在付款凭证上签字。

库存现金的余额和使用范围都有严格的规定，在实际操作中，应遵守，在特殊情况下可做申请或者变通处理。

库存现金的余额是指国家规定由开户银行给各单位核定一个保留现金的最高额度。核定单位库存现金限额的原则是，既要保证日常零星现金支付的合理需要，又要尽量减少现金的使用。开户单位由于经济业务发展需要增加或减少库存现金限额，应按必要手续向开户银行提出申请。

一个单位在几家银行开户的，由一家开户银行核定开户单位的库存现金限额。

凡在银行开户的独立核算单位都要核定库存现金限额；独立核算的附属单位，由于没有在银行开户，但需要保留现金的，也要核定库存现金限额，其限额可包括在其上级单位库存限额内；商业企业的零售门市部需要保留找零备用金，其限额可根据业务经营需要核定，但不包括在单位库存现金限额之内。

库存现金限额的计算方式一般是：

库存现金=前一个月的平均每天支付的数额（不含每月平均工资数额）×限定天数

库存现金的使用范围：

（1）职工工资、津贴，这里所说的职工工资指企业、事业单位和机关、团体、部队支付给职工的工资和工资性津贴。

（2）个人劳务报酬，指由于个人向企业、事业单位和机关、团体、部队等提供劳务而由企业、事业单位和机关、团体、部队等向个人支付的劳务报酬，包括新闻出版单位支付给作者的稿费，各种学校、培训机构支付给外聘教师的讲课费，以及设计费、装潢费、安装费、制图费、化验费、测试费、咨询费、医疗费、技术服务费、介绍服务费、经纪服务费、代办服务费、各种演出与表演费，以及其他劳务费用。

（3）根据国家制度条例的规定，颁发给个人的科学技术、文化艺术、体育等方面的各种奖金。

（4）各种劳保、福利费用以及国家规定的对个人的其他支出，如退休金、抚恤金、学生助学金、职工生活困难补助。

（5）收购单位向个人收购农副产品和其他物资的价款，如金银、工艺品、废旧物资的价款。

（6）出差人员必须随身携带的差旅费。

（7）结算起点（1 000元）以下的零星支出。超过结算起点的应实行银行转账结算，结算起点的调整由中国人民银行确定并报国务院备案。

（8）中国人民银行确定需要现金支付的其他支出。若采购地点不确定、交换不便、抢险救灾以及遇到其他特殊情况，办理转账结算不够方便，则必须使用现金的支出。对于这类支出，现金支取单位应向开户银行提出书面申请，由本单位财会部门负责人签字盖章，开户银行审查批准后予以支付现金。除上述（5）、（6）两项外，其他各项在支付给个人的款项中，支付现金每人不得超过1 000元，超过限额的部分根据提款人的要求，在指定的银行转存为储蓄存款或以支票、银行本票予以支付。企业与其他单位的经济往来除规定的范围可以使用现金外，应通过开户银行进行转账结算。

相关惩罚：

《中华人民共和国现金管理暂行条例实施细则》（银发〔1988〕第288号）

第二十条　开户单位如违犯《现金管理暂行条例》，开户银行有权责令其停止违法活动，并根据情节轻重给予警告或罚款。

有下列情况之一的，给予警告或处以罚款：

（一）超出规定范围和限额使用现金的，按超过额的10%~30%处罚；

……

业务45

材料领用单一张，用途为"捐赠"。

赠送的材料清单一张。

客户收到材料的证明一张。

从相关单据上记载的经济业务信息，可以得知此经济业务为：

6月19日，经公司领导批准，公司管理部门领用主控单元件100千克并赠送客户，实际成本为10 016元，其中运费16元。

记账凭证（49）：

借：营业外支出——捐赠支出　　　　　　　　　　　　　　　11 317.44

　贷：原材料——主控单元件　　　　　　　　　　　　　　　10 016

　　　应交税费——应交增值税（进项税额转出）　　　　　　1 301.44

购进原材料改变用途用于非增值税应税项目的，应当做进项税额转出处理。

若能确定原材料购入时抵扣的进项税额，直接转出即可；若不能，则需要计算出原材料应该转出的进项税额，需要注意相应的运费进项税额也要一并转出，计算公式为：

$$进项税额转出=（材料成本-运费）×13\%+\frac{运费}{（1-9\%）}×9\%$$

若原材料购进时取得的是一般纳税人开具的货物运输业增值税专用发票，则：

$$进项税额转出=（材料成本-运费）×13\%+运费×9\%$$

若原材料是免税农产品，则计算公式为：

$$进项税额转出=\frac{原材料成本}{（1-9\%）}×9\%$$

购进原材料用于捐赠，应分解为按公允价值视同对外销售和捐赠两项业务进行所得税处理。

只有公益性捐赠才可以在税前扣除。所谓公益性捐赠，是指企业通过公益性社会团体或者县级以上人民政府及其部门，用于《中华人民共和国公益事业捐赠法》规定的公益事业的捐赠。因此，此业务捐赠不能在税前扣除，年终汇算清缴时，应调增应纳税所得额。

业务46

产品领用单一张，备注：赠送××中学。

赠送自产产品申请单一张。

客户收到产品的证明材料一张。

从相关单据上记载的经济业务信息，可以得知此经济业务为：

6月19日，公司将自产产品可充电迷走神经刺激器10件无偿赠送给一所中学，产品实际成本12 000元，同期销售价格15 000元，未开具发票。

审查自产产品申请单、产品领用单和客户收到产品的证明等材料。

记账凭证（50）：

借：营业外支出——捐赠支出　　　　　　　　　　　　　　13 950

　贷：库存商品　　　　　　　　　　　　　　　　　　　　12 000

　　　应交税费——应交增值税（销项税额）　　　　　　　1 950

无偿赠送自产产品应视同销售缴纳增值税。

销项税额=公允价值×税率=15 000×13%=1 950（元）

关于公益性捐赠（见表15-1）：

表 15-1   公益性捐赠

公益性捐赠	（1）"公益性捐赠"支出，不超过"年度利润总额"12%的部分，准予扣除，超过部分，结转以后3年内扣除
	【注意1】计算基数为年度利润总额而非销售（营业）收入，非公益性捐赠一律不得扣除
	【注意2】企业在对公益性捐赠支出计算扣除时，应先扣除以前年度结转的捐赠支出，再扣除当年发生的捐赠支出
	（2）2019.1.1—2022.12.31用于脱贫地区的扶贫捐赠支出，准予全额据实扣除。在政策执行期内，实现脱贫的，仍然适用此政策
	（3）企业同时发生扶贫捐赠支出和其他公益性捐赠支出，在计算公益性捐赠支出年度扣除限额时，符合条件的扶贫捐赠支出不计算在内

　　企业发生的公益性捐赠，在利润总额12%比例范围内的，准予在税前扣除，超过利润总额12%的部分，要做纳税调增，增加应纳税所得额。12%捐赠扣除比例的限制，主要是为了堵住税收漏洞，防止部分企业利用捐赠扣除达到少缴税的目的，但也会加重捐赠企业的纳税负担。比如，现行所得税一般实行按季预缴、年终汇算清缴。

　　【例15-2】　A公司2008年5月通过国家民政部门向汶川地震灾区捐赠人民币200万元，该公司二季度累计实现会计利润1 000万元，一季度已缴企业所得税60万元（适用税率25%）。企业所得税预缴时是按照会计利润计算预缴税款，由于二季度发生的捐赠支出200万元已在计算二季度会计利润时作为一项支出减除，所以在预缴企业所得税时，暂不去考虑捐赠抵扣限额的问题，等到年末计算出当年会计利润后再一并进行纳税调整。那么A公司二季度应预缴所得税税=二季度按累计利润计算的企业所得税税额-前面一季度已缴企业所得税税额=1 000×25%-60=190（万元）。

　　2008年年末，A公司全年实现会计利润2 000万元，假设没有其他纳税调整事项，2008年一季度到四季度累计缴纳企业所得税480万元。A公司2008年可在税前扣除的公益性捐赠为240万元（2 000×12%），而A公司2008年发生的公益性捐赠为200万元，小于可税前扣除公益性捐赠限额240万元，因此公益性捐赠200万元可全额扣除，不需要进行纳税调整。在无其他调整事项的前提下，A公司2008年应纳企业所得税税额为500万元（2 000×25%）。减去已累计缴纳的企业所得税480

万元，A公司2008年度汇算清缴应补缴企业所得税20万元。

假设A公司2008年实现会计利润分别是1 000万元（例15-3）和-1 500万元（例15-4），其他条件不变，那么通过比较可知各种不同情况下的抵扣结果。

【例15-3】A公司2008年会计利润1 000万元，2008年可扣除的捐赠为120万元（1 000×12%），因此公益性捐赠200万元需要进行纳税调整，增加当期应税所得额80万元（200-120）。

【例15-4】A公司2008年会计利润-1 500万元，即亏损1 500万元，2008年可扣除的捐赠0元，因此公益性捐赠200万元需要进行纳税调整，增加当期应税所得额200万元，以后年度可税前扣除的亏损额度变为1 300万元。倘若企业当年捐赠金额是2 000万元，则企业需调增当期应税所得额至500万元（-1 500+2 000），即使会计上亏损，当期应纳所得税额仍为正，为125万元（500×25%）。因此，一个本来亏损的企业，因为一笔大额的捐赠支出，反而产生了当期的所得税纳税义务。可见，捐赠中的纳税筹划对企业的日常管理是多么重要。

关于企业捐赠模式选择的税负比较：

目前国内企业对于受灾方公益性捐赠模式可以分为6类：（1）企业纯现金捐赠模式；（2）企业现金捐赠+个人捐赠模式；（3）企业现金捐赠+实物捐赠模式；（4）纯实物捐赠模式；（5）企业实物捐赠+个人捐赠模式；（6）公益基金会捐赠模式。

第1种模式比较常见，其捐赠的纳税成本如前所述，面临着12%的捐赠扣除比例上限。

第2种是企业现金捐赠+个人捐赠模式。苏宁电器是一个比较典型的例子，其以公司名义捐出了500万元，其董事长张近东以个人名义捐款5 000万元（两者相差9倍）。前者仍受限于会计利润12%的抵扣比例，而后者依据国家税务总局《关于个人向地震灾区捐赠有关个人所得税征管问题的通知》，个人直接通过政府机关、非营利组织向灾区的捐赠，依法据实全额扣除，不增加企业的纳税负担。

第3种是企业现金捐赠+实物捐赠模式。比如麦当劳，该企业除了捐赠2 200万元现金支持赈灾救助与学校重建外，震后还向灾区免费提供超过4万份的麦当劳食品。按税法规定需要视同销售，缴纳增值税，同时还要缴纳企业所得税。假设麦当劳一份套餐25元，其成本15元，则按照现在的税法规定要确认10元（25-15）的利润，缴纳2.5元的企业所得税。但是如果企业无法取得捐赠凭证，则15元的捐赠

成本视为与取得收入无关的支出，不允许税前列支；如果取得捐赠凭证，则允许并入捐赠支出，按照会计利润12%的限额扣除。再比如九芝堂捐赠现金80万元和价值150万元的药品。一方面，企业的捐赠总额受到会计利润12%的比例限制；另一方面，捐赠药品要视同销售，除了缴纳所得税以外，还要缴纳增值税。

第4种是纯实物捐赠模式。如果【例15-2】改为捐赠市场公允价值200万元的自产货物，那么需要视同销售，缴纳增值税和所得税。假设该批货物直接生产成本100万元，则需要缴纳增值税13万元（（200-100）×13%），同时捐赠支出在所得税扣减上受会计利润12%的比例限制。

第5种是企业实物捐赠+个人捐赠模式。如前第3种情况所述，实物捐赠要视同销售缴纳流转税和所得税，但个人捐赠在取得合法捐赠凭证的前提下可以全额抵税。

第6种是公益基金会捐赠模式。经政府批准，企业可以创立一家公益性质的基金会。公益基金会属于非营利公益组织，故其收入属于免税收入，相关支出允许据实扣除。因此，企业可以通过将钱款借给基金会，通过基金会的名义进行相关捐赠。

关于公益救济性捐赠的筹划：

1）捐赠方式的选择

站在纳税成本的角度，上述6种模式中以现金捐赠纳税成本最低，实物捐赠纳税成本最高，其他混合模式居中；而在现金捐赠中，个人名义捐赠可以全额抵税，其纳税成本最低，其次是基金会捐赠，最后是企业直接现金捐赠。

2）纳税成本与可行性的均衡

前述捐赠的第6种模式——公益基金会捐赠虽然捐赠企业纳税成本较低，但其操作难度较大。一方面，国家规定的符合条件的非营利组织基金会必须同时符合多个条件才能免税，而且基金会的成立需要符合一定的条件和规定的程序；另一方面，受基金管理的限制，资金的用途、使用时间、票据的开具等，都会受到约束和限制。因此，在纳税筹划时，既要考虑纳税的成本，又要考虑具体操作的可行性，从而实现两者的协调与均衡。

3）每年捐赠比例的筹划

企业的公益性捐赠不是"百米冲刺"，而应当是"马拉松式"的持续投入过程。为使捐赠金额能在税前全额扣除，可以算出企业每年对外捐赠额度的临界点：

假设企业2019年度拟对外捐赠的金额为 M，企业当年未捐赠前的预计利润为N，那么，捐赠支出后，企业的年度利润总额为 N-M。

M÷（N-M)=12%

M=0.12N-0.12M

1.12M=0.12N

M÷N=0.12÷1.12×100%

≈0.1071×100%=10.71%

因此，企业可以将一次的大额捐赠支出分解为若干年度进行，每年对外捐赠的金额小于或等于捐赠前利润额的10.71%时，这样既支持了公益事业，又无需增加捐赠当年的纳税负担，可谓一举两得。

4）盈—亏企业税前扣除内涵的比较

捐赠的税前扣除仅适用于盈利企业当期实际发生的公益性捐赠支出。所谓当期实际发生的公益性捐赠支出，是指企业在一个纳税年度内实际已将捐赠的资产交到接受捐赠的中间对象的控制范围内，即代表所捐赠资产所有权转移的凭证等，已经在法律意义上为接受捐赠的中间对象所控制，这时才允许在捐赠的所属纳税年度予以扣除。如果企业捐赠当年发生亏损，其相应发生的公益性捐赠支出既不能当年税前扣除，也不允许结转以后年度扣除。

5）捐赠手续与程序的完备

纳税人在进行捐赠税前扣除申报时，不仅应附送由具有捐赠税前扣除资格的非营利的公益性社会团体、基金会和县及县以上人民政府及其部门出具的公益救济性捐赠票据，同时还应当附送接受捐赠或办理转赠的非营利的公益性社会团体、基金会的捐赠税前扣除资格证明材料等。另外，如果企业和个人不是通过公益性社会团体和国家有关部门，而是直接向受灾对象捐赠，那么此类捐赠是不能在所得税前扣除的。

至此，除了盘点的单据，其他所有的单据都处理完毕了，接着就要进入期末处理了。今天是月底最后一天，明天又恰逢周末。干脆一口气全部做了算了，反正明天也是加班，今天多做点，明天就可以少做点了。

外面的天已经很黑了，肚子也饿了，我打电话叫了个外卖送上来；吃完，准备继续奋斗。

"小艾，你还没下班啊？"

"雅妮，你怎么又回来了？"

"我忘拿东西了。我说你怎么还没下班啊？"

"噢，我……"

这时，我手机响了，楚帆来电。

我拿起手机，看着它响了半天，不知道是该接还是不该接。

手机铃声断了，接着，又响了起来，我还是没有接。

"小艾，你怎么不接电话？"

"噢，是一个推销电话，不想接。"

"不会吧，看你的神情，不像。"

"真的。"

"好啦，你不会跟你男友闹别扭了吧？做会计我可能不如你，但是，这个你可骗不了我。"

看着雅妮那自信的笑容，我不知道该怎么回答她。

"说说看，怎么回事？别闷在心里，把自己憋坏了，感情是需要发泄的。女人，别那么虐待自己。女人永远都要爱自己，脸儿媚、心儿硬、下手稳准狠，对男人要有着超一流的敏感度和鉴赏能力，哪还能容得他们来伤我们？"

"昨天下班的时候，我去找他，看见他跟另一个女人有说有笑地上了一辆轿车。"

"所以，你怀疑他移情别恋？也许，他跟人谈事也不一定。再说，退一万步讲，就算他真劈腿，你也要不动声色，静观其变，冷静、从容地处理。赶紧给他回个电话，告诉他，'手机在包里，刚才没听见'。快点回啊！"雅妮看着我催促道。

我拿起手机给楚帆打了过去。

"喂。"

"喂，你刚才给我打电话啦？我没听见。"

"你现在在做什么呢？"

"我在加班，你呢？"

"我也在加班，最近事情好多。"

"是啊，我最近事情也挺多的。"

"怎么啦，感觉你情绪不高。"

"没有，可能是太忙了，感觉有点累。"

"那你要注意身体，别那么拼命。"

"嗯，你也是。"

我们挂了电话。

"好了，你电话打完了。赶紧把你这些乱七八糟的单据收起来，下班回家，回家第一件事，洗个澡。用热水和含有香氛的沐浴液或者香水皂洗个澡，记住这是你自己的身体，要靠它在职场打拼和颠倒众生，报表可以少编一个，电话可以少打一通，洗澡的时间不容侵占。有茧子或者摸上去粗糙的地方，可以用磨砂膏或者去死皮膏轻轻搓拭，出来后再涂上 BODY LOTION，不要弄得像手肘处钉了块砂纸一样到处刮人家衣服。脸和头发一定要搞干净，因为这是我们女人的门面，二合一的洗发水不要过于信赖，还是多用护发素的好。"

"洗个澡这么复杂？"

"洗个澡嫌复杂，那这报表数字这么烦人，你怎么不嫌复杂？女人要学会爱自己，你连自己都不爱，谁来爱你？与其坐在这里，猜测那个男人在做什么，你还不如好好疼一下自己。洗完澡后，就开始学穿衣服，学会挑选自己的战袍。我好像看你穿过一件带条纹的裙子，回去赶紧扔掉。"

"为什么？"

"横条纹的裤子和裙子让身体看起来臃肿，连文豪鲁迅都说过：少穿横条纹的衣服，它会显得不胖的人胖，胖的人更加胖。这道理好比天降大雪，黄狗身上白，白狗身上肿。你就不要再怀疑其中的道理，挑战思想家的高度了。我们一定要清楚自己适合什么样的颜色和款式，如果脸色不好就请尽量避免娇嫩的衣服，比如青绿色，否则就会像一只大青虫赫然立在墙角一般吓人。如果面貌威武，那么也请避免有虎皮或者豹纹感觉的搭配，它会显得你'如虎添翼'，铿锵有余而娇媚不足。白色的衬衣可以多备几件，在衣领、式样和质地上不同，宜攻宜守、可进可退，披上大氅可以冲进职场，换件 BRA 可以跃上大床。黑色系也要多备几件，长袖挥洒、短袖生风，长裙庄重、短裙性感，配淡妆干练神秘，配浓妆妖艳过人，最重要的一点：耐脏。"

雅妮谈起穿衣，头头是道。

"然后，别忘了给自己喷点香水，腮边喷一点，叫作吐气如兰；发上喷一点，

叫作雾鬓风鬟；手肘处喷一点，叫作皓腕香雪；脚踝喷一点，叫作莲步轻移；大腿深处喷一点，叫作暗香浮动。俗话说，战士上阵不能不带枪，女人出门不能不带香，诚哉斯言。但要注意，香水不是庙里的香火越多越好，香水就像是酒，一点点微醺的感觉最好，不爱那么多，只爱一点点。"

"这些做好后，就修炼自己的性格。"

"性格？"

"是的，你虽然表面看起来很文静，属于性格比较好的那一种，但是你内心有点倔强、爱生闷气，不够女人，将来会吃亏的。"

"那怎样的性格才算好呢？"

"女人给人的感觉应是娇柔，以柔克刚。你要好好练习，练好后，可以让你魅力四射。"

"怎么练？"我突然来了兴趣。

"别以为学娇就是学哆，哆得毫无来由就会令人毛骨悚然。学娇的第一步，就是先定下心来，对着一样东西，从无到有，见景生情直至母爱爆棚，仿佛它是你受尽欺负的爱儿，练习一百次直到乱真为止。练习原理：佛说，你心里有荷花，眼前就盛开荷花；你心里有大粪，眼前就堆满了大粪。见诸于男人，其实男人就是穿着成人码西装的婴儿，思想老成、内心单纯，你当他是婴儿，他便对你心存感激。你娇他，他便娇你，这是再简单不过的道理。如果你对一条底裤、一卷手纸都充满了爱怜和疼惜的感觉，对于一个可以为你刷卡付各种账单的男人，又有何难？"

我突然大笑。

"雅妮，你该不会在教我如何勾搭男人吧？不过，你说的这些，我还是赞同的。"

"勾不勾搭男人，那是另外一件事，女人要的是美态。爱美之心，人皆有之，谁不希望自己美得让人心旷神怡？然后就是学柔，练习方法：长时间不厌其烦地做同一件事，累了就叹气，绝不付诸恶言恶语，实在忍不住了出去跑圈，直到筋疲力尽为止。练习原理：生活在很多时候就是一种无聊的重复，不向他人抱怨是最为可贵的性格。叹气可以最大程度地放松和调节身心，气功里的沉肩坠肘就是以叹气为前提的。男人从小受够了打落门牙合血吞的教育，他不向你抱怨并不意味着他没什么可抱怨。你不抱怨，其实就给了他一个抱怨的机会。相识满天下，知音有几人？

其实就是一个寻找倾听者的过程，你并不需要为男人解决任何问题，只让他痛痛快快地偶尔像个八婆一样讲出心里话就好了。当别人家女人唠唠叨叨、摔盆打碗的时候，你还能千娇百媚地递给男人一杯窝心的热水，这样的观音姐姐，他不崇拜你崇拜谁？"

"你说得很对，不管发生什么，人都不要总是抱怨，抱怨就像传染病一样，坏了自己的心情，还传染了别人。"

"还要学嗔，不会嗔的女人，仿佛不会动的华丽木偶，缺少了灵动之气。练习方法：把自己想攻击别人的话用最委婉的方式表达出来，用录音机录一遍，再放出来听听，看有没有什么刻薄的言辞需要改进，然后再录，反复多次。"

"女人尖酸刻薄，确实很损形象，很多时候，做会计、出纳做久了，很多人脾气都变坏了。"

"为了一份破工作，坏了自己的脾气，你觉得值得吗？"

"不值得。"

"我们还可以学习不露骨的崇拜和恭维，尤其是对男人。"

"不仅仅是男人，女人其实也喜欢别人的恭维。"

"那当然，赞美他人，别人开心，自己也开心，生活处处充满美好。"

看得出来，雅妮是一个非常善于交际的女孩，精致的五官，甜美的笑容，优雅的举止，这种女孩到哪里都会让人过目不忘，脱颖而出。

回到家里，我做的第一件事，就是好好地洗个澡，整整洗了两个小时，我从来都没这么认真地去对待自己的身体。洗完后，心情特别舒畅。当人把所有的注意力都放到自己身上时，其他的很多东西也就变得不那么重要了。原来爱自己是那么一件令人享受的事情。

第 16 章

生命在于奋斗

第16章

生命在于奋斗

好不容易有个周末，真不想起床，一咬牙，还是赶紧起来，洗漱，出门。

路上，车水马龙，行人步履匆匆。每个人都在奔赴自己的目的地，空气中弥漫着喘息声。大家都在追逐，都在奋斗，都在为生活而奔波。

不知多少人说过，平庸的人是有福的。

真不明白这是什么道理！

人人都竭力表扬平凡，赞美平凡，可是，人人对于不凡又趋之若鹜，拼了命都要表现超凡！

这就等于不断抬举安贫乐道的情操，又疯狗似的希望旦夕发迹，富甲一方。

为什么人要如此地自欺欺人？

记得看过一个电影，里面有一个片段说：

杜鹃从来不自己筑巢，它只在别人的巢里下蛋，要孵蛋的时候它们会怎样？它们会把其他的蛋从巢里挤出去，它们的生命从谋杀开始，这就是大自然——要么竞争，要么死……

当时感觉特别震撼。

当我到达办公室的时候，王俊远已经在那里开始工作了。

这个世界上最恐怖的事就是比你优秀的人比你还努力。老板都如此拼命地工作，你一个小职员，有什么资格不努力工作？

宝迪公司的单据基本上都处理完毕了，现在进入期末处理。期末处理主要处理以下事项：

（1）期末盘点。

（2）计提折旧、摊销和坏账准备。

（3）计提职工薪酬。

（4）编制材料成本分配表。

（5）结转辅助生产成本。

（6）结转制造费用。

（7）完工产品成本转为库存商品。

（8）结转本期产品销售成本。

（9）计提税金：包括计算本月转出未交增值税，计提城市维护建设税、教育费附加、地方教育附加、房产税和城镇土地使用税。印花税不用在月末计提，缴纳的时候直接作分录就可以了。

借：管理费用

　　贷：库存现金或银行存款

（10）将各损益类科目结转到本年利润。

（11）计提企业所得税。

（12）结转本年利润。

（13）提取法定盈余公积。

（14）将利润分配下的其他明细科目的余额转入"未分配利润"明细科目。

（对于成本结转的原理，《小艾上班记 4——工厂会计真账实操》已有讲解，本书限于篇幅，不再赘述）

业务 47

固定资产折旧计算表（见表 16-1）。

记账凭证（51）：

借：管理费用——折旧费 4 420.14

　　制造费用——折旧费 6 333.33

　　贷：累计折旧 10 753.47

计提固定资产折旧时，我们应注意以下几点：

（1）固定资产应当当月计提折旧，企业应编制固定资产折旧计算表。当月增加的固定资产，当月不计提折旧，从下月开始计提折旧；当月减少的固定资产，当月仍计提折旧，从下月起不计提折旧。

（2）固定资产提足折旧后，不论能否继续使用，均不再计提折旧。

（3）提前报废的固定资产，不再补提折旧。

（4）已计提减值准备的固定资产，还应当扣除已计提的固定资产减值准备累计金额。

表16-1　　　　　　　固定资产折旧计算表
20××年6月　　　　　　　　　　　金额单位：元

名称	原值	使用年限	净残值率	折旧方法	年折旧率	月折旧率	月折旧额	已提折旧（月）	累计折旧	净值
电子设备	10 000	3	5%	平均年限法	31.67%	2.64%	263.89	18	4 750	5 250
小汽车	150 000	4	5%	平均年限法	23.75%	1.98%	2 968.75	16	47 500	102 500
生产设备	800 000	10	5%	平均年限法	9.50%	0.79%	6 333.33	24	152 000	648 000
房屋建筑物	300 000	20	5%	平均年限法	4.75%	0.40%	1 187.5	20	23 750	276 250
小计	1 260 000						10 753.47		228 000	1 032 000

说明：（1）本表为了方便，没有列出固定资产明细（结构规格、计量单位、数量、单价等）。除生产设备为生产车间使用外，其他均为管理部门所使用。

（2）会计准则对折旧年限和净残值没有明确规定，公司可按固定资产实际情况自行确定。税法规定：除国务院财政、税务主管部门另有规定外，固定资产计算折旧的最低年限如下：

①房屋、建筑物，为20年；

②飞机、火车、轮船、机器、机械和其他生产设备，为10年；

③与生产经营活动有关的器具、工具、家具等，为5年；

④飞机、火车、轮船以外的运输工具，为4年；

⑤电子设备，为3年。

企业在一般情况下，都选择按照税法规定计提折旧，这样可以避免所得税汇算清缴时需要进行纳税调整，加大工作量。

（3）月折旧额是直接按照公式计算的结果，而月折旧率保留了两位小数，所以月折旧额和"原值×表中月折旧率"存在极小的差额。

（5）已达到预定可使用状态但尚未办理竣工决算的固定资产，应当按照估计价值确定其成本，并计提折旧；待办理竣工结算后，再按实际成本调整原来的暂估价值，但不需要调整原已计提的折旧额。

（6）折旧按照固定资产用途和使用部门分配：管理部门所使用的固定资产折旧

237

计入管理费用，基本生产车间所使用的固定资产折旧计入制造费用，销售部门所使用的固定资产折旧计入销售费用，企业自行建造固定资产过程中使用的固定资产折旧计入在建工程，经营租出的固定资产折旧计入其他业务成本。

固定资产的折旧方法有直线法、工作量法、双倍余额递减法、年数总和法。那这些方法的选择与税收会有什么关系呢？

例如某有限公司，固定资产原值为180 000元，预计残值为10 000元，使用年限为5年。企业未扣除折旧的利润和产量见表16-2，该企业适用25%的所得税税率，资金成本率为10%。

表16-2 企业未扣除折旧的利润和产量

年限	未扣除折旧利润（元）	产量（件）
第一年	100 000	1 000
第二年	90 000	900
第三年	120 000	1 200
第四年	80 000	800
第五年	76 000	760
合计	466 000	4 660

（1）直线法

年折旧额=（固定资产原值-估计残值）÷估计使用年限=（180 000-10 000）÷5=34 000（元）

第1年利润额=100 000-34 000=66 000（元）

应纳所得税=66 000×25%=16 500（元）

第2年利润额=90 000-34 000=56 000（元）

应纳所得税=56 000×25%=14 000（元）

第3年利润额=120 000-34 000=86 000（元）

应纳所得税=86 000×25%=21 500（元）

第4年利润额=80 000-34 000=46 000（元）

应纳所得税=46 000×25%=11 500（元）

第5年利润额=76 000-34 000=42 000（元）

应纳所得税=42 000×25%=10 500（元）

5年累计应纳所得税=16 500+14 000+21 500+11 500+10 500=74 000（元）

应纳所得税现值=16 500×0.909+14 000×0.826+21 500×0.751+11 500×0.683+10 500×0.621

　　　　　　 =57 084（元）

　　0.909、0.826、0.751、0.683、0.621分别为1、2、3、4、5期的复利现值系数，下同。

（2）工作量法

每年折旧额=每年实际产量÷合计产量×（固定资产原值-预计残值）

第1年折旧额=1 000÷4 660×（180 000-10 000）=36 481（元）

利润额=100 000-36 481=63 519（元）

应纳所得税=63 519×25%=15 880（元）

第2年折旧额=900÷4 660×（180 000-10 000）=32 833（元）

利润额=90 000-32 833=57 167（元）

应纳所得税=57 167×25%=14 292（元）

第3年折旧额=1 200÷4 660×（180 000-10 000）=43 777（元）

利润额=120 000-43 777=76 223（元）

应纳所得税=76 223×25%=19 056（元）

第4年折旧额=800÷4 660×（180 000-10 000）=29 185（元）

利润额=80 000-29 185=50 815（元）

应纳所得税=50 815×25%=12 704（元）

第5年折旧额=760÷4 660×（180 000-10 000）=27 725（元）

利润额=76 000-27 725=48 275（元）

应纳所得税=48 275×25%=12 069（元）

5年累计应纳所得税额=15 880+14 292+19 056+12 704+12 069=74 000（元）

应纳所得税的现值=15 880×0.909+14 292×0.826+19 056×0.751+12 704×0.683+12 069×0.621

　　　　　　　 =56 722.85（元）

（3）双倍余额递减法

$$双倍余额递减法年折旧率=\frac{1}{估计使用年限}×2×100\%$$

年折旧额=期初固定资产账面余额×双倍余额递减法年折旧率

　　会计制度规定，在计算最后两年折旧额时，应将原采用的双倍余额递减法改为用当年年初的固定资产账面净值减去估计残值，将其余额在使用的年限中平均摊销。

$$双倍余额递减法年折旧率=2×\frac{1}{5}×100\%=40\%$$

第1年折旧额=180 000×40%=72 000（元）

利润额=100 000-72 000=28 000（元）

应纳所得税=28 000×25%=7 000（元）

第2年折旧额=（180 000-72 000）×40%=43 200（元）

利润额=90 000-43 200=46 800（元）

应纳所得税=46 800×25%=11 700（元）

第3年折旧额=（180 000-72 000-43 200）×40%=25 920（元）

利润额=120 000-25 920=94 080（元）

应纳所得税=94 080×25%=23 520（元）

第4年后，使用直线法计算折旧额：

第4年、第5年折旧额=（180 000-72 000-43 200-25 920-10 000）÷2=14 440（元）

第4年利润额=80 000-14 440=65 560（元）

应纳所得税=65 560×25%=16 390（元）

第5年利润额=76 000-14 440=61 560（元）

应纳所得税=61 560×25%=15 390（元）

5年累计应纳所得税=7 000+11 700+23 520+16 390+15 390=74 000（元）

应纳所得税的现值=7 000×0.909+11 700×0.826+23 520×0.751+16 390×0.683+15 390×0.621

=54 442.28（元）

（4）年数总和法

每年折旧额=可使用年数/使用年数总和×（固定资产原值-预计残值）

使用年数总和=1+2+3+4+5=15

第1年折旧额=$\frac{5}{15}$×（180 000-10 000）=56 667（元）

利润额=100 000-56 667=43 333（元）

应纳所得税=43 333×25%=10 833（元）

第2年折旧额=$\frac{4}{15}$×（180 000-10 000）=45 333（元）

利润额=90 000-45 333=44 667（元）

应纳所得税=44 667×25%=11 167（元）

第3年折旧额=$\frac{3}{15}$×（180 000-10 000）=34 000（元）

利润额=120 000-34 000=86 000（元）

应纳所得税=86 000×25%=21 500（元）

第4年折旧额=$\frac{2}{15}$×（180 000−10 000）=22 667（元）

利润额=80 000−22 667=57 333（元）

应纳所得税=57 333×25%=14 333（元）

第5年折旧额=$\frac{1}{15}$×（180 000−10 000）=11 333（元）

利润额=76 000−11 333=64 667（元）

应纳所得税=64 667×25%=16 167（元）

5年累计应纳所得税=10 833+11 167+21 500+14 333+16 167=74 000（元）

应纳所得税的现值=10 833×0.909+11 167×0.826+21 500×0.751+14 333×0.683+16 167×0.621

=55 046.79（元）

　　将货币的时间价值考虑进来，将应纳所得税税额（以下简称应纳税额）折算成现值，结果见表16-3。

表16-3　　　　　　　　　不同折旧方法下的应纳税额及现值　　　　　　　　单位：元

年限	直线法	工作量法	双倍余额递减法	年数总和法
第一年	16 500	15 880	7 000	10 833
第二年	14 000	14 292	11 700	11 167
第三年	21 500	19 056	23 520	21 500
第四年	11 500	12 704	16 390	14 333
第五年	10 500	12 069	15 390	16 167
总计	74 000	74 000	74 000	74 000
现值	57 084	56 722.85	54 442.28	55 046.79

　　从表16-3中可以看出，采用加速折旧法计算的第一年应纳所得税税额最少，双倍余额递减法下第一年只缴纳税款7 000元，年数总和法下第一年缴纳税款为10 833元，而直线法下则需缴纳16 500元。

　　从表16-3的计算中，不难得出，加速折旧法使企业在最初的年份提取的折旧较多，冲减了税基，从而减少了应纳税额，相当于企业在最初的年份内取得了一笔无息贷款，对企业来说可达到合法避税的功效。

　　从应纳税额的现值来看，运用双倍余额递减法计算折旧时，税额最少，年数总和法次之，而运用直线法计算折旧时，税额最多。原因在于：加速折旧法（即

双倍余额递减法、年数总和法）在最初的年份内提取了更多的折旧，因而冲减的税基较多，使应纳税额减少，相当于企业在初始的年份内取得了一笔无息贷款。这样，其应纳税额的现值便较低。在运用普通方法（即直线法、工作量法）计算折旧时，由于直线法将折旧均匀地分摊于各年度，而工作量法根据年产量来分摊折旧额，该企业产量在初始的几年内较高，因而所分摊的折旧额较多，从而较多地侵蚀或冲减了初始几年的税基。因此，工作量法较直线法的节税效果更显著。在比例课税的条件下，加速固定资产折旧，有利于企业节税，因为它起到了延期缴纳所得税的作用。

实证分析结果：

1）直线法适用于处于税收优惠政策时期的企业

国家根据经济和社会发展的需要，对一些特定地区、特定行业和企业给予很多税收优惠政策。对享受所得税税收优惠政策的企业，选择直线法，把税收优惠政策对折旧费用抵税效应的消极影响降低到最低限度，有利于企业充分享受税收优惠政策。税收减免期不宜加速折旧，此时加速折旧法与平均年限法相比，每年会增加税负总额。所以，在企业所得税实行比例税率的情况下，固定资产在使用前期多提折旧，后期少提折旧；在正常生产经营条件下，这种加速折旧的方法可以递延缴纳税款。但若企业处于税收减免优惠期间，加速折旧不仅不能少缴税，反而会多缴税。因此，在进行税收筹划时一定要考虑好国家的优惠政策，尽量减少税负。

2）加速折旧法可运用于连续取得盈利的企业

盈利企业应采用加速折旧法。加速折旧法可以加速固定资产价值的回收，使计入各期成本费用的折旧费用前移，应纳税额尽量后移，由此增加纳税人前期的现金流量。同时，由于较大地降低税基后，有可能使企业享受两档照顾性税率，从而可相对或绝对地降低税负。亏损企业不应采用加速折旧法，因为企业所得税规定亏损的最长弥补期限为5年，即企业亏损额只可以用今后5个连续纳税年度的税前利润来弥补。采用加速折旧使企业利润后移，相对加大了前期亏损年度每年的亏损额，这样很有可能导致以前年度的亏损不能全部弥补或最大限度地弥补，从而最终加重税负。在这种情况下，企业选择年限平均法可使亏损最大限度地得到弥补，减少企业税负。

3）确定折旧年限，对于亏损企业有较大意义

对亏损企业，确定最佳折旧年限必须充分考虑企业亏损的税前弥补规定。如果

某一纳税年度的亏损额不能在今后的纳税年度中得到税前弥补或不能全部得到税前弥补，则该纳税年度折旧费用的抵税效应就不能发挥或不能全部发挥。在这种情况下，纳税人只有通过选择合理的折旧年限，使因亏损税前弥补不足对折旧费用抵税效应的消极影响减到最低程度，才能降低税收负担。

4）要考虑通货膨胀对税收筹划的影响

在通货膨胀情况下，加速折旧法的抵税作用显得更为突出。因为，按现行制度规定，我国对企业的资产实行以历史成本记账原则。在通货膨胀的情况下，企业按历史成本收回的实际购买力已大大贬值，无法按现行市价进行固定资产简单再生产的重置。如果企业采用加速折旧方法，那么既可以加快投资的回收速度，并在抑制未来的不确定性风险的同时，持补偿的折旧基金投入企业再增值过程，以创造更多的财富，又可以使企业缩短回收期，企业的折旧速度加快，有利于前期的折旧成本取得更多的税收抵税额，从而取得延缓纳税的好处，相对增加企业的投资收益。

各企业的会计方法选择都是为了追求企业的经济效益，企业采用不同的折旧方法可以使每期的固定资产折旧的摊销额不同，从而影响企业的应税所得，进而影响应纳税额，并获取最大的节税收益。因此，选择最有效的固定资产折旧方法，十分重要。

综上所述，企业在依法运用固定资产折旧方法合理进行纳税筹划时，应全面了解企业的整体状况，选择最优的固定资产折旧方法。比如，盈利并未享受企业所得税优惠期间采取加速折旧方法，在享受税收优惠政策时采用年限平均法并尽可能延长固定资产使用年限，亏损企业不应当采用加速折旧法，并且合理选择折旧年限十分重要。另外，应当综合考虑各方面的因素，比如考虑货币时间价值与通货膨胀对税收筹划的影响。

业务48

无形资产摊销计算表（见表16-4）。

表16-4　　　　　　　　　　　无形资产摊销计算表　　　　　　　　　　金额单位：元

项目名称	原值	摊销年限	月摊销额	累计摊销额	净额
专利权	600 000	10	5 000	60 000	540 000

$$每年摊销金额 = \frac{无形资产原值}{无形资产摊销年限}$$

$$每月摊销金额 = \frac{每年摊销金额}{12}$$

从相关单据上记载的经济业务信息，可以得知此经济业务为：

6月30日，计提无形资产摊销5 000元。

记账凭证（52）：

借：管理费用——无形资产摊销   5 000

 贷：累计摊销——专利权   5 000

无形资产摊销一般不低于10年。对经过主管税务机关核准的软件类无形资产，最短可为2年；有法律规定或合同约定使用年限的，按规定或约定年限进行摊销。

政策依据：

《企业所得税法实施条例》第六十七条规定：无形资产按照直线法计算的摊销费用，准予扣除。无形资产的摊销年限不得低于10年。作为投资或者受让的无形资产，有关法律规定或者合同约定了使用年限的，可以按照规定或者约定的使用年限分期摊销。

依据《财政部 国家税务总局关于进一步鼓励软件产业和集成电路产业发展企业所得税政策的通知》（财税〔2012〕27号）第七条规定：企业外购的软件，凡符合固定资产或无形资产确认条件的，可以按照固定资产或无形资产进行核算，其折旧或摊销年限可以适当缩短，最短可为2年（含）。

业务49

6月30日，因本公司应收账款账龄均不超过一年，没有迹象表明应收款项的回收出现困难，所以会计按应收账款期末余额的5%计算本期应计提坏账准备金额15 454元。

坏账准备计提金额计算表（见表16-5）。

表16-5   坏账准备计提金额计算表   单位：元

应收账款期末余额	计提比例	坏账准备期末余额	坏账准备期初余额	核销坏账金额	已核销坏账又收回金额	本期应计提金额
458 480	5%	22 924	7 470	0	0	15 454

$$\frac{本期应}{计提金额} = \frac{坏账准备}{期末余额} - \left(\frac{坏账准备}{期初余额} - \frac{核销坏}{账金额} + \frac{已核销坏账}{又收回金额}\right)$$

坏账准备期末余额=应收账款期末余额×计提比例

记账凭证（53）：

借：资产减值损失   15 454

  贷：坏账准备   15 454

业务50

人力资源部开具工资发放明细表，审核是否有人力资源部部门章和人力资源部经理、财务经理、总经理签字，编制工资成本分配汇总表（见表16-6）。

表16-6   **工资成本分配汇总表**   金额单位：元

应借科目		工资			
总账及二级科目	明细科目	分配标准（工时）	直接生产人员（分配率0.86）	管理人员工资	工资合计
生产成本——基本生产成本	可充电迷走神经刺激器	60 000	51 600		51 600
	不可充电迷走神经刺激器	40 000	34 400		34 400
	小计	100 000	86 000		86 000
生产成本——辅助生产成本	机修车间				5 000
	供电车间				5 000
	小计				10 000
制造费用				8 000	8 000
管理费用				7 660	7 660
销售费用				8 900	8 900
合计			86 000	24 560	120 560

从相关单据上记载的经济业务信息，可以得知此经济业务为：

6月30日，公司计提职工薪酬120 560元（其中工资99 500元、职工福利费3 990元、职工教育经费2 488元、工会经费1 990元、社会保险费12 592元），其中

生产人员薪酬86 000元，机修车间人员工资5 000元，供电车间人员工资5 000元，基本生产车间管理人员薪酬8 000元，行政管理部门人员薪酬7 660元，销售部门人员薪酬8 900元。

记账凭证（54）：

借：生产成本——基本生产成本——可充电迷走神经刺激器（直接人工）

51 600

　　　　——基本生产成本——不可充电迷走神经刺激器（直接人工）

34 400

　　　　——辅助生产成本——机修车间　　　　5 000

　　　　——辅助生产成本——供电车间　　　　5 000

　　制造费用——职工薪酬　　　　　　　　8 000

　　管理费用——职工薪酬　　　　　　　　7 660

　　销售费用——职工薪酬　　　　　　　　8 900

贷：应付职工薪酬——工资　　　　　　　99 500

　　　　　　——职工福利　　　　　　　3 990

　　　　　　——职工教育经费　　　　　2 488

　　　　　　——工会经费　　　　　　　1 990

　　　　　　——社会保险费　　　　　　12 592

业务51

审核材料领用单填写是否规范，签字手续是否完备，材料领用单须经部门负责人审核、车间负责人审核、分管领导签字；核对材料领用单与领料明细表（由仓库保管员分车间、部门、材料品种编制）数量金额是否相符，与各车间、部门核对领料数量，核对无误后，月末按各车间、部门、材料品种编制材料成本分配表。

领用的原材料包括主控单元件（19 600个，1 963 136元）、钛合金（6 000毫克，633 360元）、无线通信单元件（7 000个，1 400 000元）、其他材料及配件63 000元。

材料成本分配表见表16-7。

表16-7　　　　　　　　　　材料成本分配表

20××年6月30日

应借科目		共同耗用原材料的分配					直接领用的原材料（元）	耗用原材料总额（元）
总账及二级科目	明细科目	产量（件）	单位消耗定额（毫克）	定额消耗用量（毫克）	分配率	应分配材料费（元）		
生产成本——基本生产成本	可充电迷走神经刺激器	2 100	30	63 000		410 936.4	1 970 217.2	2 381 153.6
	不可充电迷走神经刺激器	1 705	20	34 100		222 423.6	1 392 918.8	1 615 342.4
	小计			97 100	6.5228	633 360	3 363 136	3 996 496
生产成本——辅助生产成本	机修车间						16 000	16 000
	供电车间						14 000	14 000
	小计						30 000	30 000
制造费用	机物料消耗						30 000	30 000
管理费用							2 000	2 000
销售费用							1 000	1 000
合计						633 360	3 426 136	4 059 496

　　表16-7是根据领料单（如图16-1所示，每月材料领用单较多，可单独装订，领料单包含月底汇总数量、金额、领料单位等信息）与领料明细表等资料汇总编制的。

领料部门：运输车间

用　　途：修理用

领　料　单

0204109

（三联式）

20××年6月28日

材料			单位	数量		成本										材料账页	第二联：会计部门记账
编号	名称	规格		请领	实发	单价	总价									
							百	十	万	千	百	十	元	角	分	
	F材料		千克	40	40	7.00				2	8	0	0	0		
								¥	2	8	0	0	0		

主管：　　会计：　　记账：　　保管：刘海明　　发料：　　领料：王杰

图16-1　领料单

记账凭证（55）：

借：生产成本——基本生产成本——可充电迷走神经刺激器（直接材料）

2 381 153.6

——基本生产成本——不可充电迷走神经刺激器（直接材料）

1 615 342.4

——辅助生产成本——机修车间   16 000

——辅助生产成本——供电车间   14 000

制造费用——机物料消耗   30 000

管理费用——材料费   2 000

销售费用——材料费   1 000

贷：原材料——主控单元件   1 963 136

——钛合金   633 360

——无线通信单元件   1 400 000

——其他材料及配件   63 000

业务52

6月30日，供电车间归集的辅助生产成本为69 700元，机修车间归集的辅助生产成本为21 000元。供电车间为各车间及企业行政管理部门提供84 500度电，其中机修车间耗电500度；机修车间为各车间及企业行政管理部门耗用劳务量4 400小时，其中供电车间耗用200小时，采用直接分配法分配辅助生产费用，编制辅助生产费用分配表（见表16-8）。

表16-8　　　　　　　　　　　**辅助生产费用分配表**

20××年06月

借方科目		生产成本——基本生产成本			制造费用	管理费用	合计
		可充电迷走神经刺激器	不可充电迷走神经刺激器	小计	基本车间		
供电车间	耗用量（度）	49 000	34 000	83 000	800	200	84 000
	分配率（元/度）	—	—	—	—	—	0.8298
	金额（元）	40 660.2	28 213.2	68 873.4	660.64	165.96	69 700
机修车间	耗用量（小时）	2 200	1 700	3 900	260	40	4 200
	分配率（元/小时）	—	—	—	—	—	5
	金额（元）	11 000	8 500	19 500	1 300	200	21 000
金额合计		51 660.2	36 713.2	88 373.4	1 960.64	365.96	90 700

表16-8内有关数据的计算：

供电车间供电量=84 500-500=84 000（度）

机修车间提供劳务工时=4 400-200=4 200（小时）

供电车间分配率=69 700÷84 000=0.8298（元/度）

机修车间分配率=21 000÷4 200=5（元/小时）

记账凭证（56）：

借：生产成本——基本生产成本——可充电迷走神经刺激器（其他）

　　　　　　　　　　　　　　　　　　　51 660.2

　　　　——基本生产成本——不可充电迷走神经刺激器（其他）

　　　　　　　　　　　　　　　　　　　36 713.2

　　制造费用——基本生产车间　　　　　1 960.64

　　管理费用——水电费　　　　　　　　165.96

　　　　——维修费　　　　　　　　　　200

　贷：生产成本——辅助生产成本——机修车间　　　21 000

　　　　——辅助生产成本——供电车间　　　　　　69 700

业务53

检查"生产成本——辅助生产成本"是否结转完毕（即"生产成本——辅助生产成本"科目余额应为零），编制"制造费用分配表"，把全部制造费用分配计入各种产品的"生产成本——基本生产成本"。本期制造费用46 293.97元，根据制造费用明细账编制制造费用分配表（见表16-9）。

表16-9　　　　　　　　　　　　制造费用分配表

20××年6月　　　　　　　　　　　　　　单位：元

借方科目	生产工时	分配金额（分配率：0.5383）
生产成本		
可充电迷走神经刺激器	51 600	27 776.38
不可充电迷走神经刺激器	34 400	18 517.59
合计	86 000	46 293.97

记账凭证（57）：

借：生产成本——基本生产成本——可充电迷走神经刺激器（制造费用）

27 776.38

——基本生产成本——不可充电迷走神经刺激器（制造费用）

18 517.59

贷：制造费用——机物料消耗   30 000

——折旧费   6 333.33

——职工薪酬   8 000

——基本生产车间   1 960.64

业务54

6月30日，公司本期生产的产品全部完工入库（可充电迷走神经刺激器2 100个，不可充电迷走神经刺激器1 705个，公司期末没有在产品）。

编制产品成本计算单（见表16-10和表16-11）和入库产品汇总表（见表16-12）。

表16-10 产品成本计算单

产品名称：可充电迷走神经刺激器   20××年6月   产成品数量：2 100个   单位：元

成本项目	产成品成本	
	总成本	单位成本
直接人工费	51 600	24.57
直接材料费	2 381 153.6	1 133.88
制造费用	27 776.38	13.23
其他	51 660.2	24.6
合计	2 512 190.18	1 196.28

表16-11 产品成本计算单

产品名称：不可充电迷走神经刺激器   20××年6月   产成品数量：1 705个   单位：元

成本项目	产成品成本	
	总成本	单位成本
直接人工费	34 400	20.18
直接材料费	1 615 342.4	947.41
制造费用	18 517.59	10.86
其他	36 713.2	21.53
合计	1 704 973.19	999.98

表16-12　　　　　　　　　　　入库产品汇总表

20××年6月　　　　　　　　　　　　　　　金额单位：元

产品名称	计量单位	数量	单价	金额	备注
可充电迷走神经刺激器	个	2 100	1 196.28	2 512 190.18	
不可充电迷走神经刺激器	个	1 705	999.98	1 704 973.19	
合计		3 805		4 217 163.37	

主管：　　　　会计：艾娜　　　　质检：刘小燕　　　　保管：韩伟

入库产品汇总表是根据产成品入库单（见表16-13，通常每月产成品入库单较多，可以单独装订，产成品入库单包含月底汇总数量之和的信息）与产品成本计算单编制。

表16-13　　　　　　　　　　　产成品入库单

交库单位：生产车间　　　　　　20××年6月×日　　　　　　　　　编号：

产品名称	型号规格	单位	交付数量	检验结果		实收数量	金额
				合格	不合格		
1#强化地板		箱	1 000	1 000		1 000	

车间主任：李兵晓　　　　车间送库：尹天亮　　　　检验：张宏　　　　仓库经收：李梅

该公司期末没有在产品，结转完毕后，生产成本各明细科目余额应为零。

记账凭证（58）：

借：库存商品——可充电迷走神经刺激器　　　　2 512 190.18

　　　　　——不可充电迷走神经刺激器　　　　1 704 973.19

　贷：生产成本——基本生产成本——可充电迷走神经刺激器（直接人工）

　　　　　　　　　　　　　　　　　　　　　　　　　　51 600

　　　　——基本生产成本——可充电迷走神经刺激器（直接材料）

　　　　　　　　　　　　　　　　　　　　　　　　2 381 153.60

贷：生产成本——基本生产成本——可充电迷走神经刺激器（制造费用）

27 776.38

——基本生产成本——可充电迷走神经刺激器（其他）

51 660.20

——基本生产成本——不可充电迷走神经刺激器（直接人工）

34 400

——基本生产成本——不可充电迷走神经刺激器（直接材料）

1 615 342.40

——基本生产成本——不可充电迷走神经刺激器（制造费用）

18 517.59

——基本生产成本——不可充电迷走神经刺激器（其他）

36 713.20

业务 55

6月30日，根据销售产品数量及产品加权平均单价计算当月主营业务成本，编制出库产品汇总表、主营业务成本明细表（见表16-14），结转本期产品销售成本。

表16-14　　　　　　　　　　**主营业务成本明细表**

20××年6月30日　　　　　　　　　　　　　　　金额单位：元

产品名称	计量单位	期初库存		本期其他领用		本期完工入库		本期销售		
		数量	总成本	数量	总成本	数量	总成本	数量	单位成本	总成本
可充电迷走神经刺激器	个	2 000	2 400 000	10	12 000	2 100	2 512 190.18	2 000	1 198.09	2 396 180
不可充电迷走神经刺激器	个	1 500	1 500 000			1 705	1 704 973.19	1 900	999.99	1 899 981
合计	—	3 500	3 900 000	10	12 000	3 805	4 217 163.37	3 900	—	4 296 161

记账凭证（59）：

借：主营业务成本——可充电迷走神经刺激器　　　　　　2 396 180

　　　　　　　　——不可充电迷走神经刺激器　　　　　1 899 981

贷：库存商品——可充电迷走神经刺激器　　　　　　　　　2 396 180

　　　　　　——不可充电迷走神经刺激器　　　　　　　　1 899 981

业务 56

存货盘点结果汇总表（见表 16-15）。

表 16-15　　　　　　　　　　**存货盘点结果汇总表**

单位名称：重庆宝迪电子有限公司　　　　　20××年6月30日　　　　　　　　金额单位：元

项目	账面数量	账面金额	盘点数量	盘点金额	数量差异	金额差异	备注
主控单元件（个）	15 000	1 502 800	15 000	1 502 800	0	0	
钛合金（毫克）	12 000	1 266 640	12 000	1 266 640	0	0	
无线通信单元件（个）	6 000	1 200 000	5 900	1 180 000	100	20 000	盘亏
其他材料及配件	—	37 000	—	37 000	0	0	
可充电迷走神经刺激器（个）	2 090	2 504 010.18	2 090	2 504 010.18	0	0	
不可充电迷走神经刺激器（个）	1 305	1 304 992.19	1 305	1 304 992.19	0	0	
合计	—	7 815 442.37	—	7 795 442.37	100	20 000	

财务负责人：　　　　　　监盘人：　　　　　　盘点人：

注：存货盘点结果汇总表由盘点明细表汇总编制，盘点明细表略。

每到月末、季末、年末，公司就会对原材料、库存商品等实物盘点一次，由财务经理牵头负责，会计监盘，仓库保管人员盘点，然后编制存货盘点明细表、存货盘点结果汇总表，盘盈盘亏结果要及时报告处理，根据公司处理决定编制记账凭证。

从相关单据上记载的经济业务信息，可以得知此经济业务为：

6月30日，经盘点，发现无线通信单元件盘亏100个，金额20 000元。

记账凭证（60）：

借：资产处置损益——待处理流动资产损溢　　　　　　　　　　22 600

　　贷：原材料——无线通信单元件　　　　　　　　　　　　　20 000

　　　　应交税费——应交增值税（进项税额转出）　　　　　　　2 600

原材料盘亏属于非正常损失的部分要进行增值税进项税额转出处理。非正常损失，仅包括因管理不善造成被盗、丢失、霉烂变质的损失。自然灾害等其他损失均不属于非正常损失，不用进行增值税进项税额转出处理。

若能确定原材料购入时抵扣的进项税额，则直接转出即可；若不能确定，则需要计算出原材料应该转出的进项税额，需要注意相应的运费进项税额也要一并转出。

业务 57

材料盘亏（盈）处理通知单一张。

通知单上内容为：

经审查确认，盘亏材料原因：保管人员保管不善。

盘亏材料处理办法：保管人员赔偿材料损失 2 600 元，其余 20 000 元计入管理费用。

从相关单据上记载的经济业务信息，可以得知此经济业务为：

6 月 30 日，经公司批准，由保管人员赔偿材料损失 2 600 元，其余 20 000 元计入管理费用。

记账凭证（61）：

借：管理费用——财产损失　　　　　　　　　　　　　　　　20 000

　　其他应收款——小宝　　　　　　　　　　　　　　　　　2 600

　　贷：资产处置损益——待处理流动资产损溢　　　　　　　　22 600

盘亏后，应查明原因，按管理权限报经批准后，根据造成存货盘亏或毁损的原因，分别以下情况进行处理：

属于计量收发差错和管理不善等原因造成的存货短缺，应先扣除残料价值、可收回的保险赔偿和过失人赔偿，将净损失计入管理费用。

属于自然灾害等非常原因造成的存货毁损，应先扣除处置收入（如残料价值）、可收回的保险赔偿和过失人赔偿，将净损失计入营业外支出。

入库的残料价值记入"原材料"科目。

可收回的保险赔偿和过失人赔偿记入"其他应收款"科目，实际收到时记入

"银行存款"或"库存现金"科目。

几乎每个会计都会遇到盘点，盘点中遇到的问题也是各异的，因企业不同，管理的物料各异，对库存准确率这一KPI所规定的精度也各异。

库存准确率=（盘点物料数×平均单价）÷（账面实存数×平均单价）×100%

库存误差率=［1-（盘点物料数×平均单价）÷（账面实存数×平均单价）］×100%

两种计算方式表达的含义基本上一致，反映了仓库管理者仓库管理的最终效果。

仓库里的物料各异，有的物料数量较多，但单价较小，有的物料数量较少，但单价较高，所以库存准确率不能仅以数量反映仓库管理的误差率，以物料的价格作为库存准确率的依据更具科学性。

平均单价问题：同一种物料入库时，可能因为供应商不同，批次不同，单价也不一致。同一种物料在库平均单价是以加权平均法来计算，如果公司用的是仓库相关的ERP管理软件，那么下载库存报表时一般都会有此单价；如果没有相关系统，就需要根据相关来料数量和单价手工计算。

遇到库存与账面不一致时，应对误差原因进行分析，一般情况如下：

（1）盘点前，应对出入库的物料，及时进行实物和账面的同步调整，如果这两个操作不同步，盘点时就会遇到实物与账面不一致的情况。

（2）日常工作中，看是否有出入库单据遗漏的情况。

（3）日常操作中，看是否有因收发错误而产生出入库数量与出入库单据数量不一致的情况。

（4）看是否有异常出入库单据，如借料单、异常调拨单据未过入系统账。

（5）看是否有盘点错误的情况，盘点过程中是否多盘或少盘，或物料标识有误，从而影响盘点数。

（6）看库存呆滞物料是否未及时处理。

（7）如果盘点时以库存金额作为盘点依据，那么看看是否没使用加权平均法来计算金额。

对于库存误差率的设定，各个公司会有所不同，有的公司设为1%，有的公司设为1‰。对于很多会计来说，如果误差在公司设定范围内，可能就不会管了。但对于公司管理来说，库存最好是没有误差的，只要有误差，就应该改进，不然的话，日积月累，库存管控就会出问题。

比如：某手机液晶显示屏制造企业A公司，每个月月底盘点，然后将结果交给

财务，库存误差率（盘盈盘亏）控制在1‰。于是，发生了以下的现象：该公司的工厂门口每到下班的时候，经常有一群人（我们称之为"黄牛"）靠到下班的员工身边念念有词"显示屏、显示屏……"。对于这种情况，大家都非常熟悉——在火车站也经常有人跟着你说"发票、发票、发票……"。

如果有员工靠上去说："我有。"

"黄牛"就说了："兄弟，好久不见，我请你吃饭！"

他们马上就进入旁边的一个小饭馆——不是吃饭，而是谈生意。

有显示屏的员工拿出身上的显示屏，按照"老规矩"200元/片卖给该"黄牛"；事后"黄牛"将收到的显示屏300元/片卖给手机维修店；维修店以400~500元/片卖给手机坏了的人，而上点档次的手机，如果显示屏坏了，那么维修一般要600~800元/片。

如此这般，形成了一个"多赢"供应链。

于是有人要问了："有没有谁亏了？"

答曰："当然有！"

谁呢？

"A公司啊！"

可是，你仔细一看，其实A公司没有亏啊——因为账上没有亏！

为什么？因为它们在误差范围内！

再比如某家电制冷企业B（类似的问题在有卷线的企业都存在），有一个员工每到下班的时候，就将仓库的铜管、铝箔等材料放到仓库的一个角落里，将线头插入到一个孔中，然后下班回家。等到零点到凌晨两点，他和两个兄弟，带着一个转轮就来了，一通摇转之后，铜管、铜线、铝箔就转移到了仓库的外面，被拿去低价处理了。

要不是那个员工自己吹牛的时候说出来，公司根本就发现不了。

为什么发现不了？

因为在库存差异率上表现不出来！

所以盘点不应该是走过场，会计也不应该只是工作上应付了事，要想真正地把工作做好，就得善于发现问题，解决问题，这样工作才有成效。如果会计工作不能上升到管理层面，那么你永远都只是一个小会计。

业务58

计提本月转出未交增值税。未交增值税科目是在应交税费科目下面设置的明细科目，用来核算本月应交却没有交的增值税，一般要填应交税费下应交增值税明细账的贷方余额与借方余额的差额。

1）调出本月应交增值税的明细账（如图16-2所示）

应交税费——应交增值税（销项税额）

日期	凭证字号	摘要	借方	贷方	方向	余额
20XX-06-01		期初余额			平	
20XX-06-06	记-1	销售产品		390,000.00	贷	390,000.00
20XX-06-19	记-50	捐赠不可充电连连神经刺激器		1,950.00	贷	391,950.00
20XX-06-24	记-2	销售产品		260,000.00	贷	651,950.00
20XX-06-25	记-3	销售产品		46,800.00	贷	698,750.00
20XX-06-26	记-5	销售材料		4,680.00	贷	703,430.00
20XX-06-30		本期合计		703,430.00	贷	703,430.00
20XX-06-30		本年累计		703,430.00	贷	703,430.00

应交税费——应交增值税（进项税额转出）

日期	凭证字号	摘要	借方	贷方	方向	余额
20XX-06-01		期初余额			平	
20XX-06-19	记-49	向客户捐赠主控单元件		1,301.44	贷	1,301.44
20XX-06-30	记-60	盘亏无线通信单元件100个		2,600.00	贷	3,901.44
20XX-06-30		本期合计		3,901.44	贷	3,901.44
20XX-06-30		本年累计		3,901.44	贷	3,901.44

应交税费——应交增值税（减免税款）

日期	凭证字号	摘要	借方	贷方	方向	余额
20XX-06-01		期初余额			平	
20XX-06-27	记-9	销售使用过的固定资产减免税款	1,000.00		借	1,000.00
20XX-06-30		本期合计	1,000.00		借	1,000.00
20XX-06-30		本年累计	1,000.00		借	1,000.00

应交税费——简易计税

日期	凭证字号	摘要	借方	贷方	方向	余额
20XX-06-01		期初余额			平	
20XX-06-27	记-8	销售使用过的固定资产		3,000.00	贷	3,000.00
20XX-06-30		本期合计		3,000.00	贷	3,000.00
20XX-06-30		本年累计		3,000.00	贷	3,000.00

进项税额、销项税额、进项税额转出、减免税款这些都是三级明细，我们汇总二级明细，应交税费——应交增值税

日期	凭证字号	摘要	借方	贷方	方向	余额
20xx-06-01		期初余额			平	
20xx-06-06	记-1	销售产品		390,000.00	贷	390,000.00
20xx-06-10	记-11	购买原材料	260,540.00		贷	129,460.00
20xx-06-10	记-12	购买材料	143,000.00		贷	-13,540.00
20xx-06-12	记-13	购买材料	260,000.00		贷	-273,540.00
20xx-06-13	记-14	购入材料配件一览	13,000.00		贷	-286,540.00
20xx-06-14	记-15	生产用设备一台	6,554.00		贷	-293,094.00
20xx-06-19	记-49	向客户捐赠土拉单元件		1,301.44	贷	-291,792.56
20xx-06-19	记-50	捐赠不可充电进生神经刺激器		1,950.00	贷	-289,842.56
20xx-06-24	记-2	销售产品		260,000.00	贷	-29,842.56
20xx-06-25	记-3	销售产品		46,800.00	贷	16,957.44
20xx-06-25	记-4	销售产品支付运费	540.00		贷	16,417.44
20xx-06-26	记-5	销售材料		4,680.00	贷	21,097.44
20xx-06-27	记-9	销售使用过的固定资产减免税款	1,000.00		贷	20,097.44
20xx-06-29	记-21	支付电费	6,591.00		贷	13,506.44
20xx-06-30	记-60	金号无线通信单元件100个		2,600.00	贷	16,106.44
20xx-06-30		本期合计	691,225.00	707,331.44	贷	16,106.44
20xx-06-30		本年累计	691,225.00	707,331.44	贷	16,106.44

图16-2　本月应交增值税的明细账

余额为贷方余额，转入"应交税费——未交增值税"。

记账凭证（62）

借：应交税费——应交增值税（转出未交增值税）　　　16 106.44

　　贷：应交税费——未交增值税　　　　　　　　　　　　　　16 106.44

同时把简易计税明细也转入未交增值税。

记账凭证（63）

借：应交税费——简易计税　　　　　　　　　　　　　3 000

　　贷：应交税费——未交增值税　　　　　　　　　　　　　　3 000

有些企业，不管是计提增值税，还是缴纳增值税，都是直接记入"应交税费——应交增值税"科目。

比如，"应交税费——应交增值税"，余额在贷方，即代表要缴纳的增值税，假设金额是 10 000 元，要缴纳的时候，直接做分录：

借：应交税费——应交增值税　　　　　　　　　　　　　　10 000

　　贷：银行存款　　　　　　　　　　　　　　　　　　　　　　10 000

正规的做法是先转入"未交增值税"科目，做分录：

借：应交税费——应交增值税（转出未交增值税）　　　　　10 000

　　贷：应交税费——未交增值税　　　　　　　　　　　　　　　10 000

缴纳的时候，做分录：

借：应交税费——未交增值税　　　　　　　　　　　　　　.10 000

　　贷：银行存款　　　　　　　　　　　　　　　　　　　　　　10 000

虽然看起来，也没有什么特别的影响，只是多结转了一步，但是，不要小看"应交税费——未交增值税"这个科目，有时候恰当使用它，能够让你事半功倍。

"未交增值税"明细科目，核算一般纳税人月度终了从"应交增值税"或"预交增值税"明细科目转入当月应交未交、多交或预缴的增值税税额，以及当月缴纳以前期间未缴的增值税税额。

比如某建筑公司有 A、B、C 三个项目，其中 A、B 项目为简易计税，C 项目为一般计税。

A、B 项目简易计税，当月预缴税款 1.8 万元，C 项目一般计税，当月产生增值税 5.8 万元，不考虑其他情况。

A、B 项目简易计税，预缴的税款 1.8 万元，可以扣减一般计税的应纳税额 5.8 万元吗？根据税法规定以及申报表申报规则，答案是肯定的。

但是，预缴的 1.8 万元税款通过"应交税费——简易计税"核算，一般计税项目的增值税 5.8 万元通过"应交税费——应交增值税"核算，两者怎么实现抵减呢？

这个时候，我们的"未交增值税"科目就该闪亮登场了！一般计税项目，期末的时候，把 5.8 万元从"应交增值税"科目转出到"未交增值税"科目。

借：应交税费——应交增值税（转出未交增值税）　　　　58 000

　　贷：应交税费——未交增值税　　　　　　　　　　　　　　58 000

简易计税项目的预缴税款 1.8 万元，也要转到"未交增值税"科目，去抵减一般计税的未交税款。

借：应交税费——未交增值税 18 000

   贷：应交税费——简易计税（预缴） 18 000

最后实际缴纳：

借：应交税费——未交增值税 40 000

   贷：银行存款 40 000

再比如某公司目前有留抵进项税额100万元，但是自查过程中发现以前年度有少缴的增值税70万元，欠缴税款小于留抵税额，用留抵进项税抵减以前年度欠税，如何进行账务处理？

根据国税发〔2004〕112号《国家税务局关于增值税一般纳税人用进项留抵税额抵减增值税欠税问题的通知》，若增值税欠税税额小于期末留抵税额，则按增值税欠税税额红字核算。

借：应交税费——应交增值税（进项税额）（红字）

   贷：应交税费——未交增值税（红字）

当然也可以不用红字，直接核算如下：

借：应交税费——未交增值税 700 000

   贷：应交税费——应交增值税（进项税额） 700 000

"应交税费——未交增值税"的借方余额累计到下一期，以便在下一期有应交增值税时进行抵减。

业务59

计提城市维护建设税、教育费附加、地方教育附加、房产税和城镇土地使用税。城市维护建设税、教育费附加、地方教育附加，是根据本月应申报缴纳的增值税金额来计算，应纳增值税=销项税额703 430-进项税额690 225+进项税额转出3 901.44+简易计税3 000-减免税款1000=19 106.44（元）。应交税费明细表见表16-16。

表16-16 应交税费明细表

20××年6月 金额单位：元

税种名称	计税依据	应税金额	税率	应交税费
城市维护建设税	增值税	19 106.44	7%	1 337.45
教育费附加	增值税	19 106.44	3%	573.19
地方教育附加	增值税	19 106.44	2%	382.13
房产税	房产原值×（1-30%）	210 000.00	1.20%	2 520.00
城镇土地使用税	应税土地面积（3 000平方米）		8元/m²	24 000.00
合计				28 812.77

注：房产原值根据期初数据得知为300 000元。

房产税应纳税额的计算见表16-17。

表16-17　　　　　　　　　　　房产税应纳税额的计算

计税方法	计税依据	税率	税额计算公式
从价计征	房产余值	1.2%	全年应纳税额=应税房产原值×（1－扣除比例）×1.2%
从租计征	房产租金	12%（或4%）	全年应纳税额=（不含增值税）租金收入×12%（或4%）

【注】扣除比例为10%~30%，由省级人民政府确定。

城镇土地使用税的计算：

执行从量计征年应纳税额=实际占用应税土地面积（平方米）×适用税额

印花税待下个月实际缴纳时直接计入税金及附加，不必计提。

因此，此业务的分录为：

记账凭证（64）

借：税金及附加——应交城市维护建设税　　　　　　　　　1 337.45

　　　　　　　——应交教育费附加　　　　　　　　　　　573.19

　　　　　　　——应交地方教育附加　　　　　　　　　　382.13

　　　　　　　——应交房产税　　　　　　　　　　　　　2 520

　　　　　　　——应交城镇土地使用税　　　　　　　　　24 000

　　贷：应交税费——应交城市维护建设税　　　　　　　　　　1 337.45

　　　　　　　——应交教育费附加　　　　　　　　　　　　　573.19

　　　　　　　——应交地方教育附加　　　　　　　　　　　　382.13

　　　　　　　——应交房产税　　　　　　　　　　　　　　　2 520

　　　　　　　——应交城镇土地使用税　　　　　　　　　　　24 000

我国目前有18种税和4种费（如图16-3和图16-4所示）。

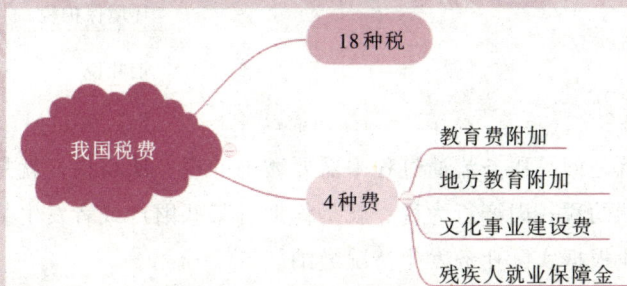

图16-3　我国税费分类

261

税上加税

流转税
　　增值税
　　消费税
城市维护建设税及教育费附加

所得税
　　企业所得税
　　个人所得税

18种税

财产行为税
　　房产税
　　城镇土地使用税
　　契税
　　土地增值税
　　耕地占用税
　　车辆购置税
　　车船税
　　船舶吨税
　　关税
　　印花税
　　资源税
　　环境保护税
　　烟叶税

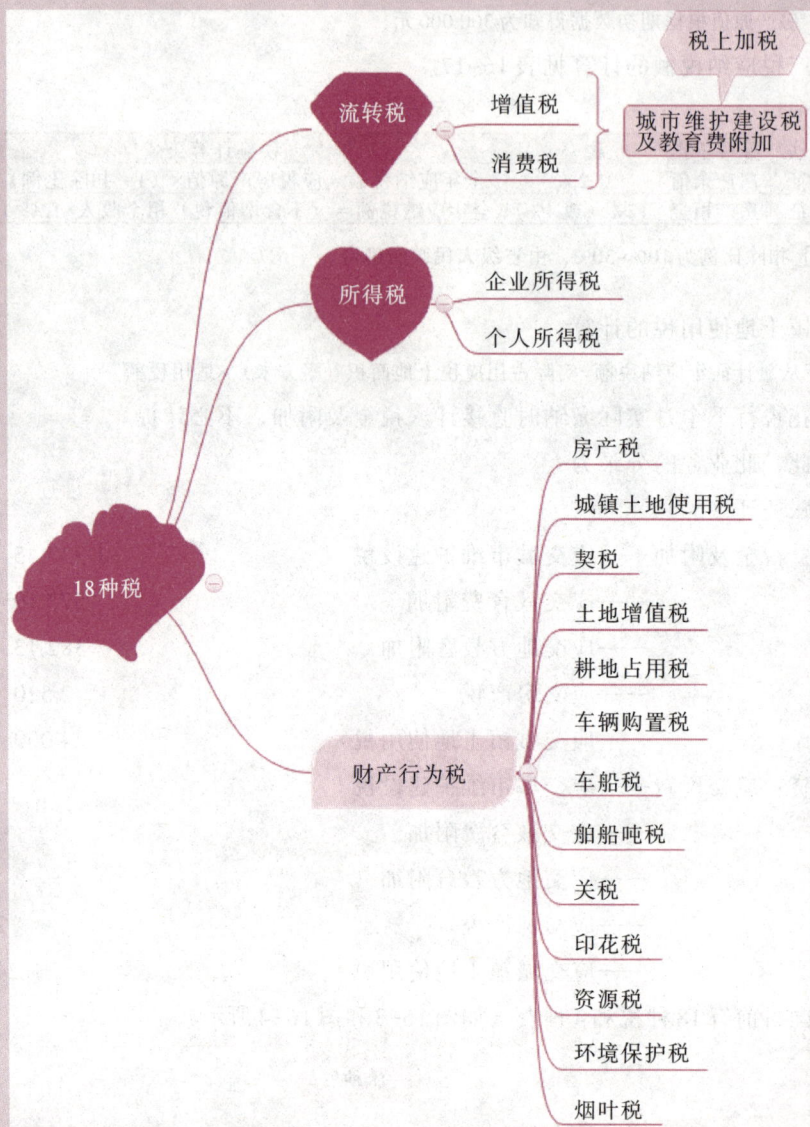

图16-4　18种税的分类

　　流转税，就是商品服务流通过程中需要缴纳的税；所得税，就是企业或个人有所得时需要缴纳的税；财产行为税，就是你拥有某些财产或者发生某种行为，需要缴纳的税。企业根据实际业务发生情况缴纳。

业务60

预缴企业所得税。在系统中选择利润表（如图16-5所示）。

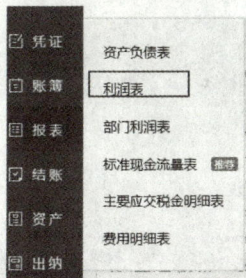

图16-5　在系统中选择利润表

可以看出，此时利润总额为936 527.64元（如图16-6所示）。

项目	行次	本期金额	上期金额
以公允价值计量且其变动计入其他综合收益（损入以 "-" 号填列）	13		
净敞口套期收益（损失以 "-" 号填列）	14		
公允价值变动收益（损失以 "-" 号填列）	15		
信用减值损失（损失以 "-" 号填列）	16		
资产减值损失（损失以 "-" 号填列）	17	-15,454.00	
资产处置收益（损失以 "-" 号填列）	18	11,000.00	
二、营业利润（亏损以 "-" 号填列）	19	956,795.08	
加：营业外收入	20	5,000.00	
减：营业外支出	21	25,267.44	
三、利润总额（亏损总额以 "-" 号填列）	22	936,527.64	
减：所得税费用	23		

图16-6　系统显示利润总额为936 527.64元

预缴企业所得税直接按利润表上的利润总额数据计算，因为是季度预缴，所以不需要纳税调整，纳税调整得等到来年汇算清缴的时候做。

936 527.64×25%=234 131.90（元）

记账凭证（65）

借：所得税费用　　　　　　　　　　　　　　　　　　234 131.90

　　贷：应交税费——应交企业所得税　　　　　　　　　　　　　234 131.90

业务61

结账。点击结账按钮设置，点击结转损益，生成凭证（如图16-7所示）。

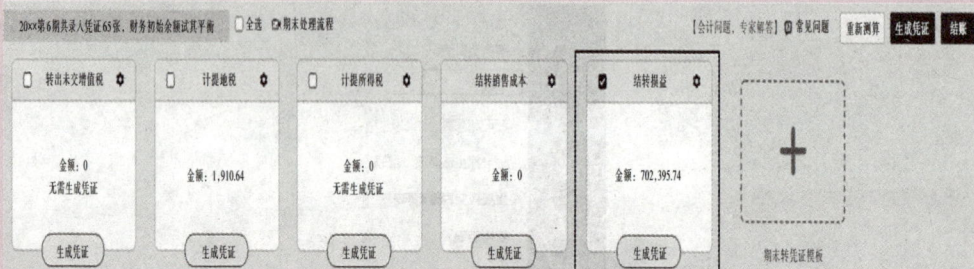

图16-7　生成凭证

系统显示生成了66号、67号凭证（如图16-8所示）。

图16-8　系统生成66号、67号凭证

点击66号凭证查看，可以看到系统自动把收入类科目结转到了"本年利润"科目（如图16-9所示）。

记账凭证

凭证字 记 ▾ 66 ⬍ 号　日期 20XX-06-30　　　20XX年第6期　　附单据 0 张

摘要	会计科目	借方金额	贷方金额
结转本期损益	600101 主营业务收入_可充电迷走神经刺激器	300 000.00	
结转本期损益	600102 主营业务收入_不可充电迷走神经刺激器	236 000.00	
结转本期损益	6051 其他业务收入	3 600.00	
结转本期损益	6117 资产处置损益	1 100.00	
结转本期损益	6301 营业外收入	500.00	
结转本期损益	4103 本年利润		541 200.00
合计：伍佰肆拾壹万贰仟元整		541 200.00	541 200.00

制单人：xiaoaicoco520

图16-9　66号凭证

点击67号凭证查看，可以看到系统自动把费用类科目结转到了"本年利润"科目（如图16-10所示）。

记账凭证 20XX年第6期

凭证字 记 ▼ 67 ▲ 号 日期 2021-06-30 附单据 0 张

摘要	会计科目 ⑦	借方金额										贷方金额									
		亿	千	百	十	万	千	百	十	元	角	分	亿	千	百	十	万	千	百	十	元	角	分
结转本期损益	4103 本年利润			4	7	0	9	6	0	4	2	6											
结转本期损益	640101 主营业务成本_可充电迷走神经刺激器														2	3	9	6	1	8	0	0	0
结转本期损益	640102 主营业务成本_不可充电迷走神经刺激器														1	8	9	9	9	8	1	0	0
结转本期损益	6402 其他业务成本																3	0	0	4	8	0	0
结转本期损益	640301 税金及附加_应交房产税																2	5	2	0	0	0
结转本期损益	640303 税金及附加_应交土地使用税																2	4	0	0	0	0
结转本期损益	640305 税金及附加_应交城市维护建设税																1	3	3	7	4	5
结转本期损益	640306 税金及附加_应交教育费附加																	5	7	3	1	9
结转本期损益	640307 税金及附加_应交地方教育附加																	3	8	2	1	3
结转本期损益	660107 销售费用_差旅费																2	0	0	0	0	0
结转本期损益	660110 销售费用_职工薪酬															8	9	0	0	0	0
结转本期损益	660115 销售费用_广告费															1	0	0	0	0	0
结转本期损益	660118 销售费用_运输费																6	0	0	0	0
结转本期损益	660123 销售费用_材料费															1	0	0	0	0	0
结转本期损益	660201 管理费用_办公用品																6	0	0	0	0
结转本期损益	660204 管理费用_水电费																	1	6	5	9	6
结转本期损益	660205 管理费用_业务招待费																4	0	0	0	0
结转本期损益	660209 管理费用_职工薪酬															7	6	6	0	0	0
结转本期损益	660220 管理费用_无形资产摊销																5	0	0	0	0
结转本期损益	660222 管理费用_折旧费															4	4	2	0	1	4
结转本期损益	660225 管理费用_财产损失															2	0	0	0	0	0
结转本期损益	660226 管理费用_印花税																	2	6	2	3	6
结转本期损益	660227 管理费用_材料费															2	0	0	0	0	0

结转本期损益	660228 管理费用_维修费											2	0	0	0	0
结转本期损益	660302 财务费用_利息支出										9	7	6	8	4	0
结转本期损益	660303 财务费用_手续费												4	8	5	0
结转本期损益	660304 财务费用_利息收入											4	9	6	2	1
结转本期损益	6701 资产减值损失										1	5	4	5	4	0	0
结转本期损益	671101 营业外支出_捐赠支出										2	5	2	6	7	4	4
结转本期损益	6801 所得税费用										2	3	4	1	3	1	9	0
合计: 肆佰柒拾万玖仟陆佰零肆贰陆分				4	7	0	9	6	0	4	2	6	4	7	0	9	6	0	4	2	6

图 16-10　67 号凭证

最后，点击右边的结账按钮，结转到下一期（如图 16-11 所示）。

生成凭证

正在结账到20XX年7期，请稍候⋯

生成凭证　　　　　　　　　重新生

错误提示

❌　结账到20XX 年7期失败。资产负债表不平，请进入资
产负债表检查！

我知道了

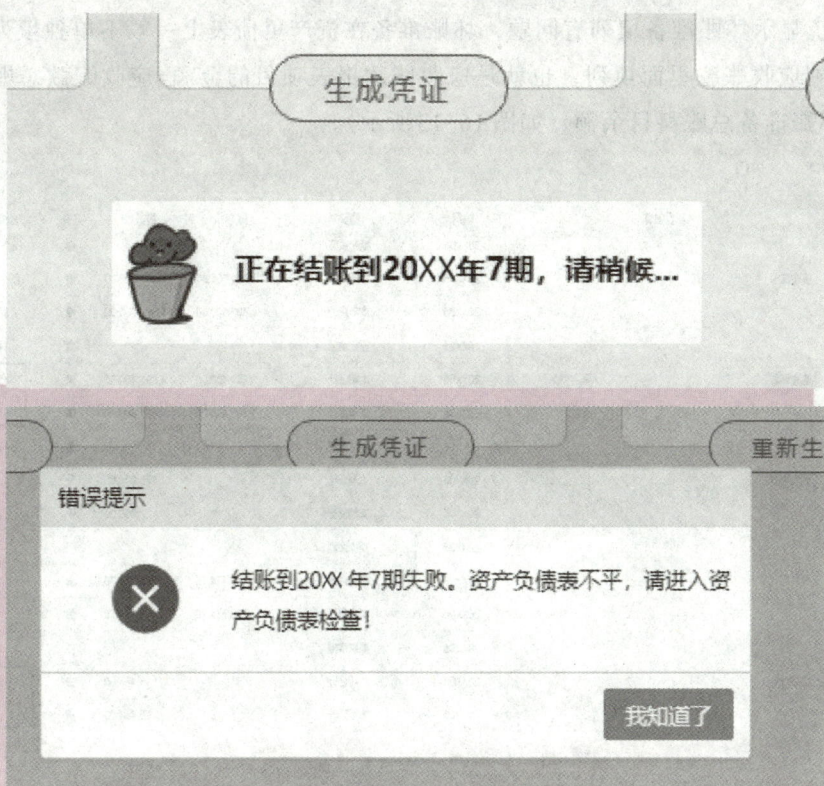

图16-11　结转到下一期

　　我们点击报表，计入资产负债表，资产负债表不平（如图 16-12 所示），我们
查看报表取数。

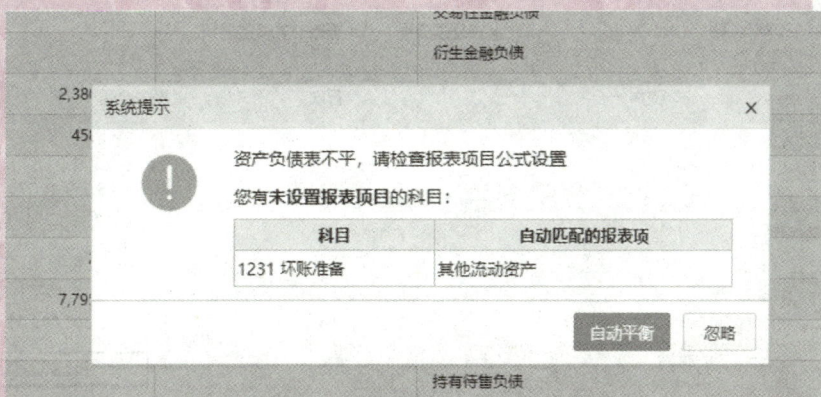

衍生金融负债

系统提示　　　　　　　　　　　　　　　　　　　　　×

⚠　资产负债表不平，请检查报表项目公式设置
您有未设置报表项目的科目：

科目	自动匹配的报表项
1231 坏账准备	其他流动资产

自动平衡　忽略

持有待售负债

图16-12　资产负债表不平

系统显示坏账准备填列有问题，坏账准备在资产负债表上一般不单独填列，而是合并到应收账款里面填列，也就是应收账款报表项目的金额=应收账款总账科目余额-坏账准备总账科目余额（如图16-13所示）。

科目编码	科目名称	期间	摘要	借方	贷方	方向	余额
1121	应收票据	20XX06	期初余额			借	2,000,000.00
		20XX06	本期合计	1,880,000.00	1,500,000.00	借	2,380,000.00
		20XX06	本年累计	1,880,000.00	1,500,000.00	借	2,380,000.00
1122	应收账款	20XX06	期初余额			借	149,400.00
		20XX06	本期合计	5,200,480.00	4,891,400.00	借	458,480.00
		20XX06	本年累计	5,200,480.00	4,891,400.00	借	458,480.00
1123	预付账款	20XX06	期初余额			借	170,000.00
		20XX06	本期合计		170,000.00	平	
		20XX06	本年累计		170,000.00	平	
1221	其他应收款	20XX06	期初余额			平	
		20XX06	本期合计	8,774.70	6,174.70	借	2,600.00
		20XX06	本年累计	8,774.70	6,174.70	借	2,600.00
1231	坏账准备	20XX06	期初余额			贷	7,470.00
		20XX06	本期合计		15,454.00	贷	22,924.00
		20XX06	本年累计		15,454.00	贷	22,924.00

图16-13　应收账款总账科目余额和坏账准备总账科目余额

应收账款报表项目的金额=458 480-22 924=435 556（元）

而报表项目取数是直接取应收账款的总账科目余额（如图16-14所示），显然，软件系统资产负债表默认的公式有问题，需要我们重新设置。

资产	行次	期末余额
流动资产：		
货币资金	1	5,589,447.75
交易性金融资产	2	
衍生金融资产	3	
应收票据	4	2,380,000.00
应收账款	5	458,480.00

图16-14　应收账款总账科目余额

点击资产负债表项目应收账款旁边的修改符号（如图16-15所示）。

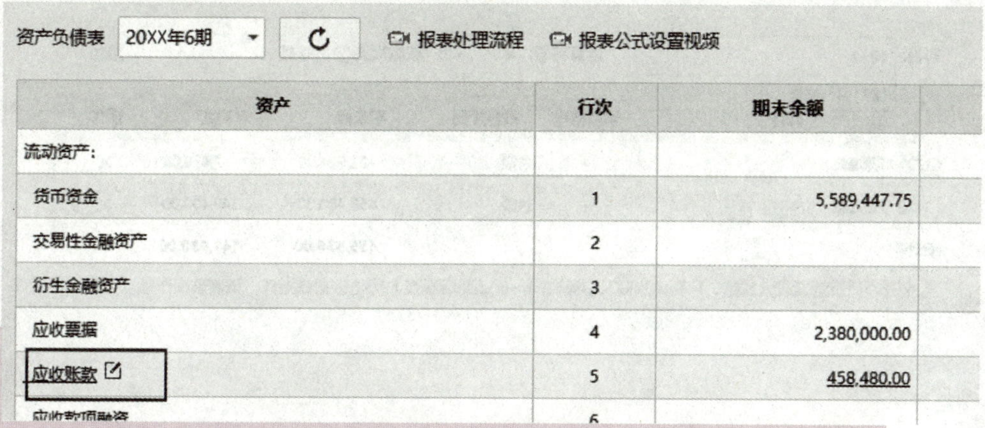

资产	行次	期末余额	
流动资产：			
货币资金	1	5,589,447.75	
交易性金融资产	2		
衍生金融资产	3		
应收票据	4	2,380,000.00	
应收账款 ✎	5	458,480.00	
应收款项融资	6		

（资产负债表　20XX年6期　报表处理流程　报表公式设置视频）

图16-15　点击修改符号

进入公式修改界面（如图16-16所示）。

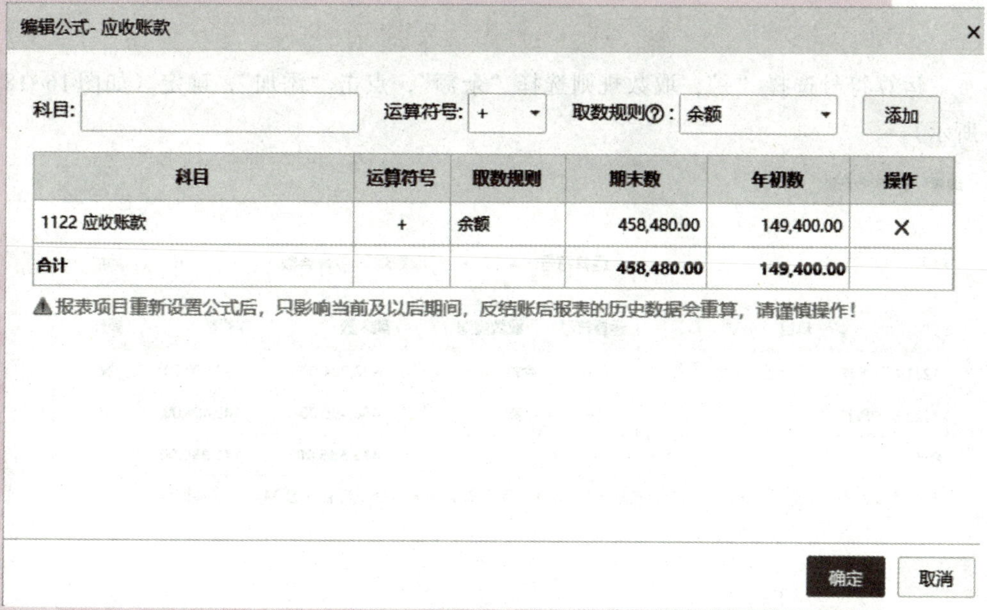

编辑公式- 应收账款　　　　　　　　　　　　　　　×

科目：［　　　　　　　］　运算符号：＋　取数规则⑦：余额　添加

科目	运算符号	取数规则	期末数	年初数	操作
1122 应收账款	＋	余额	458,480.00	149,400.00	✕
合计			458,480.00	149,400.00	

⚠ 报表项目重新设置公式后，只影响当前及以后期间，反结账后报表的历史数据会重算，请谨慎操作！

　　　　　　　　　　　　　　　　　　　　　　　　　　　　确定　取消

图16-16　进入修改界面

输入"坏账"，选择"坏账准备"科目（如图16-17所示）。

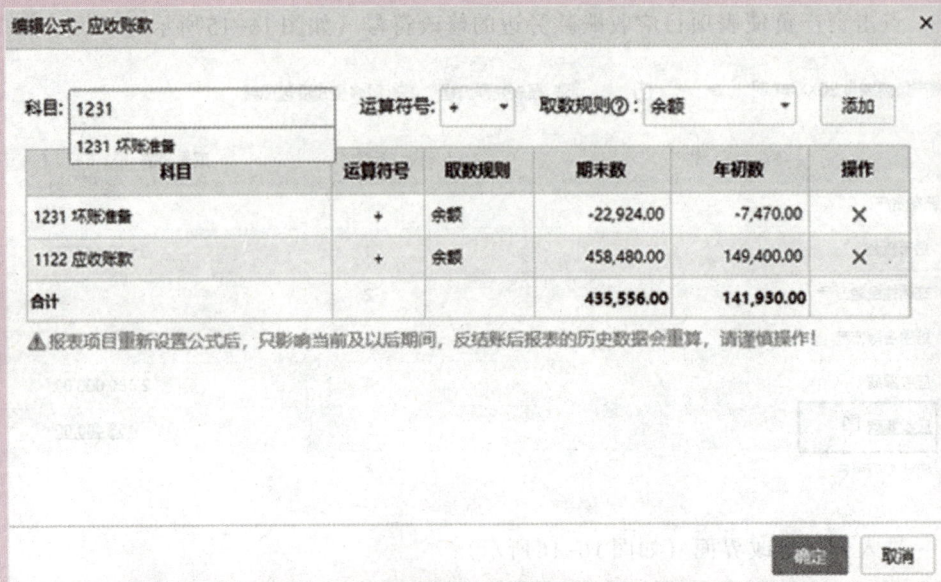

图 16-17　选择"坏账准备"科目

　　运算符号选择"+"，取数规则选择"余额"，点击"添加"，确定（如图 16-18 所示）。

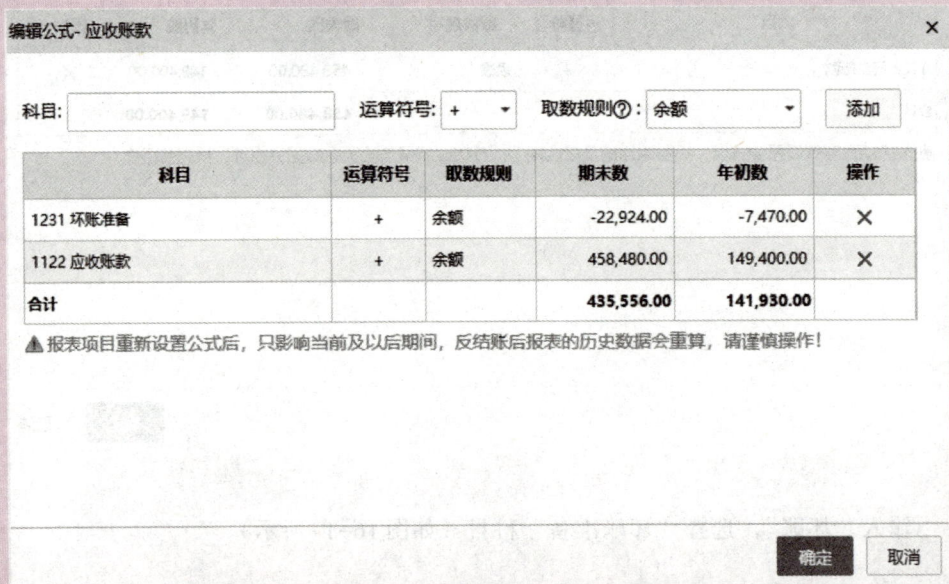

图 16-18　冲减坏账准备

报表左右期初期末数据都平了（如图16-19所示）。

非流动资产合计	33	1,532,600.00	1,587,753.47	减:库存股	66		
				其他综合收益	67		
				专项储备	68		
				盈余公积	69	185,903.66	185,903.66
				未分配利润	70	1,999,491.35	1,297,095.61
				所有者权益(或股东权益)合计	71	14,185,395.01	13,482,999.27
资产合计	34	17,735,646.12	17,822,229.53	负债和所有者权益(或股东权益)总计	72	17,735,646.12	17,822,229.53

图16-19 报表左右期初期末数据平了

然后，我们继续点击结账按钮，顺利进入下一期。

第 17 章

定时炸弹

第17章

定时炸弹

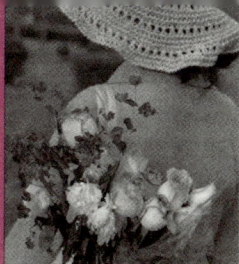

快中午的时候，王俊远突然对我说："中午一起出去吃饭吧！"

"我们两个？"

"没有，刚好有个饭局，就一起去吧！"

我还以为是老板看我加班辛苦，想请我吃顿饭慰劳一下，原来是顺便去蹭饭。

我还真不太想去，我这人天生不善交际，饭桌上总是显得特别木讷。吃饭就吃饭，一个人吃饭，想怎么吃就怎么吃，很多人吃饭，就得顾及他人。

这世上本来只有饭没有局，吃的人多了，就有了饭局。从前，生活是从一顿饭到下一顿饭；现在，生活是从一个饭局到下一个饭局。

而且中国人的饭局讲究特别多，这在世界上没有哪一个国家能够比肩。从座位的排列到上菜的顺序，从谁先动第一筷到什么时候可离席，都有明确的规定，把"中国是礼仪之邦"这个概念诠释得淋漓尽致。

在中国人的饭局上，靠里面正中间的位置要给最尊贵的人坐，上菜时依照先凉后热、先简后繁的顺序。吃饭时，须等坐正中间位置的人动第一筷后，众人才能跟着各动其筷。

一进包厢，我就看见了钟致生，他也是我的客户之一，最近刚刚委托我们事务所注册一家公司，他是我见过的最规矩的老板，人家老板都是想尽办法钻空子，他却一而再、再而三地强调要我们规范，多花点钱也没关系，让我印象极其深刻。

"钟总，您好！"我连忙笑着打招呼。

"小艾，您好。"

"你们认识？"王俊远惊讶道。

"是的，他最近要注册一家公司，委托我们事务所替他办。"

"怎么？又开新公司了？"王俊远问道。

"没有，我把原来的公司注销掉了，重新注册。"

"为什么？"

"我当时成立的是一个可以开具批发业务发票的公司，注册资金至少需要50

万元，而我又没那么多钱，中介一拍胸脯，加点中介费，其他就没管了。就这样，不到两个星期，所有的工商税务手续都办齐了，前后花了2万元。我想万事俱备，这下可以甩开膀子干了。没想到，几个月后的一天，我正在公司接待客户，进来两个穿税务制服的女人，为首的一个掏出证件出示了一下说：'我们是税务局的，今天来查下账。'

我哪见过这个，赶紧叫会计搬来账簿，端茶递水。

女税务员问了问经营情况，开始翻账簿，没翻几页就找出了问题：'你们注册资金是多少？'

'50万元呀。'

'那怎么从账上看不对呀，资金都跑哪去了？'

资金跑哪去了？我心想：我怎么知道中介把注册资金弄哪去了？

见我答不上来，女税务员沉着脸说道：'你这属于抽逃注册资金，可是一种严重违法的行为，要往重里说呢，可以吊销营业执照，往轻里说呢，也得罚个十万八万元，这样吧，账簿我们先带回去，过两天你到税务局来一趟。'说完两个女税务员拿着账簿飘然而去，留下我和会计面面相觑。

后来，我们费了不少力气终于把这件事解决了。办完后，女税务员还不忘提醒我赶紧把钱补上，否则将来其他税务员查账还得出问题。可是钱能补上，公司成立时作为原始资料的凭证和银行进账单怎么补呀？

过了两年，税务局又来查账了，不过来的是另一拨人，再次发现注册资金对不上。我想，这样下去也不是个办法呀，于是按上回的路子处理完后，赶紧注册了一个新公司并将原公司注销。这回吸取了教训，从头到尾办得规规矩矩，再没什么漏洞了。"

"看来如果想把企业长期做下去，抽逃注册资金问题就永远是公司发展道路上一个深埋的定时炸弹，随时都能被税务部门查出来而被引爆。"王俊远应和道。

"其他问题也一样，只要企业不规范，它就是一颗定时炸弹，我们哪些地方不规范，税务局其实很清楚，所以，一般是一查一个准。有的老板偷税漏税很严重，严重到会计都不敢把账做下去了，自己也成天提心吊胆的。"我说道。

"感觉目前这个税收不公平，凭什么有的地方可以少缴税？有的地方偏要多缴税？"

"是改革开放初期,国家为引进外资,实行'两免三减半',给了外商投资企业大量优惠政策。不过,现在,国家已经开始慢慢改革统一了。

在我们国家,有一些企业,税负的加重可能影响到它的生存和发展。但是偷税漏税,就属于违法了。"

"那怎样才能加强公司的税收管理呢?"钟致生继续问道。

"税收管理是从决策入手的,在你做任何决策之前,就要考虑到税收;就像买车,如果你用的是身份证,那么就属于个人购买,那你的油费、折旧费就都不能在税前抵扣;反之,如果是公司买的,就可以抵扣;所以,你在买车之前就得考虑这个税收问题。"

我提到了买车一事,王俊远感觉有点不快,也许我不应该直接揭穿吧。

"你们会计不是有税务筹划吗?"

"税务筹划不应该是业务发生后,在账面上动手脚,小打小闹,而应该是账外筹划。税收的思维应该贯穿整个经营过程。我们做生意,不是两方在做生意,我们是三方在做生意。这个第三方就是税务局。"

我们一边吃饭,一边继续闲聊着,整整吃了两个小时,回到公司已经是下午两点多了。

我赶紧快马加鞭继续工作,希望自己在下班之前把报表做出来。

宝迪公司本月所有的凭证分录如下,见表17-1:

表17-1 宝迪公司本月所有的凭证分录 单位:元

日期	凭证字	凭证号	附件数	摘要	科目代码	科目名称	借方金额	贷方金额
20××-06-06	记	1	2	销售产品	112201	应收账款——北京迪康医疗设备有限公司	3 390 000.00	
20××-06-06	记	1	2	销售产品	600101	主营业务收入——可充电迷走神经刺激器		3 000 000.00
20××-06-06	记	1	2	销售产品	22210107	应交税费——应交增值税(销项税额)		390 000.00
20××-06-24	记	2	3	销售产品	220301	预收账款——常州静安医疗设备有限公司	1 000 000.00	
20××-06-24	记	2	3	销售产品	112204	应收账款——常州静安医疗设备有限公司	1 260 000.00	

日期	凭证字	凭证号	附件数	摘要	科目代码	科目名称	借方金额	贷方金额
20××-06-24	记	2	3	销售产品	600102	主营业务收入——不可充电迷走神经刺激器		2 000 000.00
20××-06-24	记	2	3	销售产品	22210107	应交税费——应交增值税（销项税额）		260 000.00
20××-06-25	记	3	2	销售产品	112205	应收账款——北京安福医疗设备有限公司	406 800.00	
20××-06-25	记	3	2	销售产品	600102	主营业务收入——不可充电迷走神经刺激器		360 000.00
20××-06-25	记	3	2	销售产品	22210107	应交税费——应交增值税（销项税额）		46 800.00
20××-06-25	记	4	2	销售产品支付运费	660118	销售费用——运输费	6 000.00	
20××-06-25	记	4	2	销售产品支付运费	22210101	应交税费——应交增值税（进项税额）	540.00	
20××-06-25	记	4	2	销售产品支付运费	1002	银行存款		6 540.00
20××-06-26	记	5	2	销售材料	112203	应收账款——北京康福医疗设备有限公司	40 680.00	
20××-06-26	记	5	2	销售材料	6051	其他业务收入		36 000.00
20××-06-26	记	5	2	销售材料	22210107	应交税费——应交增值税（销项税额）		4 680.00
20××-06-26	记	6	2	结转材料成本	6402	其他业务成本	30 048.00	
20××-06-26	记	6	2	结转材料成本	140301	原材料——主控单元件		30 048.00
20××-06-27	记	7	2	把固定资产转入固定资产清理	1606	固定资产清理	90 000.00	

续表

日期	凭证字	凭证号	附件数	摘要	科目代码	科目名称	借方金额	贷方金额
20××-06-27	记	7	2	把固定资产转入固定资产清理	1602	累计折旧	60 000.00	
20××-06-27	记	7	2	把固定资产转入固定资产清理	160101	固定资产		150 000.00
20××-06-27	记	8	2	销售使用过的固定资产	112206	应收账款——深圳佳慧有限公司	103 000.00	
20××-06-27	记	8	2	销售使用过的固定资产	1606	固定资产清理		100 000.00
20××-06-27	记	8	2	销售使用过的固定资产	222108	应交税费——简易计税		3 000.00
20××-06-27	记	9	2	销售使用过的固定资产减免税款	22210105	应交税费——应交增值税——减免税款	1 000.00	
20××-06-27	记	9	2	销售使用过的固定资产减免税款	6117	资产处置损益		1 000.00
20××-06-27	记	10	2	结转固定资产清理	1606	固定资产清理	10 000.00	
20××-06-27	记	10	2	结转固定资产清理	6117	资产处置损益		10 000.00
20××-06-10	记	11	5	购买原材料	140301	原材料——主控单元件	2 006 000.00	
20××-06-10	记	11	5	购买原材料	22210101	应交税费——应交增值税——进项税额	260 540.00	

日期	凭证字	凭证号	附件数	摘要	科目代码	科目名称	借方金额	贷方金额
20××-06-10	记	11	5	购买原材料	220201	应付账款——深圳蓝莓电子设计研发中心		2 260 000.00
20××-06-10	记	11	5	购买原材料	220202	应付账款——M市飞快运输有限公司		6 540.00
20××-06-10	记	12	3	购买材料	140302	原材料——钛合金	1 100 000.00	
20××-06-10	记	12	3	购买材料	22210101	应交税费——应交增值税——进项税额	143 000.00	
20××-06-10	记	12	3	购买材料	112301	预付账款——深圳中天电子设计研究院		170 000.00
20××-06-10	记	12	3	购买材料	220203	应付账款——深圳中天电子设计研究院		1 073 000.00
20××-06-12	记	13	3	购买材料	140303	原材料——无线通信单元件	2 000 000.00	
20××-06-12	记	13	3	购买材料	22210101	应交税费——应交增值税——进项税额	260 000.00	
20××-06-12	记	13	3	购买材料	220204	应付账款——常州双明电子研发设计中心		2 260 000.00
20××-06-13	记	14	4	购入材料配件一批	140304	原材料——其他材料及配件	100 000.00	
20××-06-13	记	14	4	购入材料配件一批	22210101	应交税费——应交增值税——进项税额	13 000.00	
20××-06-13	记	14	4	购入材料配件一批	1002	银行存款	7 000.00	
20××-06-13	记	14	4	购入材料配件一批	101203	其他货币资金——银行汇票存款		120 000.00
20××-06-14	记	15	7	购入生产用设备一台	160101	固定资产	50 600.00	
20××-06-14	记	15	7	购入生产用设备一台	22210101	应交税费——应交增值税——进项税额	6 554.00	
20××-06-14	记	15	7	购入生产用设备一台	1002	银行存款		57 154.00

续表

日期	凭证字	凭证号	附件数	摘要	科目代码	科目名称	借方金额	贷方金额
20××-06-02	记	16	3	购买办公用品	660201	管理费用——办公用品	600.00	
20××-06-02	记	16	3	购买办公用品	1001	库存现金		600.00
20××-06-03	记	17	2	报销差旅费	660107	销售费用——差旅费	200.00	
20××-06-03	记	17	2	报销差旅费	1001	库存现金		200.00
20××-06-05	记	18	7	报销业务招待费	660205	管理费用——业务招待费	4 000.00	
20××-06-05	记	18	7	报销业务招待费	122101	其他应收款——销售部——叶子		3 500.00
20××-06-05	记	18	7	报销业务招待费	1001	库存现金		500.00
20××-06-08	记	19	2	缴纳上期税款	222102	应交税费——未交增值税	29 669.87	
20××-06-08	记	19	2	缴纳上期税款	222114	应交税费——应交城市维护建设税	2 076.89	
20××-06-08	记	19	2	缴纳上期税款	222113	应交税费——应交教育费附加	890.10	
20××-06-08	记	19	2	缴纳上期税款	222115	应交税费——应交地方教育附加	593.40	
20××-06-08	记	19	2	缴纳上期税款	222112	应交税费——应交个人所得税	6 000.00	
20××-06-08	记	19	2	缴纳上期税款	660226	管理费用——印花税	262.36	
20××-06-08	记	19	2	缴纳上期税款	1002	银行存款		39 492.62
20××-06-17	记	20	3	支付产品广告费	660115	销售费用——广告费	10 000.00	
20××-06-17	记	20	3	支付产品广告费	1002	银行存款		10 000.00

续表

日期	凭证字	凭证号	附件数	摘要	科目代码	科目名称	借方金额	贷方金额
20xx-06-29	记	21	3	支付电费	50010201	生产成本——辅助生产成本——供电车间	50 700.00	
20xx-06-29	记	21	3	支付电费	22210101	应交税费——应交增值税——进项税额	6 591.00	
20xx-06-29	记	21	3	支付电费	1002	银行存款		57 291.00
20xx-06-29	记	22	1	代垫医药费	122102	其他应收款——李黎	2 674.70	
20xx-06-29	记	22	1	代垫医药费	1001	库存现金		2 674.70
20xx-06-29	记	23	1	支付会计培训费	221106	应付职工薪酬——职工教育经费	288.00	
20xx-06-29	记	23	1	支付会计培训费	1001	库存现金		288.00
20xx-06-19	记	24	1	支付上期工会经费	221105	应付职工薪酬——工会经费	1 990.00	
20xx-06-19	记	24	1	支付上期工会经费	1001	库存现金		1 990.00
20xx-06-30	记	25	1	支付社会保险费	221108	应付职工薪酬——基本养老保险费	8 046.00	
20xx-06-30	记	25	1	支付社会保险费	221109	应付职工薪酬——基本医疗保险费	3 218.00	
20xx-06-30	记	25	1	支付社会保险费	221110	应付职工薪酬——失业保险费	805.00	
20xx-06-30	记	25	1	支付社会保险费	221111	应付职工薪酬——工伤保险费	201.16	
20xx-06-30	记	25	1	支付社会保险费	221112	应付职工薪酬——生育保险费	321.84	
20xx-06-30	记	25	1	支付社会保险费	224101	其他应付款——基本养老保险费（个人部分）	3 218.40	
20xx-06-30	记	25	1	支付社会保险费	224102	其他应付款——基本医疗保险费（个人部分）	804.60	
20xx-06-30	记	25	1	支付社会保险费	224103	其他应付款——失业保险费（个人部分）	402.30	

续表

日期	凭证字	凭证号	附件数	摘要	科目代码	科目名称	借方金额	贷方金额
20××-06-30	记	25	1	支付社会保险费	1002	银行存款		17 017.30
20××-06-29	记	26	1	支付职工薪酬	221101	应付职工薪酬——工资	99 500.00	
20××-06-29	记	26	1	支付职工薪酬	221102	应付职工薪酬——职工福利	3 990.00	
20××-06-29	记	26	1	支付职工薪酬	1002	银行存款		90 390.00
20××-06-29	记	26	1	支付职工薪酬	224101	其他应付款——基本养老保险费（个人部分）		3 218.40
20××-06-29	记	26	1	支付职工薪酬	224102	其他应付款——基本医疗保险费（个人部分）		804.60
20××-06-29	记	26	1	支付职工薪酬	224103	其他应付款——失业保险费（个人部分）		402.30
20××-06-29	记	26	1	支付职工薪酬	122102	其他应收款——李黎		2 674.70
20××-06-29	记	26	1	支付职工薪酬	222112	应交税费——应交个人所得税		6 000.00
20××-06-01	记	27	1	提取现金	1001	库存现金	6 000.00	
20××-06-01	记	27	1	提取现金	1002	银行存款		6 000.00
20××-06-28	记	28	1	收到货款	1002	银行存款	1 610 000.00	
20××-06-28	记	28	1	收到货款	112201	应收账款——北京迪康医疗设备有限公司		1 610 000.00
20××-06-06	记	29	4	收到银行承兑汇票	1002	银行存款	500 000.00	
20××-06-06	记	29	4	收到银行承兑汇票	1121	应收票据		500 000.00
20××-06-07	记	30	2	银行承兑汇票背书转让	220201	应付账款——深圳蓝莓电子设计研究中心	500 000.00	

续表

日期	凭证字	凭证号	附件数	摘要	科目代码	科目名称	借方金额	贷方金额
20××-06-07	记	30	2	银行承兑汇票背书转让	1121	应收票据		500 000.00
20××-06-10	记	31	1	银行承兑汇票贴现	1002	银行存款	490 480.00	
20××-06-10	记	31	1	银行承兑汇票贴现	660302	财务费用——利息支出	9 520.00	
20××-06-10	记	31	1	银行承兑汇票贴现	1121	应收票据		500 000.00
20××-06-29	记	32	2	收到银行承兑汇票	1121	应收票据	1 880 000.00	
20××-06-29	记	32	2	收到银行承兑汇票	112201	应收账款——北京迪康医疗设备有限公司		1 880 000.00
20××-06-12	记	33	1	签发银行汇票1份	101203	其他货币资金——银行汇票存款	120 000.00	
20××-06-12	记	33	1	签发银行汇票1份	1002	银行存款		120 000.00
20××-06-28	记	34	2	收到银行汇票一份	1002	银行存款	104 000.00	
20××-06-28	记	34	2	收到银行汇票一份	112206	应收账款——深圳佳慧有限公司		104 000.00
20××-06-03	记	35	1	存现	1002	银行存款	5 000.00	
20××-06-03	记	35	1	存现	1001	库存现金		5 000.00
20××-06-16	记	36	2	电汇付款	220201	应付账款——深圳蓝莓电子设计研发中心	2 260 000.00	
20××-06-16	记	36	2	电汇付款	1002	银行存款		2 260 000.00
20××-06-02	记	37	1	电汇收款	1002	银行存款	37 400.00	
20××-06-02	记	37	1	电汇收款	112202	应收账款——北京健心医疗设备有限公司		37 400.00
20××-06-17	记	38	1	信汇付款	220203	应付账款——深圳中天电子设计研究院	1 073 000.00	
20××-06-17	记	38	1	信汇付款	1002	银行存款		1 073 000.00

续表

日期	凭证字	凭证号	附件数	摘要	科目代码	科目名称	借方金额	贷方金额
20××-06-29	记	39	1	银行转账收款	1002	银行存款	1 260 000.00	
20××-06-29	记	39	1	银行转账收款	112204	应收账款——常州静安医疗设备有限公司		1 260 000.00
20××-06-20	记	40	1	存款利息	1002	银行存款	496.21	
20××-06-20	记	40	1	存款利息	660304	财务费用——利息收入	-496.21	
20××-06-20	记	41	1	银行贷款利息	660302	财务费用——利息支出（普通贷款利息）	248.40	
20××-06-20	记	41	1	银行贷款利息	1002	银行存款		248.40
20××-06-16	记	42	1	电汇手续费	660303	财务费用——手续费	48.50	
20××-06-16	记	42	1	电汇手续费	1002	银行存款		48.50
20××-06-21	记	43	1	归还短期借款	2001	短期借款	800 000.00	
20××-06-21	记	43	1	归还短期借款	1002	银行存款		800 000.00
20××-06-22	记	44	1	银行借款	1002	银行存款	1 000 000.00	
20××-06-22	记	44	1	银行借款	2001	短期借款		1 000 000.00
20××-06-18	记	45	1	银行承兑汇票付款	2201	应付票据	2 000 000.00	
20××-06-18	记	45	1	银行承兑汇票付款	101207	其他货币资金——银行承兑汇票保证金账户		1 000 000.00
20××-06-18	记	45	1	银行承兑汇票付款	1002	银行存款		1 000 000.00
20××-06-18	记	46	1	员工叶子借款	122101	其他应收款——销售部——叶子	3 500.00	
20××-06-18	记	46	1	员工叶子借款	1001	库存现金		3 500.00
20××-06-03	记	47	1	收到合同违约金	1001	库存现金	5 000.00	
20××-06-03	记	47	1	收到合同违约金	6301	营业外收入		5 000.00

日期	凭证字	凭证号	附件数	摘要	科目代码	科目名称	借方金额	贷方金额
20××-06-15	记	48	2	现金支付M市飞快运输公司运费	220202	应付账款——M市飞快运输有限公司	6 540.00	
20××-06-15	记	48	2	现金支付M市飞快运输公司运费	1001	库存现金		6 540.00
20××-06-19	记	49	3	向客户捐赠主控单元件	671101	营业外支出——捐赠支出	11 317.44	
20××-06-19	记	49	3	向客户捐赠主控单元件	140301	原材料——主控单元件		10 016.00
20××-06-19	记	49	3	向客户捐赠主控单元件	22210109	应交税费——应交增值税——进项税额转出		1 301.44
20××-06-19	记	50	2	捐赠不可充电迷走神经刺激器	671101	营业外支出——捐赠支出	13 950.00	
20××-06-19	记	50	2	捐赠可充电迷走神经刺激器	140501	库存商品——可充电迷走神经刺激器		12 000.00
20××-06-19	记	50	2	捐赠不可充电迷走神经刺激器	22210107	应交税费——应交增值税——销项税额		1 950.00
20××-06-30	记	51	1	计提折旧	660222	管理费用——折旧费	4 420.14	
20××-06-30	记	51	1	计提折旧	510101	制造费用——折旧费	6 333.33	
20××-06-30	记	51	1	计提折旧	1602	累计折旧		10 753.47

续表

日期	凭证字	凭证号	附件数	摘要	科目代码	科目名称	借方金额	贷方金额
20××-06-30	记	52	1	无形资产摊销	660220	管理费用——无形资产摊销	5 000.00	
20××-06-30	记	52	1	无形资产摊销	170201	累计摊销——专利权		5 000.00
20××-06-30	记	53	1	计提应收账款坏账准备	6701	资产减值损失	15 454.00	
20××-06-30	记	53	1	计提应收账款坏账准备	1231	坏账准备		15 454.00
20××-06-30	记	54	1	工资成本分配	50010101	生产成本——基本生产成本——可充电迷走神经刺激器（直接人工）	51 600.00	
20××-06-30	记	54	1	工资成本分配	50010102	生产成本——基本生产成本——不可充电迷走神经刺激器（直接人工）	34 400.00	
20××-06-30	记	54	1	工资成本分配	50010202	生产成本——辅助生产成本——机修车间	5 000.00	
20××-06-30	记	54	1	工资成本分配	50010202	生产成本——辅助生产成本——机修车间	5 000.00	
20××-06-30	记	54	1	工资成本分配	510102	制造费用——职工薪酬	8 000.00	
20××-06-30	记	54	1	工资成本分配	660209	管理费用——职工薪酬	7 660.00	
20××-06-30	记	54	1	工资成本分配	660110	销售费用——职工薪酬	8 900.00	
20××-06-30	记	54	1	工资成本分配	221101	应付职工薪酬——工资		99 500.00
20××-06-30	记	54	1	工资成本分配	221102	应付职工薪酬——职工福利		3 990.00
20××-06-30	记	54	1	工资成本分配	221106	应付职工薪酬——职工教育经费		2 488.00

续表

日期	凭证字	凭证号	附件数	摘要	科目代码	科目名称	借方金额	贷方金额
20xx-06-30	记	54	1	工资成本分配	221105	应付职工薪酬——工会经费		1 990.00
20xx-06-30	记	54	1	工资成本分配	221103	应付职工薪酬——社会保险费		12 592.00
20xx-06-30	记	55	1	分配材料成本	50010107	生产成本——基本生产成本——可充电迷走神经刺激器（直接材料）	2 381 153.60	
20xx-06-30	记	55	1	分配材料成本	50010108	生产成本——基本生产成本——不可充电迷走神经刺激器（直接材料）	1 615 342.40	
20xx-06-30	记	55	1	分配材料成本	50010202	生产成本——辅助生产成本——机修车间	16 000.00	
20xx-06-30	记	55	1	分配材料成本	50010201	生产成本——辅助生产成本——供电车间	14 000.00	
20xx-06-30	记	55	1	分配材料成本	510103	制造费用——机物料消耗	30 000.00	
20xx-06-30	记	55	1	分配材料成本	660227	管理费用——材料费	2 000.00	
20xx-06-30	记	55	1	分配材料成本	660123	销售费用——材料费	1 000.00	
20xx-06-30	记	55	1	分配材料成本	140301	原材料——主控单元件		1 963 136.00
20xx-06-30	记	55	1	分配材料成本	140302	原材料——钛合金		633 360.00
20xx-06-30	记	55	1	分配材料成本	140303	原材料——无线通信单元件		1 400 000.00
20xx-06-30	记	55	1	分配材料成本	140304	原材料——其他材料及配件		63 000.00
20xx-06-30	记	56	1	分配辅助生产费用	50010103	生产成本——基本生产成本——可充电迷走神经刺激器（其他）	51 660.20	

续表

日期	凭证字	凭证号	附件数	摘要	科目代码	科目名称	借方金额	贷方金额
20××-06-30	记	56	1	分配辅助生产费用	50010104	生产成本——基本生产成本——不可充电迷走神经刺激器（其他）	36 713.20	
20××-06-30	记	56	1	分配辅助生产费用	510104	制造费用——基本生产车间	1 960.64	
20××-06-30	记	56	1	分配辅助生产费用	660204	管理费用——水电费	165.96	
20××-06-30	记	56	1	分配辅助生产费用	660228	管理费用——维修费	200.00	
20××-06-30	记	56	1	分配辅助生产费用	50010202	生产成本——辅助生产成本——机修车间		21 000.00
20××-06-30	记	56	1	分配辅助生产费用	50010201	生产成本——辅助生产成本——供电车间		69 700.00
20××-06-30	记	57	1	分配制造费用	50010105	生产成本——基本生产成本——可充电迷走神经刺激器（制造费用）	27 776.38	
20××-06-30	记	57	1	分配制造费用	50010106	生产成本——基本生产成本——不可充电迷走神经刺激器（制造费用）	18 517.59	
20××-06-30	记	57	1	分配制造费用	510103	制造费用——机物料消耗		30 000.00
20××-06-30	记	57	1	分配制造费用	510101	制造费用——折旧费		6 333.33
20××-06-30	记	57	1	分配制造费用	510102	制造费用——职工薪酬		8 000.00
20××-06-30	记	57	1	分配制造费用	510104	制造费用——基本生产车间		1 960.64
20××-06-30	记	58	1	结转完工产品	140501	库存商品——可充电迷走神经刺激器	2 512 190.18	
20××-06-30	记	58	1	结转完工产品	140502	库存商品——不可充电迷走神经刺激器	1 704 973.19	

日期	凭证字	凭证号	附件数	摘要	科目代码	科目名称	借方金额	贷方金额
20××-06-30	记	58	1	结转完工产品	50010101	生产成本——基本生产成本——可充电迷走神经刺激器（直接人工）		51 600.00
20××-06-30	记	58	1	结转完工产品	50010107	生产成本——基本生产成本——可充电迷走神经刺激器（直接材料）		2 381 153.60
20××-06-30	记	58	1	结转完工产品	50010105	生产成本——基本生产成本——可充电迷走神经刺激器（制造费用）		27 776.38
20××-06-30	记	58	1	结转完工产品	50010103	生产成本——基本生产成本——可充电迷走神经刺激器（其他）		51 660.20
20××-06-30	记	58	1	结转完工产品	50010102	生产成本——基本生产成本——不可充电迷走神经刺激器（直接人工）		34 400.00
20××-06-30	记	58	1	结转完工产品	50010108	生产成本——基本生产成本——不可充电迷走神经刺激器（直接材料）		1 615 342.40
20××-06-30	记	58	1	结转完工产品	50010106	生产成本——基本生产成本——不可充电迷走神经刺激器（制造费用）		18 517.59
20××-06-30	记	58	1	结转完工产品	50010104	生产成本——基本生产成本——不可充电迷走神经刺激器（其他）		36 713.20
20××-06-30	记	59	1	结转主营业务成本	640101	主营业务成本——可充电迷走神经刺激器	2 396 180.00	
20××-06-30	记	59	1	结转主营业务成本	640102	主营业务成本——不可充电迷走神经刺激器	1 899 981.00	
20××-06-30	记	59	1	结转主营业务成本	140501	库存商品——可充电迷走神经刺激器		2 396 180.00

续表

日期	凭证字	凭证号	附件数	摘要	科目代码	科目名称	借方金额	贷方金额
20xx-06-30	记	59	1	结转主营业务成本	140502	库存商品——不可充电迷走神经刺激器		1 899 981.00
20xx-06-30	记	60	1	盘亏无线通信单元件100个	190101	资产处置损益——待处理流动资产损溢	22 600.00	
20xx-06-30	记	60	1	盘亏无线通信单元件100个	140303	原材料——无线通信单元件		20 000.00
20xx-06-30	记	60	1	盘亏无线通信单元件100个	22210109	应交税费——应交增值税——进项税额转出		2 600.00
20xx-06-30	记	61	1	盘亏处理	660225	管理费用——财产损失	20 000.00	
20xx-06-30	记	61	1	盘亏处理	122103	其他应收款——小宝	2 600.00	
20xx-06-30	记	61	1	盘亏处理	190101	资产处置损益——待处理流动资产损溢		22 600.00
20xx-06-30	记	62	1	本月转出未交增值税	22210104	应交税费——应交增值税——转出未交增值税	16 106.44	
20xx-06-30	记	62	1	本月转出未交增值税	222102	应交税费——未交增值税		16 106.44
20xx-06-30	记	63	1	简易计税转入未交增值税	222108	应交税费——简易计税	3 000.00	
20xx-06-30	记	63	1	简易计税转入未交增值税	222102	应交税费——未交增值税		3 000.00
20xx-06-30	记	64	1	计提附加税	640305	税金及附加——应交城市维护建设税	1 337.45	
20xx-06-30	记	64	1	计提附加税	640306	税金及附加——应交教育费附加	573.19	
20xx-06-30	记	64	1	计提附加税	640307	税金及附加——应交地方教育附加	382.13	

续表

日期	凭证字	凭证号	附件数	摘要	科目代码	科目名称	借方金额	贷方金额
20××-06-30	记	64	1	计提附加税	640301	税金及附加——应交房产税	2 520.00	
20××-06-30	记	64	1	计提附加税	640303	税金及附加——应交城镇土地使用税	24 000.00	
20××-06-30	记	64	1	计提附加税	222114	应交税费——应交城市维护建设税		1 337.45
20××-06-30	记	64	1	计提附加税	222113	应交税费——应交教育费附加		573.19
20××-06-30	记	64	1	计提附加税	222115	应交税费——应交地方教育附加		382.13
20××-06-30	记	64	1	计提附加税	222118	应交税费——应交房产税		2 520.00
20××-06-30	记	64	1	计提附加税	222119	应交税费——应交城镇土地使用税		24 000.00
20××-06-30	记	65	1	计提季度所得税	6801	所得税费用	234 131.90	
20××-06-30	记	65	1	计提季度所得税	222111	应交税费——应交企业所得税		234 131.90
20××-06-30	记	66	0	结转本期损益	600101	主营业务收入——可充电迷走神经刺激器	3 000 000.00	
20××-06-30	记	66	0	结转本期损益	600102	主营业务收入——不可充电迷走神经刺激器	2 360 000.00	
20××-06-30	记	66	0	结转本期损益	6051	其他业务收入	36 000.00	
20××-06-30	记	66	0	结转本期损益	6117	资产处置损益	11 000.00	
20××-06-30	记	66	0	结转本期损益	6301	营业外收入	5 000.00	
20××-06-30	记	66	0	结转本期损益	4103	本年利润		5 412 000.00
20××-06-30	记	67	0	结转本期损益	4103	本年利润	4 709 604.26	

续表

日期	凭证字	凭证号	附件数	摘要	科目代码	科目名称	借方金额	贷方金额
20××-06-30	记	67	0	结转本期损益	640101	主营业务成本——可充电迷走神经刺激器		2 396 180.00
20××-06-30	记	67	0	结转本期损益	640102	主营业务成本——不可充电迷走神经刺激器		1 899 981.00
20××-06-30	记	67	0	结转本期损益	6402	其他业务成本		30 048.00
20××-06-30	记	67	0	结转本期损益	640301	税金及附加——应交房产税		2 520.00
20××-06-30	记	67	0	结转本期损益	640303	税金及附加——应交土地使用税		24 000.00
20××-06-30	记	67	0	结转本期损益	640305	税金及附加——应交城市维护建设税		1 337.45
20××-06-30	记	67	0	结转本期损益	640306	税金及附加——应交教育费附加		573.19
20××-06-30	记	67	0	结转本期损益	640307	税金及附加——应交地方教育附加		382.13
20××-06-30	记	67	0	结转本期损益	660107	销售费用——差旅费		200.00
20××-06-30	记	67	0	结转本期损益	660110	销售费用——职工薪酬		8 900.00
20××-06-30	记	67	0	结转本期损益	660115	销售费用——广告费		10 000.00
20××-06-30	记	67	0	结转本期损益	660118	销售费用——运输费		6 000.00
20××-06-30	记	67	0	结转本期损益	660123	销售费用——材料费		1 000.00
20××-06-30	记	67	0	结转本期损益	660201	管理费用——办公用品		600.00
20××-06-30	记	67	0	结转本期损益	660204	管理费用——水电费		165.96
20××-06-30	记	67	0	结转本期损益	660205	管理费用——业务招待费		4 000.00

续表

日期	凭证字	凭证号	附件数	摘要	科目代码	科目名称	借方金额	贷方金额
20××-06-30	记	67	0	结转本期损益	660209	管理费用——职工薪酬		7 660.00
20××-06-30	记	67	0	结转本期损益	660220	管理费用——无形资产摊销		5 000.00
20××-06-30	记	67	0	结转本期损益	660222	管理费用——折旧费		4 420.14
20××-06-30	记	67	0	结转本期损益	660225	管理费用——财产损失		20 000.00
20××-06-30	记	67	0	结转本期损益	660226	管理费用——印花税		262.36
20××-06-30	记	67	0	结转本期损益	660227	管理费用——材料费		2 000.00
20××-06-30	记	67	0	结转本期损益	660228	管理费用——维修费		200.00
20××-06-30	记	67	0	结转本期损益	660302	财务费用——利息支出		9 768.40
20××-06-30	记	67	0	结转本期损益	660303	财务费用——手续费		48.50
20××-06-30	记	67	0	结转本期损益	660304	财务费用——利息收入		-496.21
20××-06-30	记	67	0	结转本期损益	6701	资产减值损失		15 454.00
20××-06-30	记	67	0	结转本期损益	671101	营业外支出——捐赠支出		25 267.44
20××-06-30	记	67	0	结转本期损益	6801	所得税费用		234 131.90

科目余额试算平衡表见表17-2。

表 17-2　　　　　　　　　　科目余额试算平衡表　　　　　　　　　单位：元

重庆宝迪电子有限公司　　　　　　20××年第6期

科目编码	科目名称	期初余额		本期发生额		本年累计发生额		期末余额	
		借方	贷方	借方	贷方	借方	贷方	借方	贷方
1001	库存现金	22 669.80		11 000.00	21 292.70	11 000.00	21 292.70	12 377.10	
1002	银行存款	6 099 876.26		5 014 376.21	5 537 181.82	5 014 376.21	5 537 181.82	5 577 070.65	
1012	其他货币资金	1 000 000.00		120 000.00	1 120 000.00	120 000.00	1 120 000.00		
101203	银行汇票存款			120 000.00	120 000.00	120 000.00	120 000.00		
101207	银行承兑汇票保证金账户	1 000 000.00			1 000 000.00		1 000 000.00		
1121	应收票据	2 000 000.00		1 880 000.00	1 500 000.00	1 880 000.00	1 500 000.00	2 380 000.00	
1122	应收账款	149 400.00		5 200 480.00	4 891 400.00	5 200 480.00	4 891 400.00	458 480.00	
112201	北京迪康医疗设备有限公司	100 000.00		3 390 000.00	3 490 000.00	3 390 000.00	3 490 000.00		
112202	北京健心医疗设备有限公司	37 400.00			37 400.00		37 400.00		
112203	北京康福医疗设备有限公司	12 000.00		40 680.00		40 680.00		52 680.00	
112204	常州静安医疗设备有限公司			1 260 000.00	1 260 000.00	1 260 000.00	1 260 000.00		
112205	北京安福医疗设备有限公司			406 800.00		406 800.00		406 800.00	
112206	深圳佳慧有限公司			103 000.00	104 000.00	103 000.00	104 000.00	-1 000.00	
1123	预付账款	170 000.00			170 000.00		170 000.00		
112301	深圳中天电子设计研究院	170 000.00			170 000.00		170 000.00		
1221	其他应收款			8 774.70	6 174.70	8 774.70	6 174.70	2 600.00	
122101	叶子			3 500.00	3 500.00	3 500.00	3 500.00		
122102	李黎			2 674.70	2 674.70	2 674.70	2 674.70		
122103	小宝			2 600.00		2 600.00		2 600.00	
1231	坏账准备		7 470.00		15 454.00		15 454.00		22 924.00
1403	原材料	2 900 000.00		5 206 000.00	4 119 560.00	5 206 000.00	4 119 560.00	3 986 440.00	
140301	主控单元件	1 500 000.00		2 006 000.00	2 003 200.00	2 006 000.00	2 003 200.00	1 502 800.00	
140302	钛合金	800 000.00		1 100 000.00	633 360.00	1 100 000.00	633 360.00	1 266 640.00	
140303	无线通信单元件	600 000.00		2 000 000.00	1 420 000.00	2 000 000.00	1 420 000.00	1 180 000.00	
140304	其他材料及配件			100 000.00	63 000.00	100 000.00	63 000.00	37 000.00	

科目编码	科目名称	期初余额		本期发生额		本年累计发生额		期末余额	
		借方	贷方	借方	贷方	借方	贷方	借方	贷方
1405	库存商品	3 900 000.00		4 217 163.37	4 308 161.00	4 217 163.37	4 308 161.00	3 809 002.37	
140501	可充电迷走神经刺激器	2 400 000.00		2 512 190.18	2 408 180.00	2 512 190.18	2 408 180.00	2 504 010.18	
140502	不可充电迷走神经刺激器	1 500 000.00		1 704 973.19	1 899 981.00	1 704 973.19	1 899 981.00	1 304 992.19	
1601	固定资产	1 260 000.00		50 600.00	150 000.00	50 600.00	150 000.00	1 160 600.00	
160101	生产设备	800 000.00		50 600.00	150 000.00	50 600.00	150 000.00	700 600.00	
160102	电子设备	10 000.00						10 000.00	
160103	小汽车	150 000.00						150 000.00	
160104	房屋建筑物	300 000.00						300 000.00	
1602	累计折旧		217 246.53	60 000.00	10 753.47	60 000.00	10 753.47		168 000.00
1606	固定资产清理			100 000.00	100 000.00	100 000.00	100 000.00		
1701	无形资产	600 000.00						600 000.00	
1702	累计摊销		55 000.00		5 000.00		5 000.00		60 000.00
170201	专利权		55 000.00		5 000.00		5 000.00		60 000.00
1901	待处理财产损溢			22 600.00	22 600.00	22 600.00	22 600.00		
190101	待处理流动资产损溢			22 600.00	22 600.00	22 600.00	22 600.00		
2001	短期借款		800 000.00	800 000.00	1 000 000.00	800 000.00	1 000 000.00		1 000 000.00
2201	应付票据		2 000 000.00	2 000 000.00		2 000 000.00			
2202	应付账款		500 000.00	3 839 540.00	5 599 540.00	3 839 540.00	5 599 540.00		2 260 000.00
220201	深圳蓝莓电子设计研发中心		500 000.00	2 760 000.00	2 260 000.00	2 760 000.00	2 260 000.00		
220202	M市飞快运输有限公司			6 540.00	6 540.00	6 540.00	6 540.00		
220203	深圳中天电子设计研究院			1 073 000.00	1 073 000.00	1 073 000.00	1 073 000.00		
220204	常州双明电子研发设计中心				2 260 000.00		2 260 000.00		2 260 000.00
2203	预收账款		1 000 000.00	1 000 000.00		1 000 000.00			
220301	常州静安医疗设备有限公司		1 000 000.00	1 000 000.00		1 000 000.00			
2211	应付职工薪酬			118 360.00	120 560.00	118 360.00	120 560.00		2 200.00
221101	工资			99 500.00	99 500.00	99 500.00	99 500.00		

续表

科目编码	科目名称	期初余额		本期发生额		本年累计发生额		期末余额	
		借方	贷方	借方	贷方	借方	贷方	借方	贷方
221102	职工福利			3 990.00	3 990.00	3 990.00	3 990.00		
221103	社会保险费				12 592.00		12 592.00		12 592.00
221105	工会经费			1 990.00	1 990.00	1 990.00	1 990.00		
221106	职工教育经费			288.00	2 488.00	288.00	2 488.00		2 200.00
221108	基本养老保险费			8 046.00		8 046.00			-8 046.00
221109	基本医疗保险费			3 218.00		3 218.00			-3 218.00
221110	失业保险费			805.00		805.00			-805.00
221111	工伤保险费			201.16		201.16			-201.16
221112	生育保险费			321.84		321.84			-321.84
2221	应交税费	39 230.26		749 561.70	998 382.55	749 561.70	998 382.55		288 051.11
222101	应交增值税			707 331.44	707 331.44	707 331.44	707 331.44		
22210101	进项税额			690 225.00		690 225.00		690 225.00	
22210104	转出未交增值税			16 106.44		16 106.44		16 106.44	
22210105	减免税款			1 000.00		1 000.00		1 000.00	
22210107	销项税额				703 430.00		703 430.00		703 430.00
22210109	进项税额转出				3 901.44		3 901.44		3 901.44
222102	未交增值税	29 669.87		29 669.87	19 106.44	29 669.87	19 106.44		19 106.44
222108	简易计税			3 000.00	3 000.00	3 000.00	3 000.00		
222111	应交企业所得税				234 131.90		234 131.90		234 131.90
222112	应交个人所得税	6 000.00		6 000.00	6 000.00	6 000.00	6 000.00		6 000.00
222113	应交教育费附加	890.10		890.10	573.19	890.10	573.19		573.19
222114	应交城市维护建设税	2 076.89		2 076.89	1 337.45	2 076.89	1 337.45		1 337.45
222115	应交地方教育附加	593.40		593.40	382.13	593.40	382.13		382.13
222118	应交房产税				2 520.00		2 520.00		2 520.00
222119	应交土地使用税				24 000.00		24 000.00		24 000.00
2241	其他应付款			4 425.30	4 425.30	4 425.30	4 425.30		

续表

科目编码	科目名称	期初余额		本期发生额		本年累计发生额		期末余额	
		借方	贷方	借方	贷方	借方	贷方	借方	贷方
224101	基本养老保险费（个人部分）			3 218.40	3 218.40	3 218.40	3 218.40		
224102	基本医疗保险费（个人部分）			804.60	804.60	804.60	804.60		
224103	失业保险费（个人部分）			402.30	402.30	402.30	402.30		
4001	实收资本		12 000 000.00						12 000 000.00
4101	盈余公积		185 903.66						185 903.66
410101	法定盈余公积		185 903.66						185 903.66
4103	本年利润			4 709 604.26	5 412 000.00	4 709 604.26	5 412 000.00		702 395.74
4104	利润分配		1 297 095.61						1 297 095.61
410411	未分配利润		1 297 095.61						1 297 095.61
5001	生产成本			4 307 863.37	4 307 863.37	4 307 863.37	4 307 863.37		
500101	基本生产成本			4 217 163.37	4 217 163.37	4 217 163.37	4 217 163.37		
50010101	可充电迷走神经刺激器（直接人工）			51 600.00	51 600.00	51 600.00	51 600.00		
50010102	不可充电迷走神经刺激器（直接人工）			34 400.00	34 400.00	34 400.00	34 400.00		
50010103	可充电迷走神经刺激器（其他）			51 660.20	51 660.20	51 660.20	51 660.20		
50010104	不可充电迷走神经刺激器（其他）			36 713.20	36 713.20	36 713.20	36 713.20		
50010105	可充电迷走神经刺激器（制造费用）			27 776.38	27 776.38	27 776.38	27 776.38		
50010106	不可充电迷走神经刺激器（制造费用）			18 517.59	18 517.59	18 517.59	18 517.59		
50010107	可充电迷走神经刺激器（直接材料）			2 381 153.60	2 381 153.60	2 381 153.60	2 381 153.60		
50010108	不可充电迷走神经刺激器（直接材料）			1 615 342.40	1 615 342.40	1 615 342.40	1 615 342.40		

续表

科目编码	科目名称	期初余额		本期发生额		本年累计发生额		期末余额	
		借方	贷方	借方	贷方	借方	贷方	借方	贷方
500102	辅助生产成本			90 700.00	90 700.00	90 700.00	90 700.00		
50010201	供电车间			64 700.00	69 700.00	64 700.00	69 700.00	−5 000.00	
50010202	机修车间			26 000.00	21 000.00	26 000.00	21 000.00	5 000.00	
5101	制造费用			46 293.97	46 293.97	46 293.97	46 293.97		
510101	折旧费			6 333.33	6 333.33	6 333.33	6 333.33		
510102	职工薪酬			8 000.00	8 000.00	8 000.00	8 000.00		
510103	机物料消耗			30 000.00	30 000.00	30 000.00	30 000.00		
510104	基本生产车间			1 960.64	1 960.64	1 960.64	1 960.64		
6001	主营业务收入			5 360 000.00	5 360 000.00	5 360 000.00	5 360 000.00		
600101	可充电迷走神经刺激器			3 000 000.00	3 000 000.00	3 000 000.00	3 000 000.00		
600102	不可充电迷走神经刺激器			2 360 000.00	2 360 000.00	2 360 000.00	2 360 000.00		
6051	其他业务收入			36 000.00	36 000.00	36 000.00	36 000.00		
6117	资产处置损益			11 000.00	11 000.00	11 000.00	11 000.00		
6301	营业外收入			5 000.00	5 000.00	5 000.00	5 000.00		
6401	主营业务成本			4 296 161.00	4 296 161.00	4 296 161.00	4 296 161.00		
640101	可充电迷走神经刺激器			2 396 180.00	2 396 180.00	2 396 180.00	2 396 180.00		
640102	不可充电迷走神经刺激器			1 899 981.00	1 899 981.00	1 899 981.00	1 899 981.00		
6402	其他业务成本			30 048.00	30 048.00	30 048.00	30 048.00		
6403	税金及附加			28 812.77	28 812.77	28 812.77	28 812.77		
640301	应交房产税			2 520.00	2 520.00	2 520.00	2 520.00		
640303	应交土地使用税			24 000.00	24 000.00	24 000.00	24 000.00		
640305	应交城市维护建设税			1 337.45	1 337.45	1 337.45	1 337.45		
640306	应交教育费附加			573.19	573.19	573.19	573.19		
640307	应交地方教育附加			382.13	382.13	382.13	382.13		
6601	销售费用			26 100.00	26 100.00	26 100.00	26 100.00		
660107	差旅费			200.00	200.00	200.00	200.00		

续表

科目编码	科目名称	期初余额		本期发生额		本年累计发生额		期末余额	
		借方	贷方	借方	贷方	借方	贷方	借方	贷方
660110	职工薪酬			8 900.00	8 900.00	8 900.00	8 900.00		
660115	广告费			10 000.00	10 000.00	10 000.00	10 000.00		
660118	运输费			6 000.00	6 000.00	6 000.00	6 000.00		
660123	材料费			1 000.00	1 000.00	1 000.00	1 000.00		
6602	管理费用			44 308.46	44 308.46	44 308.46	44 308.46		
660201	办公用品			600.00	600.00	600.00	600.00		
660204	水电费			165.96	165.96	165.96	165.96		
660205	业务招待费			4 000.00	4 000.00	4 000.00	4 000.00		
660209	职工薪酬			7 660.00	7 660.00	7 660.00	7 660.00		
660220	无形资产摊销			5 000.00	5 000.00	5 000.00	5 000.00		
660222	折旧费			4 420.14	4 420.14	4 420.14	4 420.14		
660225	财产损失			20 000.00	20 000.00	20 000.00	20 000.00		
660226	印花税			262.36	262.36	262.36	262.36		
660227	材料费			2 000.00	2 000.00	2 000.00	2 000.00		
660228	维修费			200.00	200.00	200.00	200.00		
6603	财务费用			9 320.69	9 320.69	9 320.69	9 320.69		
660302	利息支出			9 768.40	9 768.40	9 768.40	9 768.40		
660303	手续费			48.50	48.50	48.50	48.50		
660304	利息收入			−496.21	−496.21	−496.21	−496.21		
6701	资产减值损失			15 454.00	15 454.00	15 454.00	15 454.00		
6711	营业外支出			25 267.44	25 267.44	25 267.44	25 267.44		
671101	捐赠支出			25 267.44	25 267.44	25 267.44	25 267.44		
6801	所得税费用			234 131.90	234 131.90	234 131.90	234 131.90		
	合计	18 101 946.06	18 101 946.06	49 588 247.14	49 588 247.14	49 588 247.14	49 588 247.14	17 986 570.12	17 986 570.12

资产负债表取数规则见表17-3：

表 17-3 资产负债表取数规则

报表项目	取数方法
货币资产	根据"库存现金""银行存款""其他货币资金"科目期末余额的合计数填列
应收票据	根据"应收票据"科目的期末余额减去"坏账准备"科目中有关应收票据计提的坏账准备期末余额后的金额填列
应收账款	根据"应收账款"和"预收账款"科目所属各明细科目的期末借方余额合计数，减去"坏账准备"科目中有关应收账款计提的坏账准备期末余额的金额填列。如"应收账款"科目所属明细科目期末有贷方余额的，则应在资产负债表"预收款项"项目内填列
预付款项	根据"预付账款"和"应付账款"科目所属各明细科目的期末借方余额合计数，减去"坏账准备"科目中有关预付账款计提的坏账准备期末余额的金额填列。如"预付账款"科目所属明细科目期末有贷方余额的，则应在资产负债表"应付账款"项目内填列
其他应收款	根据"其他应收款"科目的期末余额，减去"坏账准备"科目中有关其他应收款计提的坏账准备期末余额后的金额填列
存货	根据"材料采购"、"原材料"、"低值易耗品"、"库存商品"、"周转材料"、"委托加工物资"、"委托代销商品"和"生产成本"等科目的期末余额合计，减去"受托代销商品款""存货跌价准备"科目期末余额后的金额填列。材料采用计划成本核算，以及库存商品采用计划成本核算或售价核算的企业，还应按加或减材料成本差异、商品进销差价后的金额填列
固定资产	根据"固定资产"科目期末余额减去"累计折旧"和"固定资产减值准备"科目期末余额后的金额填列

续表

报表项目	取数方法
固定资产清理	根据"固定资产清理"科目的期末借方余额填列,如"固定资产清理"科目期末为贷方余额,则以"-"号填列
无形资产	根据"无形资产"科目的期末余额,减去"累计摊销"和"无形资产减值准备"科目期末余额后的金额填列
短期借款	根据"短期借款"科目的期末余额填列
应付票据	根据"应付票据"科目的期末余额填列
应付账款	根据"应付账款"和"预付账款"科目所属各明细科目的期末贷方余额合计数填列;如"应付账款"科目所属明细科目期末有借方余额的,则应在资产负债表"预付款项"项目内填列
预收款项	根据"预收账款"和"应收账款"科目所属各明细科目的期末贷方余额合计数填列;如"预收账款"科目所属明细科目期末有借方余额的,则应在资产负债表"应收账款"项目内填列
应付职工薪酬	根据"应付职工薪酬"科目的期末余额填列
应交税费	根据"应交税费"科目的期末贷方余额填列,如"应交税费"科目期末为借方余额,则应以"-"号填列
其他应付款	根据"其他应付款"科目的期末余额填列
实收资本（或股本）	根据"实收资本（或股本）"科目的期末余额填列
资本公积	根据"资本公积"科目的期末余额填列
盈余公积	根据"盈余公积"科目的期末余额填列
未分配利润	根据"本年利润"科目和"利润分配"科目的期末贷方余额合计数填列

宝迪电子有限公司的资产负债表见表17-4：

表 17-4 宝迪公司资产负债表

资产负债表

编制单位：重庆宝迪电子有限公司　　　20××-06-30　　　单位：元

资产	行次	期末余额	年初余额	负债和所有者权益（或股东权益）	行次	期末余额	年初余额
流动资产：				流动负债：			
货币资金	1	5 589 447.75	7 122 546.06	短期借款	35	1 000 000.00	800 000.00
交易性金融资产	2			交易性金融负债	36		
衍生金融资产	3			衍生金融负债	37		
应收票据	4	2 380 000.00	2 000 000.00	应付票据	38		2 000 000.00
应收账款	5	435 556.00	141 930.00	应付账款	39	2 260 000.00	500 000.00
应收款项融资	6			预收款项	40		1 000 000.00
预付款项	7		170 000.00	合同负债	41		
其他应收款	8	2 600.00		应付职工薪酬	42	2 200.00	
存货	9	7 795 442.37	6 800 000.00	应交税费	43	288 051.11	39 230.26
合同资产	10			其他应付款	44		
持有待售资产	11			持有待售负债	45		
一年内到期的非流动资产	12			一年内到期的非流动负债	46		
其他流动资产	13			其他流动负债	47		
流动资产合计	14	16 203 046.12	16 234 476.06	流动负债合计	48	3 550 251.11	4 339 230.26
非流动资产：				非流动负债：			
债权投资	15			长期借款	49		
其他债权投资	16			应付债券	50		
长期应收款	17			其中：优先股	51		

301

续表

资产	行次	期末余额	年初余额	负债和所有者权益（或股东权益）	行次	期末余额	年初余额
长期股权投资	18			永续债	52		
其他权益工具投资	19			租赁负债	53		
其他非流动金融资产	20			长期应付款	54		
投资性房地产	21			预计负债	55		
固定资产	22	992 600.00	1 042 753.47	递延收益	56		
在建工程	23			递延所得税负债	57		
生产性生物资产	24			其他非流动负债	58		
油气资产	25			非流动负债合计	59		
使用权资产	26			负债合计	60	3 550 251.11	4 339 230.26
无形资产	27	540 000.00	545 000.00	所有者权益（或股东权益）：			
开发支出	28			实收资本（或股本）	61	12 000 000.00	12 000 000.00
商誉	29			其他权益工具	62		
长期待摊费用	30			其中：优先股	63		
递延所得税资产	31			永续债	64		
其他非流动资产	32			资本公积	65		
非流动资产合计	33	1 532 600.00	1 587 753.47	减：库存股	66		
				其他综合收益	67		
				专项储备	68		
				盈余公积	69	185 903.66	185 903.66
				未分配利润	70	1 999 491.35	1 297 095.61
				所有者权益（或股东权益）合计	71	14 185 395.01	13 482 999.27
资产总计	34	17 735 646.12	17 822 229.53	负债和所有者权益（或股东权益）总计	72	17 735 646.12	17 822 229.53

利润表取数规则见表17-5：

表 17-5　　　　　　　　　　　　　　利润表取数规则

报表项目	取数方法
营业收入	根据"主营业务收入"和"其他业务收入"科目的发生额分析填列
营业成本	根据"主营业务成本"和"其他业务成本"科目的发生额分析填列
税金及附加	根据"税金及附加"科目的发生额分析填列
销售费用	根据"销售费用"科目的发生额分析填列
管理费用	根据"管理费用"科目的发生额分析填列
财务费用	根据"财务费用"科目的发生额分析填列
资产减值损失	根据"资产减值损失"科目的发生额分析填列
营业利润	根据"营业收入-营业成本-税金及附加-销售费用-管理费用-财务费用-资产减值损失+公允价值变动损益+投资收益"计算填列。如为亏损,则本项目以"-"号填列
营业外收入	根据"营业外收入"科目的发生额分析填列
营业外支出	根据"营业外支出"科目的发生额分析填列
利润总额	根据"营业利润+营业外收入-营业外支出"计算填列。如为亏损,则本项目以"-"号填列
所得税费用	根据"所得税费用"科目的发生额分析填列
净利润	根据"利润总额-所得税费用"计算填列；如为亏损,则本项目以"-"号填列

宝迪电子有限公司利润表见表17-6：

表17-6　　　　　　　　　　**宝迪电子公司利润表**

利润表

编制单位：重庆宝迪电子有限公司　　　　20××年第6期　　　　　　　　　单位：元

项目	行次	本期金额	上期金额
一、营业收入	1	5 396 000.00	
减：营业成本	2	4 326 209.00	
税金及附加	3	28 812.77	
销售费用	4	26 100.00	
管理费用	5	44 308.46	
研发费用	6		
财务费用	7	9 320.69	
其中：利息费用	8	9 768.40	
利息收入	9	−496.21	
加：其他收益	10		
投资收益（损失以"−"号填列）	11		
其中：对联营企业和合营企业的投资收益	12		
以摊余成本计量的金融资产终止确认收益（损失以"−"号填列）	13		
净敞口套期收益（损失以"−"号填列）	14		
公允价值变动收益（损失以"−"号填列）	15		
信用减值损失（损失以"−"号填列）	16		
资产减值损失（损失以"−"号填列）	17	−15 454.00	
资产处置收益（损失以"−"号填列）	18	11 000.00	
二、营业利润（亏损以"−"号填列）	19	956 795.08	
加：营业外收入	20	5 000.00	

续表

项目	行次	本期金额	上期金额
减：营业外支出	21	25 267.44	
三、利润总额（亏损总额以"-"号填列）	22	936 527.64	
减：所得税费用	23	234 131.90	
四、净利润（净亏损以"-"号填列）	24	702 395.74	
（一）持续经营净利润（净亏损以"-"号填列）	25	702 395.74	
（二）终止经营净利润（净亏损以"-"号填列）	26		
五、其他综合收益的税后净额	27		
（一）不能重分类进损益的其他综合收益	28		
1.重新计量设定受益计划变动额	29		
2.权益法下不能转损益的其他综合收益	30		
3.其他权益工具投资公允价值变动	31		
4.企业自身信用风险公允价值变动	32		
……			
（二）将重分类进损益的其他综合收益	33		
1.权益法下可转损益的其他综合收益	34		
2.其他债权投资公允价值变动	35		
3.金融资产重分类计入其他综合收益的金额	36		
4.其他债权投资信用减值准备	37		
5.现金流量套期储备	38		
6.外币财务报表折算差额	39		
……			
六、综合收益总额	40	702 395.74	
七、每股收益	41		
（一）基本每股收益	42		
（二）稀释每股收益	43		

接着对涉及货币资金的记账凭证进行现金流量项目分析。

比如6月2日的第16号凭证，如图17-1所示：

凭证字 记 16 号 日期 20XX-06-02	记账凭证 20XX年第6期												已结账					附单据 3 张			
摘要	会计科目 ⑦	\multicolumn{借方金额}									\multicolumn{贷方金额}									
		亿	千	百	十	万	千	百	十	元	角	分	亿	千	百	十	万	千	百	十	元	角	分
购买办公用品	660201 管理费用_办公用品							6	0	0	0	0											
购买办公用品	1001 库存现金																		6	0	0	0	0
合计：陆佰元整								6	0	0	0	0							6	0	0	0	0

制单人：xiaoaicoco520

图17-1　第16号凭证

购买办公用品发生了现金流出，很显然在现金流量表（见表17-7）中，属于项目"支付其他与经营活动有关的现金"。

表17-7　　　　　　　　　　　　　　现金流量空白表

项目	本期金额	上期金额
一、经营活动产生的现金流量：		
销售商品、提供劳务收到的现金		
收到的税费返还		
收到其他与经营活动有关的现金		
经营活动现金流入小计		
购买商品、接受劳务支付的现金		
支付给职工以及为职工支付的现金		
支付的各项税费		
支付其他与经营活动有关的现金		
经营活动现金流出小计		
经营活动产生的现金流量净额		

宝迪电子有限公司的现金流量明细表见表17-8：

表 17-8　　　　　　　　宝迪电子有限公司现金流量明细表

现金流量明细表

重庆宝迪电子有限公司　　　　　　　　20××年第6期

日期	凭证字号	摘要	科目	借方金额	贷方金额	现金流量项目
20××-06-02	记-16	购买办公用品	660201 管理费用_办公用品	600.00		支付其他与经营活动有关的现金
20××-06-02	记-37	电汇收款	112202 应收账款_北京健心医疗设备有限公司		37 400.00	销售商品、提供劳务收到的现金
20××-06-03	记-17	报销差旅费	660107 销售费用_差旅费	200.00		支付其他与经营活动有关的现金
20××-06-03	记-47	收到合同违约金	6301 营业外收入		5 000.00	收到其他与经营活动有关的现金
20××-06-05	记-18	报销业务招待费	660205 管理费用_业务招待费	4 000.00		支付其他与经营活动有关的现金
		报销业务招待费	122101 其他应收款_叶子		3 500.00	收到其他与经营活动有关的现金
20××-06-06	记-29	收到银行承兑汇票	1121 应收票据		500 000.00	销售商品、提供劳务收到的现金
20××-06-08	记-19	缴纳上期税款	222102 应交税费_未交增值税	29 669.87		支付的各项税费
		缴纳上期税款	222114 应交税费_应交城市维护建设税	2 076.89		支付的各项税费
		缴纳上期税款	222113 应交税费_应交教育费附加	890.10		支付的各项税费
		缴纳上期税款	222115 应交税费_应交地方教育费附加	593.40		支付的各项税费
		缴纳上期税款	222112 应交税费_应交个人所得税	6 000.00		支付的各项税费
		缴纳上期税款	660226 管理费用_印花税	262.36		支付其他与经营活动有关的现金

续表

日期	凭证字号	摘要	科目	借方金额	贷方金额	现金流量项目
20××-06-10	记-31	银行承兑汇票贴现	660302 财务费用_利息支出	9 520.00		分配股利、利润或偿付利息支付的现金
		银行承兑汇票贴现	1121 应收票据		500 000.00	销售商品、提供劳务收到的现金
20××-06-13	记-14	购入材料配件一批	140304 原材料_其他材料及配件	100 000.00		购买商品、接受劳务支付的现金
		购入材料配件一批	22210101 应交税费_应交增值税_进项税额	13 000.00		购买商品、接受劳务支付的现金
20××-06-14	记-15	购入生产用设备一台	160101 固定资产_生产设备	50 600.00		购建固定资产、无形资产和其他长期资产支付的现金
		购入生产用设备一台	22210101 应交税费_应交增值税_进项税额	6 554.00		购买商品、接受劳务支付的现金
20××-06-15	记-48	现金支付M市飞快运输公司运费	220202 应付账款_深圳市飞快运输有限公司	6 540.00		购买商品、接受劳务支付的现金
20××-06-16	记-36	电汇付款	220201 应付账款_深圳蓝莓电子设计研发中心	2 260 000.00		购买商品、接受劳务支付的现金
20××-06-16	记-42	电汇手续费	660303 财务费用_手续费	48.50		支付其他与经营活动有关的现金
20××-06-17	记-20	支付产品广告费	660115 销售费用_广告费	10 000.00		支付其他与经营活动有关的现金
20××-06-17	记-38	信汇付款	220203 应付账款_深圳中天电子设计研究院	1 073 000.00		购买商品、接受劳务支付的现金
20××-06-18	记-45	银行承兑汇票付款	2201 应付票据	2 000 000.00		购买商品、接受劳务支付的现金
20××-06-18	记-46	员工叶子借款	122101 其他应收款_叶子	3 500.00		支付其他与经营活动有关的现金

续表

日期	凭证字号	摘要	科目	借方金额	贷方金额	现金流量项目
20xx-06-19	记-24	支付上期工会经费	221105 应付职工薪酬_工会经费	1 990.00		支付给职工以及为职工支付的现金
20xx-06-20	记-40	存款利息	660304 财务费用_利息收入	-496.21		分配股利、利润或偿付利息支付的现金
20xx-06-20	记-41	银行贷款利息	660302 财务费用_利息支出	248.40		分配股利、利润或偿付利息支付的现金
20xx-06-21	记-43	归还短期借款	2001 短期借款	800 000.00		偿还债务支付的现金
20xx-06-22	记-44	银行借款	2001 短期借款		1 000 000.00	取得借款收到的现金
20xx-06-25	记-4	销售产品支付运费	660118 销售费用_运输费	6 000.00		支付其他与经营活动有关的现金
		销售产品支付运费	22210101 应交税费_应交增值税_进项税额	540.00		购买商品、接受劳务支付的现金
20xx-06-28	记-28	收到货款	112201 应收账款_北京迪康医疗设备有限公司		1 610 000.00	销售商品、提供劳务收到的现金
20xx-06-28	记-34	收到银行汇票一份	112206 应收账款_深圳佳慧有限公司		104 000.00	销售商品、提供劳务收到的现金
20xx-06-29	记-21	支付电费	50010201 生产成本_辅助生产成本_供电车间	50 700.00		购买商品、接受劳务支付的现金
		支付电费	22210101 应交税费_应交增值税_进项税额	6 591.00		购买商品、接受劳务支付的现金
20xx-06-29	记-22	代垫医药费	122102 其他应收款_李黎	2 674.70		支付其他与经营活动有关的现金
20xx-06-29	记-23	支付会计培训费	221106 应付职工薪酬_职工教育经费	288.00		支付给职工以及为职工支付的现金

日期	凭证字号	摘要	科目	借方金额	贷方金额	现金流量项目
20××-06-29	记-26	支付职工薪酬	221101 应付职工薪酬_工资	99 500.00		支付给职工以及为职工支付的现金
		支付职工薪酬	221102 应付职工薪酬_职工福利	3 990.00		支付给职工以及为职工支付的现金
		支付职工薪酬	224101 其他应付款_基本养老保险费（个人部分）		3 218.40	收到其他与经营活动有关的现金
		支付职工薪酬	224102 其他应付款_基本医疗保险费（个人部分）		804.60	收到其他与经营活动有关的现金
		支付职工薪酬	224103 其他应付款_失业保险费（个人部分）		402.30	收到其他与经营活动有关的现金
		支付职工薪酬	122102 其他应收款_李黎		2 674.70	收到其他与经营活动有关的现金
		支付职工薪酬	222112 应交税费_应交个人所得税		6 000.00	支付的各项税费
20××-06-29	记-39	银行转账收款	112204 应收账款_常州静安医疗设备有限公司		1 260 000.00	销售商品、提供劳务收到的现金
20××-06-30	记-25	支付社会保险费	221108 应付职工薪酬_基本养老保险费	8 046.00		支付给职工以及为职工支付的现金
		支付社会保险费	221109 应付职工薪酬_基本医疗保险费	3 218.00		支付给职工以及为职工支付的现金
		支付社会保险费	221110 应付职工薪酬_失业保险费	805.00		支付给职工以及为职工支付的现金
		支付社会保险费	221111 应付职工薪酬_工伤保险费	201.16		支付给职工以及为职工支付的现金
		支付社会保险费	221112 应付职工薪酬_生育保险费	321.84		支付给职工以及为职工支付的现金
		支付社会保险费	224101 其他应付款_基本养老保险费（个人部分）	3 218.40		支付其他与经营活动有关的现金
		支付社会保险费	224102 其他应付款_基本医疗保险费（个人部分）	804.60		支付其他与经营活动有关的现金
		支付社会保险费	224103 其他应付款_失业保险费（个人部分）	402.30		支付其他与经营活动有关的现金

最后，汇总填列现金流量表（见表17-9）。

表17-9　　　　　　　　　　　**宝迪电子有限公司现金流量表**

编制单位：重庆宝迪电子有限公司　　　20××年第6期　　　　　　　　　　单位：元

项目	行次	本月金额	本年累计金额
一、经营活动产生的现金流量：			
销售商品、提供劳务收到的现金	1	4 011 400.00	4 011 400.00
收到的税费返还	2		
收到其他与经营活动有关的现金	3	15 600.00	15 600.00
经营活动现金流入小计	4	4 027 000.00	4 027 000.00
购买商品、接受劳务支付的现金	5	5 516 925.00	5 516 925.00
支付给职工以及为职工支付的现金	6	118 360.00	118 360.00
支付的各项税费	7	33 230.26	33 230.26
支付其他与经营活动有关的现金	8	31 710.86	31 710.86
经营活动现金流出小计	9	5 700 226.12	5 700 226.12
经营活动产生的现金流量净额	10	−1 673 226.12	−1 673 226.12
二、投资活动产生的现金流量：			
收回投资收到的现金	11		
取得投资收益收到的现金	12		
处置固定资产、无形资产和其他长期资产收回的现金净额	13		
处置子公司及其他营业单位收到的现金净额	14		
收到其他与投资活动有关的现金	15		
投资活动现金流入小计	16		
购建固定资产、无形资产和其他长期资产支付的现金	17	50 600.00	50 600.00

续表

项目	行次	本月金额	本年累计金额
投资支付的现金	18		
取得子公司及其他营业单位支付的现金净额	19		
支付其他与投资活动有关的现金	20		
投资活动现金流出小计	21	50 600.00	50 600.00
投资活动产生的现金流量净额	22	−50 600.00	−50 600.00
三、筹资活动产生的现金流量：			
吸收投资收到的现金	23		
取得借款收到的现金	24	1 000 000.00	1 000 000.00
收到其他与筹资活动有关的现金	25		
筹资活动现金流入小计	26	1 000 000.00	1 000 000.00
偿还债务支付的现金	27	800 000.00	800 000.00
分配股利、利润或偿付利息支付的现金	28	9 272.19	9 272.19
支付其他与筹资活动有关的现金	29		
筹资活动现金流出小计	30	809 272.19	809 272.19
筹资活动产生的现金流量净额	31	190 727.81	190 727.81
四、汇率变动对现金及现金等价物的影响	32		
五、现金及现金等价物净增加额	33	−1 533 098.31	−1 533 098.31
加：期初现金及现金等价物余额	34	7 122 546.06	7 122 546.06
六、期末现金及现金等价物余额	35	5 589 447.75	5 589 447.75

核对一下，期末现金及现金等价物余额 5 589 447.75 元要与前面的资产负债表中的"货币资金"项目的期末余额 5 589 447.75 元相等，利润表中的净利润为 702 395.74 元（资产负债表"未分配利润"期末数 1 999 491.35−期初数 1 297 095.61 =702 395.74（元））。

第 18 章

纳税申报表的填列

第18章

纳税申报表的填列

财务报表出来后，我们开始填纳税申报表。

一、增值税及附加税费申报

首先是增值税及附加税费的申报，目前城市维护建设税和教育费附加已经并入增值税，同时申报。增值税申报表体系如下（如图18-1所示）：

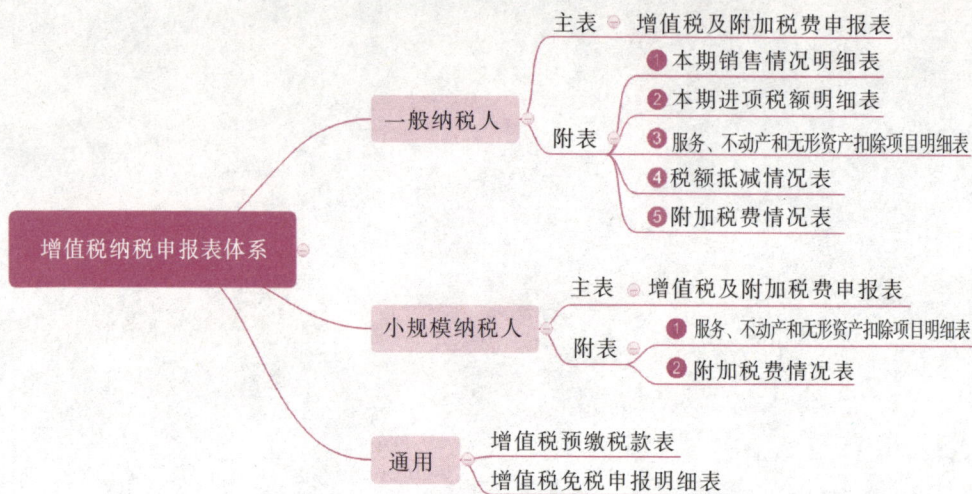

图18-1 增值税纳税申报表体系

我们是一般纳税人，自然就下载一般纳税人的报表模板填列。

填表的时候，先填附表，再根据附表制作主表。

首先，要填列本期销售情况明细表。

我们这个月有一般计税项目和简易计税项目，但是没有免抵退和免税项目。

一般计税项目有开具专用发票、开具其他发票（普通发票）、未开具发票及纳税稽查调整这几列。

我们公司这个月没被稽查，那最后一栏自然不用填。

开具发票的情况可以从开票系统导出，未开票的销售数据可以从账上看出。

我们导出应交税费——应交增值税（销项税额）明细账（如图18-2所示）。

明细账

重庆宝迪电子有限公司　　2021年第6期

科目	日期	凭证字号	摘要	借方	贷方	方向	余额	收入
22210107-应交税费_应交增值税_销项税额	2021-06-01		期初余额			平		
22210107-应交税费_应交增值税_销项税额	2021-06-06	记-1	销售产品		390,000.00	贷	390,000.00	3,000,000.00
22210107-应交税费_应交增值税_销项税额	2021-06-19	记-50	捐赠不可充电迷走神经刺激器		1,950.00	贷	391,950.00	12,000.00
22210107-应交税费_应交增值税_销项税额	2021-06-24	记-2	销售产品		260,000.00	贷	651,950.00	2,000,000.00
22210107-应交税费_应交增值税_销项税额	2021-06-25	记-3	销售产品		46,800.00	贷	698,750.00	360,000.00
22210107-应交税费_应交增值税_销项税额	2021-06-26	记-5	销售材料		4,680.00	贷	703,430.00	36,000.00
22210107-应交税费_应交增值税_销项税额	2021-06-30		本期合计		703,430.00	贷	703,430.00	
22210107-应交税费_应交增值税_销项税额	2021-06-30		本年累计		703,430.00	贷	703,430.00	
				开具专票合计	654,680.00			5,036,000.00
				开具普票合计	46,800.00			360,000.00
				未开票合计	1,950.00			12,000.00

图18-2　应交税费——应交增值税（销项税额）明细账

开具专用发票有3笔，普通发票1笔，未开票1笔。

我们再看简易计税，只有1笔（如图18-3所示）。

明细账

重庆宝迪电子有限公司　　20XX年第6期

科目	日期	凭证字号	摘要	借方	贷方	方向	余额	销售额
222108-应交税费_简易计税	20XX-06-01		期初余额			平		
222108-应交税费_简易计税	20XX-06-27	记-8	销售使用过的固定资产		3,000.00	贷	3,000.00	10,000.00
222108-应交税费_简易计税	20XX-06-30	记-63	简易计税转入未交增值税	3,000.00		平		
222108-应交税费_简易计税	20XX-06-30		本期合计	3,000.00	3,000.00	平		
222108-应交税费_简易计税	20XX-06-30		本年累计	3,000.00	3,000.00	平		

图18-3　明细账中的“应交税费——简易计税”科目

因此，本期销售情况明细表填列见表18-1）。

然后，看本期进项税额及进项税额转出情况（如图18-4所示）。认证相符的增值税专用发票有9份，其中有2份是运费的进项税票。

表18-1

增值税及附加税费申报表附列资料（一）

（本期销售情况明细）

税款所属时间：20××年6月1日至20××年6月30日

纳税人名称：（公章）重庆宝迪电子有限公司

金额单位：元（列至角分）

项目及栏次		开具增值税专用发票		开具其他发票		未开具发票		纳税检查调整		合计			服务、不动产和无形资产扣除项目本期实际扣除金额	扣除后	
		销售额	销项(应纳)税额	销售额	销项(应纳)税额	销售额	销项(应纳)税额	销售额	销项(应纳)税额	销售额	销项(应纳)税额	价税合计		含税(免税)销售额	销项(应纳)税额
		1	2	3	4	5	6	7	8	$9=1+3+5+7$	$10=2+4+6+8$	$11=9+10$	12	$13=11-12$	$14=13\div(100\%+税率或征收率)\times税率或征收率$
一、一般计税方法计税	全部征税项目	13%税率的货物及加工修理修配劳务 1	5 036 000	654 680	360 000	46 800	15 000	1 950	—	—	5 411 000	703 430	—	—	—	—
		13%税率的服务、不动产和无形资产 2	—	—	—	—	—	—	—	—	—	—	—	—	—	—
		9%税率的货物及加工修理修配劳务 3	—	—	—	—	—	—	—	—	—	—	—	—	—	—
		9%税率的服务、不动产和无形资产 4	—	—	—	—	—	—	—	—	—	—	—	—	—	—
		6%税率 5	—	—	—	—	—	—	—	—	—	—	—	—	—	—
	其中：即征即退项目	即征即退货物及加工修理修配劳务 6	—	—	—	—	—	—	—	—	—	—	—	—	—	—
		即征即退服务、不动产和无形资产 7	—	—	—	—	—	—	—	—	—	—	—	—	—	—

续表

项目及栏次		开具增值税专用发票		开具其他发票		未开具发票		纳税检查调整		合计			服务、不动产和无形资产扣除项目本期实际扣除金额	扣除后	
		销售额	销项(应纳)税额	销售额	销项(应纳)税额	销售额	销项(应纳)税额	销售额	销项(应纳)税额	销售额	销项(应纳)税额	价税合计		含税(免税)销售额	销项(应纳)税额
		1	2	3	4	5	6	7	8	9=1+3+5+7	10=2+4+6+8	11=9+10	12	13=11-12	14=13÷(100%+税率或征收率)×税率或征收率
二、简易计税方法计税	6%征收率	8											—	—	—
	5%征收率的货物及加工修理修配劳务	9a											—	—	—
	5%征收率的服务、不动产和无形资产	9b										—	—	—	—
	4%征收率	10											—	—	—
全部征税项目	3%征收率的货物及加工修理修配劳务	11			100 000	3 000					100 000	3 000	—	—	—	—
	3%征收率的服务、不动产和无形资产	12										—	—	—	—
	预征率 %	13a										—	—	—	—
	预征率 %	13b										—	—	—	—
	预征率 %	13c										—	—	—	—
其中：即征即退项目	即征即退货物及加工修理修配劳务	14	—	—									—	—	—
	即征即退服务、不动产和无形资产	15	—	—									—	—	—
三、免抵退税	货物及加工修理修配劳务	16	—	—									—	—	—
	服务、不动产和无形资产	17	—	—									—	—	—
四、免、免税	货物及加工修理修配劳务	18	—	—									—	—	—
	服务、不动产和无形资产	19	—	—									—	—	—

明细账

科目	日期	凭证字号	摘要	借方	贷方	方向	余额	金额
重庆宝迪电子有限公司								20××年第6期
22210101-应交税费_应交增值税_进项税额	20××-06-01		期初余额			平		
22210101-应交税费_应交增值税_进项税额	20××-06-10	记-11	购买原材料	260,540.00		借	260,540.00	2,006,000.00
22210101-应交税费_应交增值税_进项税额	20××-06-10	记-12	购买材料	143,000.00		借	403,540.00	1,100,000.00
22210101-应交税费_应交增值税_进项税额	20××-06-12	记-13	购买材料	260,000.00		借	663,540.00	2,000,000.00
22210101-应交税费_应交增值税_进项税额	20××-06-13	记-14	购入材料配件一批	13,000.00		借	676,540.00	100,000.00
22210101-应交税费_应交增值税_进项税额	20××-06-14	记-15	购入生产用设备一台	6,554.00		借	683,094.00	506,000.00
22210101-应交税费_应交增值税_进项税额	20××-06-25	记-4	销售产品支付运费	540.00		借	683,634.00	6,000.00
22210101-应交税费_应交增值税_进项税额	20××-06-29	记-21	支付电费	6,591.00		借	690,225.00	50,700.00
22210101-应交税费_应交增值税_进项税额	20××-06-30		本期合计	690,225.00		借	690,225.00	5,768,700.00
22210101-应交税费_应交增值税_进项税额	20××-06-30		本年累计	690,225.00		借	690,225.00	

	A	B	C	D	E	F	G	H

明细账

科目	日期	凭证字号	摘要	借方	贷方	方向	余额
重庆宝迪电子有限公司							20××年第6期
22210109-应交税费_应交增值税_进项税额转出	20××-06-01		期初余额			平	
22210109-应交税费_应交增值税_进项税额转出	20××-06-19	记-49	向客户捐赠主控单元件		1,301.44	贷	1,301.44
22210109-应交税费_应交增值税_进项税额转出	20××-06-30	记-60	盘亏无线通信单元件100个		2,600.00	贷	3,901.44
22210109-应交税费_应交增值税_进项税额转出	20××-06-30		本期合计		3,901.44	贷	3,901.44
22210109-应交税费_应交增值税_进项税额转出	20××-06-30		本年累计		3,901.44	贷	3,901.44

图18-4　本期进项税额及进项税额转出

本期进项税额明细表填列如下（见表18-2）：

表18-2　　　　　　增值税及附加税费申报表附列资料（二）

(本期进项税额明细)

税款所属时间：20××年6月1日至20××年6月30日

纳税人名称：（公章）重庆宝迪电子有限公司　　　　　　　　金额单位：元（列至角分）

一、申报抵扣的进项税额				
项目	栏次	份数	金额	税额
（一）认证相符的增值税专用发票	1=2+3	9	5 768 700.00	690 225.00
其中：本期认证相符且本期申报抵扣	2	9	5 768 700.00	690 225.00
前期认证相符且本期申报抵扣	3			
（二）其他扣税凭证	4=5+6+7+8a+8b			
其中：海关进口增值税专用缴款书	5			
农产品收购发票或者销售发票	6			
代扣代缴税收缴款凭证	7		—	
加计扣除农产品进项税额	8a	—	—	
其他	8b			

续表

一、申报抵扣的进项税额				
项目	栏次	份数	金额	税额
（三）本期用于购建不动产的扣税凭证	9			
（四）本期用于抵扣的旅客运输服务扣税凭证	10			
（五）外贸企业进项税额抵扣证明	11	—	—	
当期申报抵扣进项税额合计	12=1+4+11			
二、进项税额转出额				
项目	栏次		税额	
本期进项税额转出额	13=14至23之和		3 901.04	
其中：免税项目用	14			
集体福利、个人消费	15		1 301.04	
非正常损失	16		2 600.00	
简易计税方法征税项目用	17			
免抵退税办法不得抵扣的进项税额	18			
纳税检查调减进项税额	19			
红字专用发票信息表注明的进项税额	20			
上期留抵税额抵减欠税	21			
上期留抵税额退税	22			
异常凭证转出进项税额	23a			
其他应作进项税额转出的情形	23b			

续表

三、待抵扣进项税额				
项目	栏次	份数	金额	税额
（一）认证相符的增值税专用发票	24	—	—	—
期初已认证相符但未申报抵扣	25			
本期认证相符且本期未申报抵扣	26			
期末已认证相符但未申报抵扣	27			
其中：按照税法规定不允许抵扣	28			
（二）其他扣税凭证	29=30至33之和			
其中：海关进口增值税专用缴款书	30			
农产品收购发票或者销售发票	31			
代扣代缴税收缴款凭证	32			
其他	33			
	34			
四、其他				
项目	栏次	份数	金额	税额
本期认证相符的增值税专用发票	35	9	5 768 700.00	690 225.00
代扣代缴税额	36	—	—	—

　　增值税及附加税费申报表的附表（三）是服务、不动产和无形资产扣除项目明细（见表18-3）。

表18-3　　　　　　　**增值税及附加税费申报表附列资料（三）**
（服务、不动产和无形资产扣除项目明细）

税款所属时间：　年　月　日至　年　月　日

纳税人名称：（公章）　　　　　　　　　　　　　　　　　金额单位：元（列至角分）

项目及栏次		本期服务、不动产和无形资产价税合计额（免税销售额）	服务、不动产和无形资产扣除项目				
			期初余额	本期发生额	本期应扣除金额	本期实际扣除金额	期末余额
		1	2	3	4=2+3	5（5≤1且5≤4）	6=4-5
13%税率的项目	1						
9%税率的项目	2						
6%税率的项目（不含金融商品转让）	3						
6%税率的金融商品转让项目	4						
5%征收率的项目	5						
3%征收率的项目	6						
免抵退税的项目	7						
免税的项目	8						

　　表18-3主要涉及差额征税业务，本企业不涉及差额征税业务，因此不需要填。

　　差额征税业务一般有如下这些业务（见表18-4），可以简单了解下，后续遇到，再处理。

表 18-4   差额征税政策与处理汇总表

业务类型	差额政策	身份区别	发票开具
金融商品转让	卖出价扣除买入价后的余额为销售额	一般纳税人	全额开具普通发票
		小规模纳税人	全额开具普通发票
经纪代理服务	以取得的全部价款和价外费用，扣除向委托方收取并代为支付的政府性基金或者行政事业性收费后的余额为销售额	一般纳税人	（1）可直接全额开具 6% 普通发票，享受差额征税，下游企业不能抵扣 （2）自己的收入部分开具增值税专用发票，代收费用部分开具增值税普通发票，享受差额征税，下游企业只能就专用发票部分抵扣进项 （3）放弃享受差额征税政策，就全部收入开具 6% 增值税专用发票，下游企业可以全部抵扣进项
		小规模纳税人	征收率 3%，其他同上
融资租赁	以取得的全部价款和价外费用，扣除支付的借款利息（包括外汇借款和人民币借款利息）、发行债券利息和车辆购置税后的余额为销售额	一般纳税人	自行开具全额增值税专用发票或普通发票
		小规模纳税人	自行开具全额增值税专用发票或普通发票
融资性售后回租	以取得的全部价款和价外费用（不含本金），扣除对外支付的借款利息、发行债券利息后的余额作为销售额	一般纳税人	向下游企业开具全额增值税普通发票，无必要开具专用发票，下游企业不能抵扣进项
		小规模纳税人	同上
客运场站服务	一般纳税人（以下称一般纳税人）提供客运场站服务，以其取得的全部价款和价外费用，扣除支付给承运方运费后的余额为销售额	一般纳税人	全额开具增值税普通发票，没必要开具专用发票，下游企业不可抵扣进项
		小规模纳税人	不能享受差额征税

续表

业务类型	差额政策	身份区别	发票开具
旅游服务	可以选择以取得的全部价款和价外费用，扣除向旅游服务购买方收取并支付给其他单位或者个人的住宿费、餐饮费、交通费、签证费、门票费和支付给其他接团旅游企业的旅游费用后的余额为销售额	一般纳税人	（1）可直接全额开具普通发票，享受差额征税，下游企业不能抵扣进项 （2）自己的收入部分开具增值税专用发票，代收费用部分开具增值税普通发票，享受差额征税，下游企业只能就专用发票部分抵扣进项 （3）选择上述办法（差额征税）计算销售额的纳税人，向旅游服务购买方收取并支付的费用，不得开具增值税专用发票，可以开具普通发票。但如果放弃享受差额征税政策，就全部收入开具增值税专用发票，下游企业可以全部抵扣进项 （4）按照新系统中的"差额征税开票功能"，差额开具增值税专用发票。下游企业只能就票面列出的差额增值税抵扣进项。关于旅游公司能否按照差额开票，各地税务机关存在争议
		小规模纳税人	同上
建筑服务	提供建筑服务适用简易计税方法的，以取得的全部价款和价外费用扣除支付的分包款后的余额为销售额	一般纳税人	一般纳税人可全额开具3%增值税普通发票或专用发票，下游企业取得专用发票可抵扣进项
		小规模纳税人	小规模纳税人可全额到税务机关代开3%增值税专用发票，或者全额自开增值税普通发票
房地产企业销售商品房	一般纳税人销售其开发的房地产项目（选择简易计税方法的房地产老项目除外），以取得的全部价款和价外费用，扣除受让土地时向政府部门支付的土地价款后的余额为销售额	一般纳税人	一般纳税人可以全额自开9%增值税专用发票或者普通发票，下游企业取得专用发票正常抵扣进项
		小规模纳税人	不能享受差额征税

续表

业务类型	差额政策	身份区别	发票开具
劳务派遣服务	以取得的全部价款和价外费用，扣除代用工单位支付给劳务派遣员工的工资、福利和为其办理社会保险及住房公积金后的余额为销售额	一般纳税人	（1）选择简易征收，可直接全额开具5%普通发票，享受差额征税，下游企业不能抵扣进项 （2）选择简易征收，自己收入部分开具5%增值税专用发票，从销售额扣除部分开具5%增值税普通发票，享受差额征税，下游企业只能就专用发票部分抵扣进项 （3）如果放弃享受差额征税政策，则以全部收入开具6%增值税专用发票，下游企业可以全部抵扣进项 （4）按照新系统中的"差额征税开票功能"，差额开具增值税专用发票。下游企业只能就票面列出的差额增值税抵扣进项。关于这一条能否适用于劳务派遣公司，各地税务机关存在争议
		小规模纳税人	按照征收率3%享受差额政策，其他同上
人力资源外包服务	销售额不包括受客户单位委托代为向客户单位员工发放的工资和代理缴纳的社会保险、住房公积金 一般纳税人提供人力资源外包服务，可以选择适用简易计税方法，按照5%的征收率计算缴纳增值税	一般纳税人	（1）可直接全额开具6%普通发票，享受差额征税，下游企业不能抵扣进项 （2）自己的收入部分开具6%增值税专用发票，从销售额扣除部分开具6%增值税普通发票，享受差额征税，下游企业只能就专用发票部分抵扣进项 （3）如果放弃享受差额征税政策，就全部收入开具6%增值税专用发票，下游企业可以全部抵扣进项 （4）按照新系统中的"差额征税开票功能"，差额开具增值税专用发票。下游企业只能就票面列出的差额增值税抵扣进项。关于这一条能否适用于人力资源外包公司，各地税务机关存在争议
		小规模纳税人	按照征收率3%，其他同上
转让营改增前取得的土地使用权	纳税人转让2016年4月30日前取得的土地使用权，可以选择适用简易计税方法，以取得的全部价款和价外费用减去取得该土地使用权的原价后的余额为销售额，按照5%的征收率计算缴纳增值税	一般纳税人	按照5%全额开具增值税专用发票或增值税普通发票，如果是专用发票，则下游企业可以抵扣进项
		小规模纳税人	自开5%增值税普票，代开5%专票，下游企业可抵扣

续表

业务类型	差额政策	身份区别	发票开具
按照简易计税方法转让二手房	一般纳税人转让营改增前取得（不含自建）的不动产，可以选择适用简易计税方法计税，以取得的全部价款和价外费用扣除不动产购置原价或者取得不动产时的作价后的余额为销售额	一般纳税人	一般纳税人可全额自开5%增值税专用发票或普通发票，如下游企业取得增值税专用发票，则可以抵扣进项 但有些地方税务机关认为此种情况（含小规模和个人）不能通过普通开票系统，只能通过差额开票系统开具差额发票，如深圳、河北
	小规模纳税人转让其取得（不含自建）的不动产，政策同上	小规模纳税人	小规模纳税人可全额自开5%增值税普通发票，或到二手房所在地税务机关代开增值税专用发票
	个人转让其购买的住房，按照有关规定差额缴纳增值税的，政策同上	其他个人	其他个人可到二手房所在地税务机关全额代开5%增值税专用发票或普通发票
物业公司转售自来水	提供物业管理服务的纳税人，向服务接受方收取的自来水水费，以扣除其对外支付的自来水水费后的余额为销售额，按照简易计税方法依3%的征收率计算缴纳增值税	一般纳税人	一般纳税人可开具3%全额增值税专用发票或普通发票，下游企业取得专票抵扣进项
		小规模纳税人	小规模纳税人可自行开具3%普票，或代开3%增值税专用发票

注：当地开票政策如有变，则请以当地政策为准。

增值税及附加税费申报表的第四张附表是税额抵减情况表（见表18-5）。

表 18-5　　　　　　　**增值税及附加税费申报表附列资料（四）**

（税额抵减情况表）

税款所属时间：　　年 月 日至　年 月 日

纳税人名称：（公章）　　　　　　　　　　　　　　　金额单位：元（列至角分）

		一、税额抵减情况				
序号	抵减项目	期初余额	本期发生额	本期应抵减税额	本期实际抵减税额	期末余额
		1	2	3=1+2	4≤3	5=3-4
1	增值税税控系统专用设备费及技术维护费					
2	分支机构预征缴纳税款					
3	建筑服务预征缴纳税款					
4	销售不动产预征缴纳税款					
5	出租不动产预征缴纳税款					

		二、加计抵减情况					
序号	加计抵减项目	期初余额	本期发生额	本期调减额	本期可抵减额	本期实际抵减额	期末余额
		1	2	3	4=1+2-3	5	6=4-5
6	一般项目加计抵减额计算						
7	即征即退项目加计抵减额计算						
8	合计						

　　本企业本期没有税额抵减的情况，因此不需要填列表 18-5。

　　增值税及附加税费申报表的第 5 张表是附加税费情况表（见表 18-6），主要是城市维护建设税和教育费附加的申报。这两个税费的数字前面我们已经计算过，直接抄过来，填表即可。

表18-6　　　　　　　**增值税及附加税费申报表附列资料（五）**

（附加税费情况表）

税（费）款所属时间：20×× 年 6 月 1 日至 20×× 年 6 月 30 日

纳税人名称：（公章）重庆宝迪电子有限公司　　　　　　　　　　金额单位：元（列至角分）

税（费）种		计税（费）依据			税（费）率（征收率）(%)	本期应纳税（费）额	本期减免税（费）额		试点建设培育产教融合型企业		本期已缴税（费）额	本期应补（退）税（费）额
		增值税税额	增值税免抵税额	留抵退税本期扣除额			减免性质代码	减免税（费）额	减免性质代码	本期抵免金额		
		1	2	3	4	5=（1+2-3）×4	6	7	8	9	10	11=5-7-9-10
城市维护建设税	1	19 106.44			7%	1 337.45		—		—		1 337.45
教育费附加	2	19 106.44			3%	573.19						573.19
地方教育附加	3	19 106.44			2%	382.13						382.13
合计	4	—	—	—	—	—		—		—		
本期是否适用试点建设培育产教融合型企业抵免政策					□是 □否	当期新增投资额					5	
						上期留抵可抵免金额					6	
						结转下期可抵免金额					7	
可用于扣除的增值税留抵退税额使用情况						当期新增可用于扣除的留抵退税额					8	
						上期结存可用于扣除的留抵退税额					9	
						结转下期可用于扣除的留抵退税额					10	

增值税及附加税费申报表的第6张表是增值税减免税申报明细表（见表18-7）。本企业本期销售使用过的固定资产，减免税款1 000元（如图18-5所示）。

表18-7　　　　　　　　　增值税减免税申报明细表

税款所属时间：自20××年6月1日至20××年6月30日

纳税人名称（公章）：重庆宝迪电子有限公司　　　　　　　　　　金额单位：元（列至角分）

一、减税项目						
减税性质代码及名称	栏次	期初余额	本期发生额	本期应抵减税额	本期实际抵减税额	期末余额
		1	2	3=1+2	4≤3	5=3-4
合计	1		1 000.00	1 000.00	1 000.00	0.00
00001129924已使用过的固定资产减征增值税	2		1 000.00	1 000.00	1 000.00	0.00
	3					
	4					
	5					
	6					
	7					

二、免税项目					
免税性质代码及名称	栏次	免征增值税项目销售额	免税销售额扣除项目本期实际扣除金额	扣除后免税销售额	免税销售额对应的进项税额	免税额
		1	2	3=1-2	4	5
合计	7					
出口免税	8		—	—	—	
其中：跨境服务	9		—	—	—	
	10				—	
	11				—	
	12				—	
	13				—	
	14				—	
	15				—	
	16				—	

明细账

重庆宝迪电子有限公司 20xx年第6期

科目	日期	凭证字号	摘要	借方	贷方	方向	余额
22210105-应交税费_应交增值税_减免税款	20xx-06-01		期初余额			平	
22210105-应交税费_应交增值税_减免税款	20xx-06-27	记-9	销售使用过的固定资产减免税款	1,000.00		借	1,000.00
22210105-应交税费_应交增值税_减免税款	20xx-06-30		本期合计	1,000.00		借	1,000.00
22210105-应交税费_应交增值税_减免税款	20xx-06-30		本年累计	1,000.00		借	1,000.00

图18-5 销售使用过的固定资产，减免税款1 000元

最后，系统会自动根据附表的内容制成主表（见表18-8）。

表18-8 **增值税及附加税费申报表**
（一般纳税人适用）

根据国家税收法律法规及增值税相关规定制定本表。纳税人不论有无销售额，均应按税务机关核定的纳税期限填写本表，并向当地税务机关申报。

税款所属时间：自20xx年6月1日至20xx年6月30日 填表日期：20xx年7月5日 金额单位：元（列至角分）

纳税人识别号（统一社会信用代码）：□□□□□□□□□□□□□□□□□□ 所属行业：xxx

纳税人名称：重庆宝迪电子有限公司		法定代表人姓名	王俊远	注册地址	xxxx	生产经营地址	xxxx
开户银行及账号	370000xxxxxxxxx		登记注册类型	有限责任公司		电话号码	136xxxxxxxx

项目		栏次	一般项目		即征即退项目	
			本月数	本年累计	本月数	本年累计
销售额	（一）按适用税率计税销售额	1	5 411 000.00	5 411 000.00		
	其中：应税货物销售额	2	5 411 000.00	5 411 000.00		
	应税劳务销售额	3				
	纳税检查调整的销售额	4				
	（二）按简易办法计税销售额	5	100 000.00	100 000.00		
	其中：纳税检查调整的销售额	6				
	（三）免、抵、退办法出口销售额	7			—	—
	（四）免税销售额	8			—	—
	其中：免税货物销售额	9			—	—
	免税劳务销售额	10			—	—

项 目		栏次	一般项目		即征即退项目	
			本月数	本年累计	本月数	本年累计
税款计算	销项税额	11	703 430.00	703 430.00		
	进项税额	12	690 225.00	690 225.00		
	上期留抵税额	13				—
	进项税额转出	14	3 901.44	3 901.44		
	免、抵、退应退税额	15			—	—
	按适用税率计算的纳税检查应补缴税额	16			—	—
	应抵扣税额合计	17=12 + 13-14-15+16	686 323.96	—		—
	实际抵扣税额	18（如 17<11,则为17, 否则为11）	686 323.96	686 323.96		
	应纳税额	19=11-18	17 106.44	17 106.44		
	期末留抵税额	20=17-18				—
	简易计税办法计算的应纳税额	21	3 000.00	3 000.00		
	按简易计税办法计算的纳税检查应补缴税额	22			—	—
	应纳税额减征额	23	1 000.00	1 000.00		
	应纳税额合计	24=19+21-23	19 106.44	19 106.44		
税款缴纳	期初未缴税额（多缴为负数）	25	29 669.87	29 669.87		
	实收出口开具专用缴款书退税额	26			—	—
	本期已缴税额	27=28+29+30+31	29 669.87	29 669.87		
	①分次预缴税额	28		—		
	②出口开具专用缴款书预缴税额	29		—	—	—

续表

项 目		栏次	一般项目		即征即退项目	
			本月数	本年累计	本月数	本年累计
税款缴纳	③本期缴纳上期应纳税额	30				
	④本期缴纳欠缴税额	31				
	期末未缴税额(多缴为负数)	32=24+25+26-27	19 106.44	19 106.44		
	其中:欠缴税额(≥0)	33=25+26-27		——		——
	本期应补(退)税额	34 = 24-28-29	19 106.44	——		——
	即征即退实际退税额	35	——		——	
	期初未缴查补税额	36				——
	本期入库查补税额	37				——
	期末未缴查补税额	38=16+22+36-37				——
附加税费	城市维护建设税本期应补(退)税额	39	1 337.45	1 337.45	——	——
	教育费附加本期应补(退)费额	40	573.19	573.19	——	——
	地方教育附加本期应补(退)费额	41	382.13	382.13	——	——
声明:此表是根据国家税收法律法规及相关规定填写的,本人(单位)对填报内容(及附带资料)的真实性、可靠性、完整性负责。						
			纳税人(签章): 年 月 日			
经办人: 经办人身份证号: 代理机构签章: 代理机构统一社会信用代码:			受理人: 受理税务机关(章): 受理日期:年 月 日			

　　我们可以看出系统自动算出的本期应缴的增值税是 19 106.44 元,跟我们账上的数字核对一致。

二、企业所得税季度预缴企业所得税

直接根据利润表上的项目"营业收入""营业成本""利润总额"这三项数字抄过来即可。系统会自动算出当期应预缴的企业所得税 234 131.90 元，跟我们账上的计算一致（见表 18-9）。

表 18-9　　中华人民共和国企业所得税月（季）度预缴纳税申报表（A 类）

税款所属期间：20××年6月1日至20××年6月30日

纳税人识别号（统一社会信用代码）：□□□□□□□□□□□□□□□□□□

纳税人名称：重庆宝迪电子有限公司　　　　　　　　　　金额单位：元（列至角分）

优 惠 及 附 报 事 项 有 关 信 息									
项目	一季度		二季度		三季度		四季度		季度平均值
	季初	季末	季初	季末	季初	季末	季初	季末	
从业人数			10	10					10
资产总额（万元）			1 782.22	1 773.56					1 777.89
国家限制或禁止行业	□是□否				小型微利企业				□是□否
附 报 事 项 名 称									金额或选项
事项 1	（填写特定事项名称）								
事项 2	（填写特定事项名称）								

	预 缴 税 款 计 算	本年累计
1	营业收入	5 396 000.00
2	营业成本	4 326 209.00
3	利润总额	936 527.64
4	加：特定业务计算的应纳税所得额	
5	减：不征税收入	
6	减：资产加速折旧、摊销（扣除）调减额（填写 A201020）	
7	减：免税收入、减计收入、加计扣除（7.1+7.2+⋯）	
7.1	（填写优惠事项名称）	

	预缴税款计算	本年累计
7.2	（填写优惠事项名称）	
8	减：所得减免（8.1+8.2+…）	
8.1	（填写优惠事项名称）	
8.2	（填写优惠事项名称）	
9	减：弥补以前年度亏损	
10	实际利润额（3+4-5-6-7-8-9）\按照上一纳税年度应纳税所得额平均额确定的应纳税所得额	936 527.64
11	税率（25%）	25%
12	应纳所得税额（10×11）	234 131.90
13	减：减免所得税额（13.1+13.2+…）	
13.1	（填写优惠事项名称）	
13.2	（填写优惠事项名称）	
14	减：本年实际已缴纳所得税额	
15	减：特定业务预缴（征）所得税额	
16	本期应补（退）所得税额（12-13-14-15）\税务机关确定的本期应纳所得税额	234 131.90
汇总纳税企业总分机构税款计算		
17	总机构	总机构本期分摊应补（退）所得税额（18+19+20）	
18		其中：总机构分摊应补（退）所得税额（16×总机构分摊比例_%）	
19		财政集中分配应补（退）所得税额（16×财政集中分配比例_%）	
20		总机构具有主体生产经营职能的部门分摊所得税额（16×全部分支机构分摊比例%×总机构具有主体生产经营职能部门分摊比例_%）	

续表

预缴税款计算			本年累计
21	分支机构	分支机构本期分摊比例	
22		分支机构本期分摊应补（退）所得税额	
实际缴纳企业所得税计算			
23		减：民族自治地区企业所得税地方分享部分：□ 免征 □ 减征:减征幅度_%)	本年累计应减免金额 〔（12-13-15）× 40%×减征幅度〕
24		实际应补（退）所得税额	

谨声明：本纳税申报表是根据国家税收法律法规及相关规定填报的，是真实的、可靠的、完整的。

纳税人（签章）：　　年　月　日

经办人： 经办人身份证号： 代理机构签章： 代理机构统一社会信用代码：	受理人： 受理税务机关（章）： 受理日期：　　年　月　日

国家税务总局监制

　　从表18-9可以看出，系统并没有按照小型微利企业给我们计算企业所得税，虽然我们已经符合小型微利企业的相关条件。

　　因此我们需要申请，在税务局备案，那表18-9上的小型微利企业前面那个框会勾上或者涂上阴影。

　　小微企业标准见表18-10：

表 18-10　　　　　　　　　　　　　　　　　小微企业标准

小微企业标准	上述小型微利企业是指从事国家非限制和禁止行业，且同时符合年度应纳税所得额不超过 300 万元、从业人数不超过 300 人、资产总额不超过 5 000 万元等 3 个条件的企业
	从业人数，包括与企业建立劳动关系的职工人数和企业接受的劳务派遣用工人数从业人数和资产总额指标，应按企业全年的季度平均值确定。具体计算公式如下： 　　季度平均值＝（季初值＋季末值）÷2 　　全年季度平均值＝全年各季度平均值之和÷4 　　年度中间开业或者终止经营活动的，以其实际经营期作为一个纳税年度确定上述相关指标

对小型微利企业年应纳税所得额不超过 100 万元的部分，减按 12.5% 计入应纳税所得额，按 20% 的税率缴纳企业所得税；对年应纳税所得额超过 100 万元但不超过 300 万元的部分，减按 50% 计入应纳税所得额，按 20% 的税率缴纳企业所得税。（如图 18-6 所示）

所得税	年利润<=100万元	2.5%
	100万元<利润≤300万元	10%
	>300万元	25%

图 18-6　利润额及其对应的所得税税率

我们的利润总额就是：$936\,527.64 \times 12.5\% \times 20\% = 23\,413.19$（元）

等到年终结束后，在第二年的 5 月份之前，进行企业所得税汇算清缴，这是第二年的事情了。

（有关汇算清缴的相关知识可以参考小艾系列其他书籍，比如《小艾上班记 11——税务稽查来了》。）

三、个人所得税代扣代缴

个人所得税则要根据每个员工的实际情况在个税系统中进行申报。

假设李先生在宝迪公司任职，20××年 1 月—12 月每月在甲企业取得工资薪金收入 16 000 元，无免税收入；每月缴纳三险一金 2 500 元。

从1月份开始，享受子女教育和赡养老人专项附加扣除共计为3 000元，无其他扣除。

另外，20××年3月取得劳务报酬收入3 000元，稿酬收入2 000元，6月取得劳务报酬收入30 000元，特许权使用费收入2 000元。

（1）20××年1月：

1月累计预扣预缴应纳税所得额＝累计收入－累计免税收入－累计减除费用－累计专项扣除－累计专项附加扣除－累计依法确定的其他扣除＝16 000－5 000－2 500－3 000＝5 500（元），对应税率为3%。

1月应预扣预缴税额＝（累计预扣预缴应纳税所得额×预扣率－速算扣除数）－累计减免税额－累计已预扣预缴税额=5 500×3%=165（元）。

20××年1月，甲企业在发放工资环节预扣预缴个人所得税165元。

（2）20××年2月：

2月累计预扣预缴应纳税所得额＝累计收入－累计免税收入－累计减除费用－累计专项扣除－累计专项附加扣除－累计依法确定的其他扣除＝16 000×2－5 000×2－2 500×2－3 000×2＝11 000（元），对应税率为3%。

2月应预扣预缴税额＝（累计预扣预缴应纳税所得额×预扣率－速算扣除数）－累计减免税额－累计已预扣预缴税额=11 000×3%－165=165（元）。

20××年2月，甲企业在发放工资环节预扣预缴个人所得税165元。

（3）20××年3月：

3月累计预扣预缴应纳税所得额＝累计收入－累计免税收入－累计减除费用－累计专项扣除－累计专项附加扣除－累计依法确定的其他扣除＝16 000×3－5 000×3－2 500×3－3 000×3＝16 500（元），对应税率为3%。

3月应预扣预缴税额＝（累计预扣预缴应纳税所得额×预扣率－速算扣除数）－累计减免税额－累计已预扣预缴税额=16 500×3%－165－165=165（元）。

20××年3月，甲企业在发放工资环节预扣预缴个人所得税165元。

李先生工资薪金及应纳税额见表18-11。

表18-11 　　　　　　　　　李先生工资薪金及应纳税额表 　　　　　　　单位：元

月份	工资薪金收入	费用扣除标准	专项扣除	专项附加扣除	应纳税所得额	税率	速算扣除数	累计应纳税额	当月应纳税额
1月	16 000	5 000	2 500	3 000	5 500	3%	0	165	165
2月	16 000	5 000	2 500	3 000					
累计	32 000	10 000	5 000	6 000	11 000	3%	0	330	165
3月	16 000	5 000	2 500	3 000					
累计	48 000	15 000	7 500	9 000	16 500	3%	0	495	165
4月	16 000	5 000	2 500	3 000					
累计	64 000	20 000	10 000	12 000	22 000	3%	0	660	165
5月	16 000	5 000	2 500	3 000					
累计	80 000	25 000	12 500	15 000	27 500	3%	0	825	165
6月	16 000	5 000	2 500	3 000					
累计	96 000	30 000	15 000	18 000	33 000	3%	0	990	165
7月	16 000	5 000	2 500	3 000					
累计	112 000	35 000	17 500	21 000	38 500	10%	2 520	1 330	340
8月	16 000	5 000	2 500	3 000					
累计	128 000	40 000	20 000	24 000	44 000	10%	2 520	1 880	550
9月	16 000	5 000	2 500	3 000					
累计	144 000	45 000	22 500	27 000	49 500	10%	2 520	2 430	550
10月	16 000	5 000	2 500	3 000					
累计	160 000	50 000	25 000	30 000	55 000	10%	2 520	2 980	550
11月	16 000	5 000	2 500	3 000					
累计	176 000	55 000	27 500	33 000	60 500	10%	2 520	3 530	550
12月	16 000	5 000	2 500	3 000					
累计	192 000	60 000	30 000	36 000	66 000	10%	2 520	4 080	550

20××年3月，李先生取得劳务报酬收入3 000元，稿酬收入2 000元，6月取得劳务报酬收入30 000元，特许权使用费收入2 000元。

3月预扣：（3 000-800）×20%=440（元）

（2 000-800）×70%×20%=168（元）

6月预扣：30 000×（1-20%）×30%-2 000=5 200（元）

（2 000-800）×20%=240（元）

年终的时候，李先生自己在个税App汇算清缴。

（1）年收入额 = 工资、薪金所得收入 + 劳务报酬所得收入 + 稿酬所得收入 + 特许权使用费所得收入 = 16 000×12 + （3 000 + 30 000）×（1 - 20%）+ 2 000×（1 - 20%）×70% + 2 000×（1 - 20%）= 221 120（元）。

（2）综合所得应纳税所得额 = 年收入额 - 6万元 - 专项扣除 - 专项附加扣除 - 依法确定的其他扣除 = 221 120 - 60 000 - （2 500×12）- （3 000×12）= 95 120（元）。

（3）应纳税额 = 应纳税所得额×税率 - 速算扣除数 = 95 120×10% - 2 520 = 6 992（元）。

（4）预扣预缴税额 = 工资、薪金所得预扣预缴税额 + 劳务报酬所得预扣预缴税额 + 稿酬所得预扣预缴税额 + 特许权使用费所得预扣预缴税额 = 4 080 + （440 + 5 200）+ 168 + 240 = 10 128（元）。

（5）年度汇算应补退税额 = 应纳税额 - 预扣预缴税额 = -3 136（元）。

汇算清缴应退税额3 136元。

四、财产行为税

本企业涉及的财产行为税主要是房产税和城镇土地使用税。

相关数字我们已经计算好，见64号记账凭证。

目前很多地区已经实行财产行为税与企业所得税合并申报，也就是系统先采集企业的信息，比如你在哪里有一套房子，你在哪里有一块地。

后续你申报企业所得税时，系统就自动帮你把财产行为相关税种算出来了（如图18-7所示），然后一起自动申报了，你想不报都不行（如图18-8所示）。

纳税人需要申报缴纳

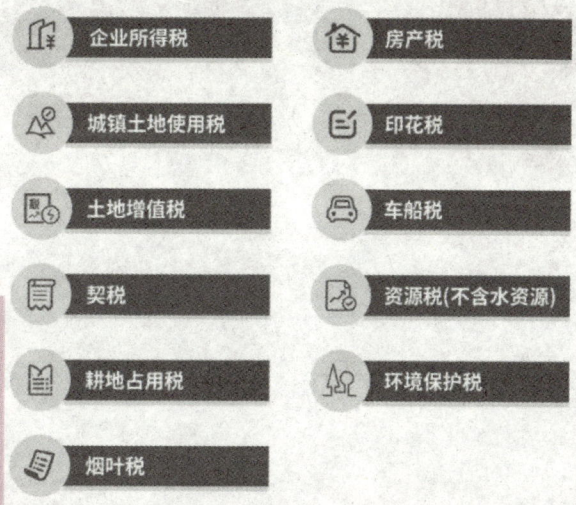

企业所得税	房产税
城镇土地使用税	印花税
土地增值税	车船税
契税	资源税(不含水资源)
耕地占用税	环境保护税
烟叶税	

图18-7 财产行为相关税种

一张报表　一次申报

多税种

一次缴款　一张凭证

图18-8 系统一次性自动合并申报财产行为税与企业所得税

这也算是减轻纳税人填表的负担，填一次表，后续年年自动缴款。

因此，我们只需要核对系统计算的相关税费与我们账上算出来的税费是否一致即可。

第19章

账外筹划

第19章

账外筹划

期末处理完毕，报表也出来了，剩下的就是纳税申报。

纳税申报主要是两个方面的内容：一个是会填纳税申报表，知道账务处理与纳税申报表中数字的逻辑关系，这在期末处理时已经完成了；另一个就是把填好的纳税申报表和其他的相关资料交给税务局，然后缴纳税款。也就是说，除了填列纳税申报表需要有一定的专业知识之外，剩下的就是行政管理流程了，即如何跟税务局打交道，如何按照税务局的要求把相关的资料呈报。

在过去，没有信息化管理的情况下，大家做得最多的一件事就是，排队排队再排队，现在随着网络的普及，开始了网上申报。

不管是网上申报，还是实地申报，都需要按照当地税务局的要求及流程来处理。虽然国家现在提倡全心全意服务纳税人，但在具体实施的时候，可能各地有所不同，毕竟不是每一个税务工作人员都有服务的意识。就像韩寒调侃的一样：如果我是全国人大代表，我一定上一个议案，纳税的时候采用支付宝，等政府做出政绩或者兑现承诺了，我们再确认支付，不然全额退款。那时，政府官员就会追着我们的屁股喊：亲，给个好评！亲，选我吧，为人民服务的！亲，包您满意！亲，政绩在这里，请查收！[①]

不然，企业送钱给你，态度还那么不好，怎么送？流程还整那么复杂。

当然，对于会计人员来说，多跑几趟税务局，多呈报几次，也就熟练了。比如缴纳增值税，就有抄税、报税和缴纳税款这几步。

（1）抄税：进入防伪税控系统—报税处理—抄税处理—点击确定—抄税成功。

（2）网上申报：进入申报系统—填写增值税纳税申报表主表及附表和财务报表—提交—正式申报—打印。

（3）携带已经抄税成功的IC卡及相关资料到税务机关抄报税，由税务人员将IC卡的信息读入税务机关的金税系统，需要缴纳税款时进行扣款，也可以自己进入申报系统点击"扣款"。

（4）扣款后，到银行领取完税凭证。

增值税相对复杂一点，其他税种申报的步骤就相对更简单了——直接进入系统申报或者直接到税务局申报就好了。

---

① 注：调侃的说法，表达民众对税务局提高服务意识的期望。

平时申报完毕后，可以适当地给本企业纳税申报做个总结，累积相关经验。如我们应识记纳税的时间、地点，及相关的申报资料，尤其是时间，以免自己在工作中超过了纳税期限。纳税期限表见表19-1。

表19-1 纳税期限表

税种	纳税期限
增值税	(1) 增值税的纳税期限分别为1日、3日、5日、10日、15日、1个月或者1个季度 (2) 纳税人的具体纳税期限，由主管税务机关根据纳税人应纳税额的大小分别核定；不能按照固定期限纳税的，可以按次纳税 (3) 以1个季度为纳税期限的规定适用于小规模纳税人、银行、财务公司、信托投资公司、信用社，以及财政部和国家税务总局规定的其他纳税人。不能按照固定期限纳税的，可以按次纳税 (4) 纳税人以1个月或者1个季度为1个纳税期的，自期满之日起15日内申报纳税；以1日、3日、5日、10日或者15日为1个纳税期的，自期满之日起5日内预缴税款，于次月1日起15日内申报纳税并结清上月应纳税款 (5) 纳税人进口货物，应当自海关填发海关进口增值税专用缴款书之日起15日内缴纳税款 (6) 增值税小规模纳税人缴纳增值税、消费税、文化事业建设费，以及随增值税、消费税附征的城市维护建设税、教育费附加等税费，原则上实行按季申报。纳税人要求不实行按季申报的，由主管税务机关根据其应纳税额大小核定纳税期限 (7) 按固定期限纳税的小规模纳税人可以选择以1个月或1个季度为纳税期限，一经选择，一个会计年度内不得变更
企业所得税	(1) 企业所得税按纳税年度计算。纳税年度自公历1月1日起至12月31日止。企业在一个纳税年度中间开业，或者终止经营活动，使该纳税年度的实际经营期不足12个月的，应当以其实际经营期为一个纳税年度。企业依法清算时，应当以清算期间作为一个纳税年度 (2) 企业所得税分月或者分季预缴。企业应当自月份或者季度终了之日起15日内，向税务机关报送预缴企业所得税纳税申报表，预缴税款。企业应当自年度终了之日起5个月内，向税务机关报送年度企业所得税纳税申报表，并汇算清缴，结清应缴应退税款。企业在报送企业所得税纳税申报表时，应当按照规定附送财务会计报告和其他有关资料 (3) 企业在年度中间终止经营活动的，应当自实际经营终止之日起60日内，向税务机关办理当期企业所得税汇算清缴。企业应当在办理注销登记前，就其清算所得向税务机关申报并依法缴纳企业所得税

续表

税种	纳税期限
消费税	（1）消费税的纳税期限分别为1日、3日、5日、10日、15日、1个月或者1个季度。纳税人的具体纳税期限，由主管税务机关根据纳税人应纳税额的大小分别核定；不能按照固定期限纳税的，可以按次纳税 （2）纳税人以1个月或者1个季度为1个纳税期的，自期满之日起15日内申报纳税；以1日、3日、5日、10日或者15日为1个纳税期的，自期满之日起5日内预缴税款，于次月1日起15日内申报纳税并结清上月应纳税款 （3）纳税人进口应税消费品，应当自海关填发海关进口消费税专用缴款书之日起15日内缴纳税款 （4）增值税小规模纳税人缴纳增值税、消费税、文化事业建设费，以及随增值税、消费税附征的城市维护建设税、教育费附加等税费，原则上实行按季申报。纳税人要求不实行按季申报的，由主管税务机关根据其应纳税额大小核定纳税期限
个人所得税	（1）居民个人取得综合所得，按年计算个人所得税；有扣缴义务人的，由扣缴义务人按月或者按次预扣预缴税款；需要办理汇算清缴的，应当在取得所得的次年3月1日至6月30日内办理汇算清缴。预扣预缴办法由国务院税务主管部门制定。居民个人向扣缴义务人提供专项附加扣除信息的，扣缴义务人按月预扣预缴税款时应当按照规定予以扣除，不得拒绝 （2）非居民个人取得工资、薪金所得，劳务报酬所得，稿酬所得和特许权使用费所得，有扣缴义务人的，由扣缴义务人按月或者按次代扣代缴税款，不办理汇算清缴 （3）纳税人取得经营所得，按年计算个人所得税，由纳税人在月度或者季度终了后15日内向税务机关报送纳税申报表，并预缴税款；在取得所得的次年3月31日前办理汇算清缴。纳税人取得利息、股息、红利所得，财产租赁所得，财产转让所得和偶然所得，按月或者按次计算个人所得税，有扣缴义务人的，由扣缴义务人按月或者按次代扣代缴税款 （4）纳税人取得应税所得没有扣缴义务人的，应当在取得所得的次月15日内向税务机关报送纳税申报表，并缴纳税款。纳税人取得应税所得，扣缴义务人未扣缴税款的，纳税人应当在取得所得的次年6月30日前，缴纳税款；税务机关通知限期缴纳的，纳税人应当按照期限缴纳税款 （5）居民个人从中国境外取得所得的，应当在取得所得的次年3月1日至6月30日内申报纳税。非居民个人在中国境内从两处以上取得工资、薪金所得的，应当在取得所得的次月15日内申报纳税。纳税人因移居境外注销中国户籍的，应当在注销中国户籍前办理税款清算 （6）扣缴义务人每月或者每次预扣、代扣的税款，应当在次月15日内缴入国库，并向税务机关报送扣缴个人所得税申报表。纳税人办理汇算清缴退税或者扣缴义务人为纳税人办理汇算清缴退税的，税务机关审核后，按照国库管理的有关规定办理退税

续表

税种	纳税期限
城市维护建设税	（1）城市维护建设税的纳税义务发生时间与增值税、消费税的纳税义务发生时间一致，分别与增值税、消费税同时缴纳 （2）城市维护建设税的扣缴义务人为负有增值税、消费税扣缴义务的单位和个人，在扣缴增值税、消费税的同时扣缴城市维护建设税
烟叶税	烟叶税按月计征，纳税人应当于纳税义务发生月终了之日起15日内申报并缴纳税款
关税	（1）进口货物的纳税义务人应当自运输工具申报进境之日起14日内，出口货物的纳税义务人除海关特准的外，应当在货物运抵海关监管区后、装货的24小时以前，向货物的进出境地海关申报。进出口货物转关运输的，按照海关总署的规定执行 （2）进口货物到达前，纳税义务人经海关核准可以先行申报。具体办法由海关总署另行规定 （3）纳税义务人应当自海关填发税款缴款书之日起15日内向指定银行缴纳税款。纳税义务人未按期缴纳税款的，从滞纳税款之日起，按日加收滞纳税款万分之五的滞纳金
船舶吨税	（1）应税船舶负责人应当自海关填发吨税缴款凭证之日起15日内缴清税款。未按期缴清税款的，自滞纳税款之日起至缴清税款之日止，按日加收滞纳税款万分之五的税款滞纳金 （2）应税船舶到达港口前，经海关核准先行申报并办结出入境手续的，应税船舶负责人应当向海关提供与其依法履行吨税缴纳义务相适应的担保；应税船舶到达港口后，依照税法规定向海关申报纳税
资源税	（1）资源税按月或者按季申报缴纳；不能按固定期限计算缴纳的，可以按次申报缴纳 （2）纳税人按月或者按季申报缴纳的，应当自月度或者季度终了之日起15日内，向税务机关办理纳税申报并缴纳税款；按次申报缴纳的，应当自纳税义务发生之日起15日内，向税务机关办理纳税申报并缴纳税款
环境保护税	（1）环境保护税按月计算，按季申报缴纳。不能按固定期限计算缴纳的，可以按次申报缴纳 （2）纳税人按季申报缴纳的，应当自季度终了之日起15日内，向税务机关办理纳税申报并缴纳税款。纳税人按次申报缴纳的，应当自纳税义务发生之日起15日内，向税务机关办理纳税申报并缴纳税款

续表

税种	纳税期限
城镇土地使用税	城镇土地使用税按年计算、分期缴纳；缴纳期限由省、自治区、直辖市人民政府确定
耕地占用税	纳税人应当自纳税义务发生之日起30日内申报缴纳耕地占用税
房产税	房产税按年征收、分期缴纳；纳税期限由省、自治区、直辖市人民政府规定
契税	纳税人应当在依法办理土地、房屋权属登记手续前申报缴纳契税
土地增值税	纳税人应当自转让房地产合同签订之日起7日内向房地产所在地主管税务机关办理纳税申报，并在税务机关核定的期限内缴纳土地增值税
车辆购置税	纳税人应当自纳税义务发生之日起60日内申报缴纳车辆购置税
车船税	车船税按年申报缴纳，具体申报纳税期限由省、自治区、直辖市人民政府规定
印花税	(1) 应纳税凭证应当于书立或者领受时贴花 (2) 同一种类应纳税凭证，需频繁贴花的，纳税人可以根据实际情况自行决定是否采用按期汇总缴纳印花税的方式。汇总缴纳的期限为1个月。采用按期汇总缴纳方式的纳税人应事先告知主管税务机关。缴纳方式一经选定，1年内不得改变

当我把报表交给王俊远时，他翻了两下，就把它放在了桌子上。我也不知道，他到底看得懂还是看不懂。不管怎么样，报表该交则交，这是我的工作。我记得有个朋友，他也是老板，就对我说过："我虽然不懂账，可也不能让会计小看俺，每个月我都让会计按时将报表交给我，看不看再说。其实我根本也不看，看也看不懂。"

"上午，你说的账外筹划，一般怎么筹划？"王俊远问道。

"账外筹划其实也很简单，主要是充分利用国家的税收优惠政策，国家对高新技术企业有优惠，我们就想办法搞个高新技术企业认定，国家对'双软'企业有优惠，我们就看自己有没有办法'双软'。一言以蔽之，就是改变企业的性质，改变企业的地点，改变企业的产品，改变企业的经济业务，从而达到少缴税的目的。比如：

"某钢结构件生产企业销售钢结构件的同时为客户进行安装，假设总价为

10 000万元（不含税），其中钢结构件价值8 000万元、安装费2 000万元。

"如果企业签订的是购销合同，则上述业务属于典型的增值税混合销售业务。

增值税销项税额=10 000×13%=1 300（万元）

应纳城建税=1 300×7%=91（万元）

应纳教育费附加=1 300×3%=39（万元）

实际税负率=（1 300+91+39）÷11 300×100%=12.65%

"如果企业改变合同签订方式，改为与客户签订销售合同，金额为8 000万元（不含税），再成立一家小规模纳税人公司，与客户签订安装合同，金额为2 000万元，则应纳税额为：

增值税销项税额=8 000×13%=1 040（万元）

应纳增值税=2 000×3%=60（万元）

应纳城建税=（1 040+60）×7%=77（万元）

应纳教育费附加=（1 040+60）×3%=33（万元）

实际税负率=（1 040+60+77+33）÷（9 100+2 000）×100%=10.90%

"综上所述，税负率相差了1.75%（12.65%-10.90%）；如果考虑企业所得税的话，则税负率相差会更大。

"再比如某风电设备生产企业，年销售额为25 000万元（不含税），其中收取的运费为350万元。

"如果企业与客户签订购销合同，则应纳税额为：

增值税销项税额=25 000×13%=3 250（万元）

应纳城建税=3 250×7%=227.50（万元）

应纳教育费附加=3 250×3%=97.50（万元）

实际税负率=（3 250+227.50+97.50）÷（25 000+3 250）×100%=12.65%

"如果企业将自有车辆整合，设立独立核算的运输公司，负责产品运输，则生产企业应纳税额为：

增值税销项税额=24 650×13%=3 204.50（万元）

增值税进项税额=350×9%=31.50（万元）

应纳增值税额=3 204.50-31.50=3173（万元）

应纳城建税=3 173×7%=222.11（万元）

应纳教育费附加=3 173×3%=95.19（万元）

"运输公司应纳税额为：

应纳增值税=350×9%=31.50（万元）

应纳城建税=31.50×7%=2.205（万元）

应纳教育费附加=3150×3%=0.945（万元）

总体税负率=（3 173+222.11+95.19+31.50+2.205+0.945）÷（24 650+3 173+350+31.50）

=12.50%

"综上所述，税负率相差了0.15%（12.65%－12.50%），税额接近；如果考虑企业所得税的话，则税负率相差会更大些。"

"这就是账外筹划，直接改变经济业务的发生。"我言简意赅地把税务筹划的实质说了一下。

王俊远点了点头。

税收筹划的思维方式确实是很简单，但是要实际操作起来，就很复杂了。它要求会计人员，不仅仅对会计实务、税收法律很熟悉，还要求会计对企业的经营活动、经济业务非常熟悉，把会计工作提到前面，积极参与决策。

杜老师说，一个优秀的税务会计，至少应该有以下5个方面的知识能力：

（1）会计基础知识扎实，税法熟悉，能从账务处理到纳税申报，一气呵成。

（2）能管理你的老板，老板在做决策的时候，经常不考虑税收，经常是没税找税，自己制造出很多税，然后又让会计给他逃税。

（3）了解相关的税负率，知道自己该缴多少税，税其实就是一门生意，国家是拿干股的。

（4）纳税筹划：纳税筹划包括两方面，一方面是账内筹划，账内筹划主要是多计成本，少计收入，筹划空间非常有限。你想，事情都已经发生了，你如果在账上做手脚，就属于偷税漏税了；另一方面，就是账外筹划，就是在经济业务还没发生时就开始筹划，考虑怎样签合同，怎么运作，才能使税费减少到最低。

（5）完美沟通：会计是夹在老板和税务局之间的中间人，如果沟通不好，就经常受夹板气。其实，中国人最讲究的是沟通，只要沟通好了，什么事情就都好说了。

我们每天都生活在纳税中，比如你的工资要纳税，起征点是5 000元，收入在5 000元以下的群体不用缴纳，月收入超过5 000元的，会根据你的收入高低，设定有3%~45%的7个等级的缴税税率。

3%~45%个人所得税税率表（见表19-2），综合所得适用。

表19-2 　　　　　　　　　　**3%~45%个人所得税税率表**

级数	全年应纳税所得额	税率（%）	速算扣除数
1	≤36 000元	3	0
2	36 000元<×≤144 000元	10	2 520
3	144 000元<×≤300 000元	20	16 920
4	300 000元<×≤420 000元	25	31 920
5	420 000元<×≤660 000元	30	52 920
6	660 000元<×≤960 000元	35	85 920
7	960 000元<×	45	181 920

　　大部分人攒下点儿钱了，就想去买房，按照目前普通商品房交易来看，买房首先要缴纳契税。购买首套房的人，90平方米及以下普通住房，且该住房属于家庭唯一住房的，减按1%税率征收契税，90平方米以上的普通住宅征收1.5%契税。（见表19-3）

表19-3 　　　　　　　　　　**房屋类型、要求及缴纳契税率**

房屋类型		要求	税率
首套普通住房	≤90平方米	家庭唯一住房	1%
	≥90平方米	家庭唯一住房	1.5%
首套非普通住房	—	—	3%
非首套住房	—	—	3%
经济适用房	≤90平方米	家庭唯一住房	1%
	—	—	1.5%
公有住房	≤国家规定标准面积	第一次购买	免征
	超过国标面积 超出部分计税	房子≤90平方米	1%
		房子>90平方米	1.5%
非居住用房	—	—	3%

　　通常契税跟着首付款一起缴，开发商代收。购房人缴纳相关费用后，开发商会出具正式的购房发票。

除了要缴纳契税，还要缴纳印花税。印花税是在订立合同时就直接缴纳了，为总房款的 0.05%，一般跟首付款一起缴，以便于开发商统一办理合同登记和房产证。

然后，缴纳的就是基金，比如房屋维修基金，占购房总价的 2%~3%，大多数地方是 2%；还需缴纳副食品价格调节基金，2元/平方米，有些地方不用缴纳。

新房如果是按揭购买的，还会产生费用，比如：

（1）评估费，购房总价的 0.2%~0.5%；

（2）保险费，购房总价×贷款年限×0.1%×50%；

（3）公证费，贷款额×0.03%；

（4）抵押登记费，100元。

卖房子要缴的税：

（1）增值税：个人购买不足两年的住房对外销售的，按照 5% 的征收率全额缴纳增值税；个人将购买 2 年以上（含 2 年）的住房对外销售的，免征增值税；

（2）个人所得税：按照房产交易盈利部分的 20% 或者房款的 1% 来收取，如果房产证满 5 年而且是个人唯一住房的，则可以免除个人所得税；

（3）印花税：按照房屋全款的 0.05% 缴纳；

（4）交易费：房屋总面积×每平方米 3 元；

（5）教育费附加：按照增值税的 3% 收取；

（6）城建税：按照增值税的 7% 收取；

（7）中介费：一般是房款的 2%~3%（买卖双方共同承担，当然如果没有用到中介，就不会有中介费）。

有的人还会去炒点股，炒股首先要缴纳印花税，应纳税额=成交金额×1‰。其次炒股还存在利息、股息、红利所得税，税率为 20%。（见表 19-4）

表 19-4　　　　　　　　　　　　　炒股缴税情况表

（1）计税方法	按次计征
（2）税率	20%
（3）计税依据	以每次收入额为应纳税所得额，不扣减任何费用
（4）计税公式	应纳税额 = 每次收入额×20%

持股时间越长，则税率越低。持股超过1年的，免征；持股1个月至1年的，税负为10%；持股1个月以内的，税负为20%。

利息、股息、红利所得税目见表19-5。

表19-5　　　　　　　　利息、股息、红利所得税目

利息、股息、红利所得税目	个人拥有债权、股权等而取得的利息、股息、红利性质的所得
	（1）"储蓄存款利息"所得暂免征收个人所得税
	（2）"国债和国家发行的金融债券"利息免税
	（3）个人从公开发行和转让市场取得的"上市公司股票"取得的股息： ①持股期限≤1个月：全额 ②1个月<持股期限≤1年：减按50%计入应纳税所得额 ③持股期限>1年：免征
	（4）个人持有"上市公司限售股"，解禁前取得的股息红利，减按50%计入应纳税所得额

家庭轿车现在已经成为小康家庭的标配了，作为生活中的一大消费品，其附加的税目也是非常可观的。而且不同的车，税负不一样。

如果你购买的是国产车，那么需要缴纳的税款为：

（1）增值税；

（2）消费税；

（3）车辆购置税；

（4）车船税。

其中增值税和消费税一般都已经纳入了汽车价格里面，因为这笔税收规定是由汽车企业承担的，所以消费者只需缴纳车辆购置税和车船税。

一、车辆购置税

目前增值税税率为13%，车辆购置税的税率为10%，车辆购置税的应纳税额=应税车辆的计税价格×税率；按照发票上"不含税价"金额计算的话，车辆购置税=不含税价×10%。

举个例子：当车主花20万元购买一辆新车的时候，车主应该缴纳的车辆购置税为：200 000÷1.13×10%=17 699（元）。

二、车船税

由于车船税属于地方税，所以不同地区的价格也会不同，下面是广东地区车船税的价格：

1.0升及其以下排量的汽车车船税是180元；

1.0升以上至1.6升（含1.6升）排量的汽车车船税是360元；

1.6升以上至2.0升（含2.0升）排量的汽车车船税是420元；

2.0升以上至2.5升（含2.5升）排量的汽车车船税是720元；

2.5升以上至3.0升（含3.0升）排量的汽车车船税是1 800元；

3.0升以上至4.0升（含4.0升）排量的汽车车船税是3 000元；

4.0升以上排量的汽车车船税是4 500元。

如果你买的是进口车，则还要缴纳关税；如果你买的是豪车，则需要在现有消费税的基础上，加征消费税，每辆零售价格130万元（不含增值税）及以上的乘用车和中轻型商用客车，需要在生产（进口）环节按现行税率征收消费税的基础上，在零售环节加征消费税，税率为10%。

除了上述的这些大项税目，你的生活中还有各种各样的税。比如，你去饭店吃饭，你的消费中包含了5.5%的增值税及城建税教育费附加等；如果你还购买了香烟，那么20块钱的烟钱中，有10块钱的消费税[①]；如果你在家做饭吃，那么你需要购买油盐酱醋、米肉菜，价格里面包含了9%~13%的增值税。做饭消耗燃气、水和电，这些能源价格中也包含了9%以上的税。

你要是闲暇时上街去购物玩乐，税目也会如影随形跟着你。你进了服装店看上一件衣服，那么购买的时候你所支付的价格里面包含了13%的增值税和1.3%的城建税及教育费附加。你进化妆品店买了一套1 000元的化妆品，这1 000元里面有115.04元的增值税和265.49元的消费税，还有38.05元的城建税及教育费附加。最近大片不少，你可能要去电影院花80元买张票看看，那么这80元电影票中，你已经缴纳了6%的增值税。

每一天，你都会自觉不自觉地缴纳着各种各样的税。纳税是一个合法公民的社会义务，不管是企业老板，还是会计，我们都应该积极向上，依法纳税，别在阴沟里翻船。

---

① 注：10块钱在这里只是个大概的数字。

我们还是得遵守税收游戏规则。有日本经济学家还提出，长得帅的男人应该缴纳"帅哥税"，才能对长得不怎么帅的男人公平一些。这样的税听起来很荒谬，但是，在世界各地，比"帅哥税"更匪夷所思的税收比比皆是。

比如，比利时的父母想给孩子改名字，要缴一笔200比利时法郎的"改名税"。在英国的伯明翰市，胖子死了也不得安宁，因为该市明确规定，装尸的棺材的标准宽度为23英寸，凡是超过这个宽度的就要缴税。在阿联酋，男子结婚时要给女方家送上巨额的彩礼，无力支付的男人只好另辟蹊径，娶外国女子为妻。为了控制这一行为，政府规定了一笔数额不菲的"外国新娘税"。土地广袤却人口稀少的俄罗斯，自1987年起对不生孩子的"丁克"夫妇征收"无子女税"，税率高达月收入的6%，这些钱被用来补贴产妇和多子女家庭。在有"万税之国"称号的美国，千奇百怪的税种更是不计其数。在加利福尼亚州，倘若一对结婚不到两年、未生养且无贵重财产的夫妇申请离婚，那么就必须向政府支付30美元的离婚税。

洗脸纯属个人卫生行为，可从2007年开始，想要在土耳其痛痛快快地洗一把脸，还真不是一件简单的事情，因为政府对洗脸实施税收干预。也就是说，洗自己的脸，需要向政府缴税。而且，这洗脸税远非我们想象的那么简单，因为洗一个脸，需要支付三种税！第一种税是"环境清洁税"，第二种税是"污水税"，第三种税是"增值税"，三种税加起来数额超过自来水费的70%。

依法纳税，诚信纳税，阳光纳税，这是我们每个公民应尽的义务。

"翠花，去缴税！"